KB274457

한 줄의 경제학

한 줄의 경제학

초판 1쇄 발행 | 2011년 4월 11일

지은이 | 한겨레 경제부
발행인 | 정숙경
기획·편집 | 이건우, 김진만
표지디자인 | 석운디자인
본문디자인 | 김수미
일러스트 | 김동연
마케팅 | 정준영

펴낸곳 | 어바웃어북 about a book
출판등록 | 2010년 12월 24일 제313-2010-377호
주소 | 서울시 마포구 서교동 394-25 동양한강트레벨 1507호
전화 | (편집팀) 070-4232-6071 (영업팀) 070-4233-6070
팩스 | 02-335-6078

ⓒ 한겨레 경제부, 2011

ISBN | 978-89-965848-2-7   13320

한 줄의 경제학

▼ 검색창에 담긴 세상의 모든 경제지식

한겨레 경제부 지음

어바웃어북

'경제 하려는 의지'가 충만한 모든 이들을 위해

신문의 경제기사는 '경제 하려는 의지'가 있는 사람들이 주로 읽습니다. 경제 하려는 의지가 있다는 것은 비효율적인 환경을 개선하고, 새로운 지식과 기술 습득에 게으르지 않으며, 미래를 내다볼 줄 안다는 것을 의미합니다. 1979년 노벨경제학상 수상자인 아서 루이스 $^{Arthur\ Lewis}$ 교수는 단지 물질적 부富를 추구하는 이들과 구분해, 경제 하려는 의지가 있는 사람을 강조했습니다.

「한겨레」는 경제 하려는 의지가 있는 사람들을 대상으로 경제면을 꾸밉니다. 다른 신문 경제면도 마찬가지일 것입니다. 다만 「한겨레」는 '경제적 인간'$^{Homo\ Economicus}$만을 가정하지는 않습니다. 자신의 행동이 자신에게 어떤 물질적 이득을 줄 것인지만 신경 쓸 뿐 남들에게 어떤 영향을 주게 될지는 고려하지 않는 사람들만 가득 찬 세상을 바라지 않기 때문입니다.

'경제적 인간'이란 실은 존재하지 않는 허구인지도 모릅니다. 현실의 인간은 이기적 욕심 말고도, 가치와 문화, 기호, 습관, 성장 환경 등에 따라 너무나 다양합니다. 그래서 경제현상에는 복잡한 여러 요소들이 얽히고설켜 있습니다. 게다가 기술이 광속도로 발달하고, 경제활동의 국경이 허물어지면서 그 복잡한 속성은 더욱 극명하게 드러납니다. 미국 뉴욕의 월스트리트에서 공기를 살랑이게 하는 나비의 날갯짓이 한국 경제에 폭풍우를 몰아치게 할 수 있다는 말은 이제 진부한 표현이 돼 버렸을 정도입니다.

언론을 흔히 '세상을 비추는 거울'이라고 합니다. 그러나 경제현상의 경우 기자가 비추기만 해서는, 다시 말해 밖으로 드러난 사실만으로는 제대로 된 기사를 구성할 수 없습니다. 그래서 경제기사는 정치나 사건 기사보다 어렵다고 합니다.

「한겨레」 경제부는 나라 안팎의 경제 영역에서 생겨나는 의미 있는 사건이나 인물 동향을 제 때 포착해 세상에 알리는 일을 합니다. 나라의 경제정책 뿐 아니라 주요 기업들의 움직임을 집중해서 취재합니다. 특히 '경제 권력'인 재벌그룹의 비정상적인 경영 관행이나 대주주 가문의 위법행위를 밝히는 데 힘을 쏟습니다. 각 경제주체들이 자신의 영역에서 우리 사회에 기여한 만큼 온당한 몫을 찾도록 돕는 게 「한겨레」 경제부의 소임입니다.

정의롭고 진실된 기사를 쓰는 것 못지않게 「한겨레」 경제부가 고심하는 부분은, 어떻게 하면 어렵고 복잡한 경제현상을 '쉽고 명료하게' 전달할 수 있는가, 입니다. 이 책 『한 줄의 경제학』은 쉽고 명료한 글을 통해 독자들과 좀 더 가깝게 소통하기 위한 작은 노력의 일환입니다. 이를 위해 인터넷 포털 검색창과 트위터 댓글 형식을 편집에 원용하기도 했고, 카툰 스타일의 일러스트와 시의적절한 사진과 그림, 그래프 등을 넣기도 했습니다.

이 책이 내세우는 '한 줄로 경제현상을 이해한다'는 것이 실은 불가능한 일인지도 모르겠습니다. 그러면서도 굳이 '한 줄로 경제읽기'라는 말로 이 책을 포장한 것은, '단 한 마디 헤드라인'이라도, '단 한 줄의 기사'라도 독자들의 입장에서 더 많이 고심하며 글을 쓰겠다는 「한겨레」 경제부의 바람이자 다짐의 다른 표현이기 때문입니다.

이 작은 책을 만들기 위해 함께 고민하고 고생한 '어바웃어북' 편집팀에게 감사의 말씀을 드립니다. 책에 남아 있는 오류가 있다면 그것은 온전히 집필자들의 잘못이라는 말씀을 끝으로 전합니다.

꽃샘추위가 가시지 않은 어느 봄 날
「한겨레」 편집국에서
박순빈(경제편집장)

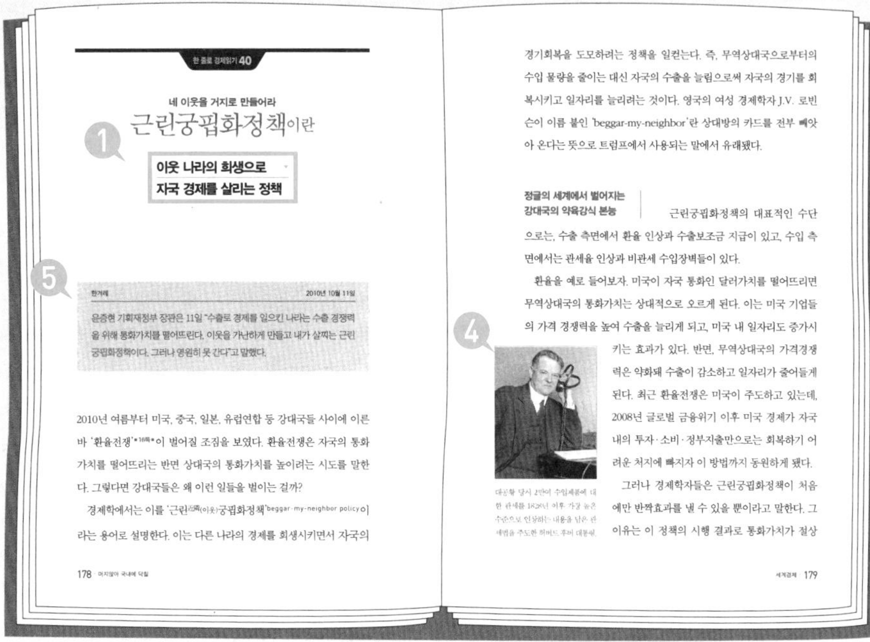

1 경제용어, '검색창'에 가두기

경제용어, 그거 참 어렵고 생소하지요? 거기다 영어는 또 왜 그리도 많은지! 정말 용서가 안 되지요? 이들을 모두 검색창에 가둬 보세요. 자기들 정체를 속 시원히 밝히기 전에는 절대 풀어 주지 마시고요. 일단 검색창에 갇히면 톱스타 스캔들 터지듯 경제용어의 실체도 낱낱이 드러납니다.
그럼 본보기로 '근린궁핍화정책'(beggar-my-neighbor policy)이란 매우 수상한(!) 경제용어를 검색창에 가둔 뒤 그 혐의를 벗겨 볼까요?

2 '트위터 리플'로 100자로 심문하기

어렵고 골치 아픈 혐의가 드러난 '근린궁핍화정책'을 검색창에 가둬 머릿속에 담긴 했지만, 그래도 왠지 미심쩍다면 트위터 형식의 '경제 리플'을 이용하세요. 100자 내외면 충분합니다.

3 '방주'로 다른 경제용어 공범 캐묻기

얽히고설킨 경제문제를 초래한 데는 '근린궁핍화정책'이란 경제용어 하나만의 단독 소행은 아닐 터이니 관련 용어들도 따져 봐야겠지요. '스무트 홀리 관세법'이라는 그 못지않은 용어가 의심스럽네요. 이럴 때는 방주로 캐묻는 것이 제격입니다.

된 무역상대국의 수출이 감소하면 그
나라의 소득이 줄고, 결국은 수입 감
소로 연결되기 때문이다. 무역상대국
의 수입 감소는 근린궁핍화정책을 편
국가의 수출 감소로 이어진다. 특히, 무역상대국은 인위적인 통화가치
절상이 부당하다며 수입을 규제하는 보복정책을 취하게 되는데, 이는
상황을 더 악화시킨다.

스무트 홀리 관세법(Smoot - Hawley Tariff Act) 대
공황 시기인 1930년 6월 미국이 자국의 불황을 타
개하고자 제정한 관세법으로, 이 법안을 수도한 스
무트, 홀리 의원의 이름을 붙겼다. 이 법에는 미국 내
수신업 육성을 위해 수입관세율을 최고 400%까지
올릴 수 있도록 하는 내용이 포함됐다.

　최악의 사례는 1930년 6월 대공황 초기에 미국 허버트 후버 대통령
이 서명한 '스무트-홀리 관세법'이다. 미국은 이를 통해 2만여 수입
제품에 대한 관세를 1828년 이후 가장 높은 수준으로 인상했다. 유럽
을 포함한 무역상대국들은 이에 대해 보복조처를 취했다. 이는 미국
과 무역상대국 모두에게 무역 급감을 초래했다. 미국의 수출입 규모는
60% 이상 줄어들었고, 무역상대국들의 무역 규모도 급감했다.

　당시 미국의 이러한 조처는 대공황을 더 악화시킨 주요 요인으로 평
가되고 있다. 찰스 킨들버거 같은 경제사가들은 이를 '세계사의 전환점'
이라고까지 얘기한다. 중국을 타깃으로 한 '공정무역을 위한 환율개혁
법안'은 자칫 '제2의 스무트-홀리 관세법'이 되지 않을까 우려가 높다.

근린궁핍화정책

ㄴ, 다른 나라의 희생으로 자국 경제를 회복시키는 정책. 대표적인 수단이
자국 통화가치를 떨어뜨리는 것이다. 이는 자국 기업들의 수출 경쟁력을
높이고 투자와 일자리를 늘리는 대신, 무역상대국은 통화가치가 절상돼 수
출 경쟁력이 떨어지게 된다.

4 '카툰'과 '사진'으로 현상수배하기

'검색창'에 '리플'에 '방주'까지 동원했는
데도 '근린궁핍화정책' 사건이 여전히 미궁이
라고요? 일단 너무 실망하지 마시고요. 여기 위
트 넘치는 카툰과 사진들을 감상하며 한 숨 돌렸
다가 다시 현상수배에 나서는 건 어떨까요? 카
툰 속 미국인과 중국인과 일본인이 트럼프를 하
는데 역시나 미국인이 엄청 땄네요. 대공황 시절
미국 대통령을 지낸 허버트 후버의 표정이 흐뭇
해 보입니다.

5 경제용어가 자주 등장하는 '신문기사' 살피기

연예인만큼이나 스포트라이트를 자주 받는 경제
문제의 실체를 파악하려면 언론의 동향도 잘 살
펴야합니다. 자고로 경제공부를 위해서는 시사
에 밝아야 하는 법이니까요.

검색어 1, 2위를 다투는
경제현안 ▼ 한 줄로 꿰뚫기

머지않아 국내에 닥칠

세계경제 이슈 ▼ 한 줄로 대비하기

말로만 친서민 떠드는
정부정책 ▼ 한 줄로 폭로하기

한 줄의 경제학 ▼

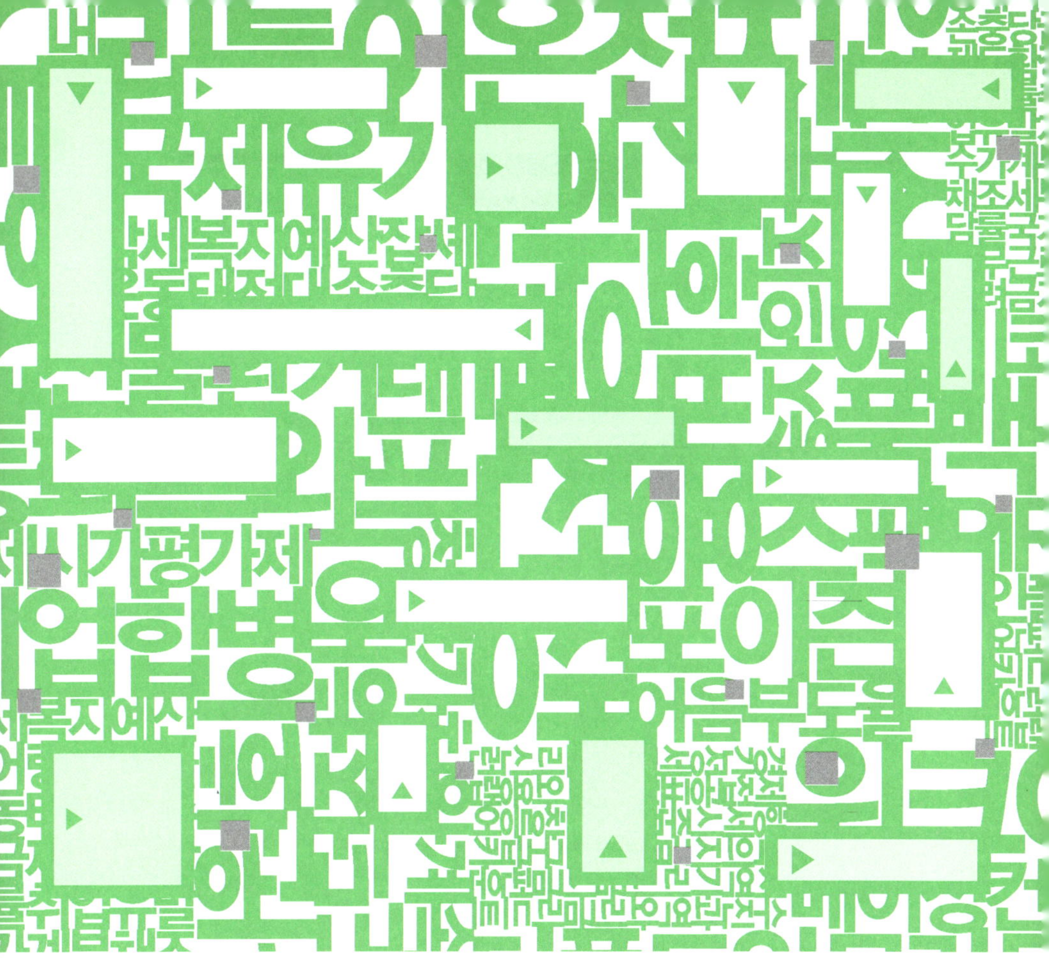

경제현안

미국과 중국의 총성 없는 전쟁

환율전쟁이란

환율 조정을 둘러싼 각국 사이의 갈등 ▼

한겨레 　　　　　　　　　　　　　　　　　　　　　　2010년 12월 30일

올 한 해 세계경제의 관심은 온통 미국과 중국의 무역 갈등에서 촉발된 환율
전쟁에 쏠렸다. G20 의장국인 우리나라는 지난달 열린 서울회의에서 중재자
를 자청했지만, 갈등을 봉합하는 수준에서 주요 과제를 다음 회의로 넘겨야
했다.

신문이나 방송기사에서 '환율전쟁'이란 말이 등장한 지는 이미 오래
다. 자국의 환율을 어느 수준으로 조정할지를 둘러싸고 세계 각국이
전쟁과 다를 바 없는 갈등을 겪는 모습을 가리키는 이 용어는, 주로 미
국과 중국 사이에서 벌어지는 다툼을 뜻한다. 간단히 말해 미국이 중
국에 대해 '미 달러화에 대한 중국 위안화의 환율을 낮추라'는 요구를
하는데 맞서 중국 쪽은 '그렇게 못 하겠다'고 버티면서 갈등이 빚어지
는 것이다.

미국의 무역적자가
중국의 환율조작 탓?

환율을 둘러싼 미국과 중국 사이의 다툼을 보여주는 구체적인 사례로, 2010년 9월 29일(현지 시각) 미국 연방 하원을 통과한 '공정무역을 위한 환율개혁법안'을 꼽을 수 있다.

이 법안의 핵심은 교역상의 이익을 얻기 위해 통화가치를 조작하는 국가에 대해서는 보복 차원의 관세를 부과할 수 있도록 하는 내용이다. 이는 중국을 겨냥한 것으로 위안화 절상을 압박하기 위한 것이다. 낸시 펠로시 당시 미 하원 의장이 "우리는 지난 수년간 대(對)중국 무역적자가 증가하고 있는 걸 직접 겪었으며 이에 대한 조처를 오늘 드디어 취했다"고 말했던 데서도 그 배경을 알 수 있다.

미국의 조처에 대해 중국은 즉각 반격에 나섰다. 중국 정부는 상무부 공식 성명을 통해 이 법안은 "보호무역주의이며 세계무역기구(WTO) 규정을 위반하는 것"이라고 비난했다. 미국의 무역적자가 중국 위안화의 저평가 탓이 아닌데, 잘못된 주장으로 보호무역주의 조처를 취했다는 것이다. 이런 사례 말고도 미국과 중국은 환율을 놓고 끊임없이 충돌해왔고, 이는 앞으로도 쉽게 그치지 않을 것으로 보인다.

미국과 중국 두 나라는 왜 환율전쟁을 벌이고 있는 것일까? 실마리는 미국의 무역적자 누적이다. 특히 대중국 무역적자는 눈덩이처럼 불어나 좀처럼 줄지 않고 있다. 미국의 대중국 무역적자는 2008년 2663억 달러에서 2009년 2268억 달러로 줄었다가 2010년에 2750억 달러로 다시 사상 최고치를 기록했다. 이는 미국 경제의 중대 현안으로 떠올라 있다. 이렇게 미국 쪽에 무역적자가 쌓이면, 달러화에 대한

위안화의 환율이 하락(위안화 가치 상승)해
미국의 무역적자가 줄어들어야 함에도 현
실은 그렇지 않다. 중국은 미국과 달리 고정
환율제■205쪽■를 채택하고 있기 때문이다.

미국의 대중국 무역적자 누적으로 중국
에서 달러가 흔해져 달러-위안 환율이 점
차 내려가면 미국 무역적자 해소에 도움이
될 텐데, 중국 정부가 외환시장 원리를 무시
한 채 위안화 수준을 묶어 두는 바람에 엄

「텔레그라프」에 실린 두 나라 정상의 캐리 커처 인형. 성조기와 오성홍기를 합성한 국기를 덥고 있는 두 정상이 달러와 위안화를 움켜쥐고 있는 모습이 이채롭다.

청난 손해를 입고 있다는 게 미국 쪽 주장이다. 달러화에 대한 위안화
환율이 떨어지면 그만큼 중국 상품의 가격(달러화 기준)이 높아지기 때
문에 중국의 수출에는 불리하게, 미국의 수출에는 유리하게 작용한다.
중국이 환율을 꽁꽁 묶어 이런 흐름을 막고 있는 것은 불공정무역이나
마찬가지이니, 보복 관세를 부과해 중국을 압박할 수밖에 없다는 게
미국의 논리다.

반면, 중국 쪽은 미국의 수출 부진 및 이에 따른 무역적자 누적은 위
안화 환율 탓이 아니라, 미국 상품의 경쟁력 하락 때문이라는 주장을
펴며, 환율을 조작하고 있다는 미국 쪽의 주장을 반박한다.

**'목에 칼을 겨누고 있는' 관계,
자칫 둘 다 치명상**

그렇다고 두 나라가 파국에 이를 정
도로 '전쟁'을 치를 수는 없는 처지다. 서로 '목에 칼을 겨누고 있는' 관

계여서 자칫 둘 다 치명상을 입을 수 있다.

미국으로서는 자국의 국채를 대거 보유하고 있는 중국의 눈치를 보지 않을 수 없다. 2011년 2월 2일자 「파이낸셜타임스」 보도를 보면, 중국이 보유한 미국 국채 규모는 8960억 달러에 이른다. 우리나라 한 해 국내총생산(GDP)에 맞먹는 어마어마한 규모다. 홍콩 보유 몫까지 합치면 1조 달러를 넘는 것으로 알려져 있다. 뉴욕연방은행이 별도 계정에 보유하고 있는 국채 1조1080억 달러 수준에 이른다.

중국한테서 빚을 크게 지고 있는 딱한 신세가 바로 미국인 것이다. 중국이 보유한 미국 국채를 대거 내다 팔면 미국 경제는 일대 혼란에 빠질 수 있다. 돈을 빌려준 쪽에서 한꺼번에 빚을 갚으라고 독촉하는 상황과 다를 바 없다.

중국 쪽 사정도 호락호락하지 않기는 마찬가지다. 미국은 중국의 거대 시장이다. 미국 경제가 결딴나면 중국은 자국에서 쏟아지는 상품들을 판매할 주요 통로를 잃게 돼 '경제의 바퀴'를 굴려갈 수 없게 된다.

중국이 약간씩이나마 위안화 환율을 떨어뜨리는 '성의'를 보이고 있는 데서 극한 대립을 피하고 있음을 엿볼 수 있다. 중국 당국이 고시한 달러-위안 기준 환율을 보면, 2011년 1월 13일 6.5997위안, 1월 18일 6.5891위안 등으로 잇따라 최저치를 기록했다. 미국 쪽의 위안화 절상(환율 하락) 요구를 일부 수용하고 있는 셈이다.

미국 또한 환율 개혁 법안을 상원 심의 단계에 묶어 두며 대립 강도를 제한하고 있다. 또 미국 재무부는 2011년 2월 4일 의회에 제출한 주요 교역국의 경제 및 환율 정책에 대한 보고서를 통해 "(중국의 위안화

가) 상당히 저평가돼 있다"고 밝히면서도 중국을 '환율조작국'■177쪽■ 으로 지정하지는 않았다. 이 또한 같은 맥락이다.

고래 싸움에 새우 등 터질 수도 | 미국과 중국의 환율전쟁이 우리나라에는 어떤 영향을 미칠까? 위안화가 조금씩이라도 떨어지는 경우를 가정할 때 중국의 물건이 상대적으로 비싸질 것이기 때문에 한국에서 만든 물건이 그만큼 더 잘 팔릴 것으로 기대할 수 있다. 물론, 그만큼 중국에서 물건을 많이 사다 쓰는 처지이니 국내 물가는 오를 수밖에 없다.

또 한 가지 감안해야 할 것은 위안화 움직임이 원화 움직임에 영향을 미친다는 점이다. 원화도 덩달아 내려간다면, 한국의 무역적자를 늘리는 요인이 된다. 한국이 중국 경제의 영향권에 들어가 있어 이는 현실로 나타나곤 한다. 장기적인 영향에 앞서 두 나라의 다툼 때마다 국내 외환시장이 출렁거리는 단기적인 악영향 또한 만만치 않다.

환율전쟁

ㄴ 중국 위안화 환율 조정을 둘러싸고 미국과 중국이 전쟁이나 다를 바 없는 격한 갈등을 겪고 있는 양상을 빗댄 말. 주로 미국의 무역적자 누적에서 비롯되고 있다. 중국은 미국 국채를 대거 보유하고 있고, 미국은 중국의 거대 시장이라는 양국의 이해관계가 '아킬레스 건'으로 작용한다.

인샬라~ 신의 뜻대로

수쿠크란

이자 아닌 배당금 형식으로 수익을 지급하는 이슬람 채권

한겨레　　　　　　　　　　　　　　2011년 2월 26일

정부가 추진하고 있는 '이슬람 채권법'(수쿠크법)에 대한 기독교계의 반발이 확산되면서 이번 국회 처리가 물 건너가는 분위기다. 한나라당은 2월 임시국회에서 이 법안을 처리하려고 했으나, 지난 22일 열린 원내대책회의에서 '보류'로 입장을 정리했다. 4대강 문제로 불교계 및 가톨릭계와 불화를 겪고 있는 상황에서, 기독교계마저 등을 돌릴 가능성은 악몽에 가깝기 때문이다. 기독교계는 이슬람 채권법 추진에 대해 낙선운동과 함께 대통령 하야운동을 경고하고 있다.

막대한 오일머니를 발판으로 급성장하고 있는 이슬람 금융이 세계경제와 국제금융시장에 만만치 않은 영향력을 행사하고 있다. 글로벌 금융위기 속에서도 이슬람 금융은 연 15~20%의 꾸준한 성장률을 기록하고 있고, 2011년 현재 전 세계 이슬람 금융산업 규모가 1조 달러를 넘는 것으로 추산되고 있다.

이슬람 금융은 이슬람 율법인 샤리아Sharia를 근거로 이자를 부당이득으로 간주해, 이자 수수를 금지하는 독특한 면이 있다. 따라서 이슬람 금융에서는 이자 대신 실물거래나 제휴를 통해 이득과 손실을 배분하는 방식으로 일반 금융과 유사한 금융상품들을 제공하고 있다.

이슬람 율법에 큰 영향을 끼친 함무라비 법전에는 이자율을 제한하고 이자의 복리계산을 금지한다는 내용이 기록돼 있다.

예를 들어 이슬람권에서는 개인이 집을 사기 위해 돈이 필요한 경우 은행이 대출을 해주고 이자를 받는 게 아니라, 은행이 그 집을 직접 사서 개인에게 빌려주고 원리금 대신 주택 사용료를 받는다. 이슬람 율법에서 이자 수수는 금지하지만, 부동산 투자 등 실체가 있는 거래에서 창출되는 이익을 얻는 것은 허용된다는 점을 이용한 것이다.

이자가 금지된 이슬람 율법 '샤리아'   이슬람 금융의 대표적인 상품으로는 이슬람 채권인 '수쿠크'Sukuk 가 있다. 수쿠크는 이슬람 국가의 자금을 빌리기 위해 발행하는 채권으로, 이슬람 금융의 전통에 따라 투자자가 이자를

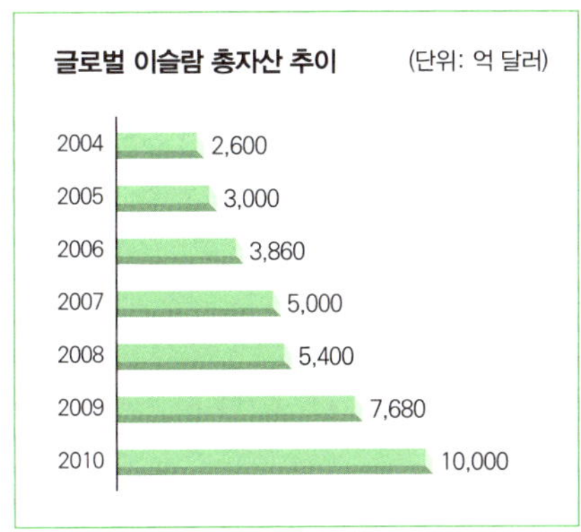

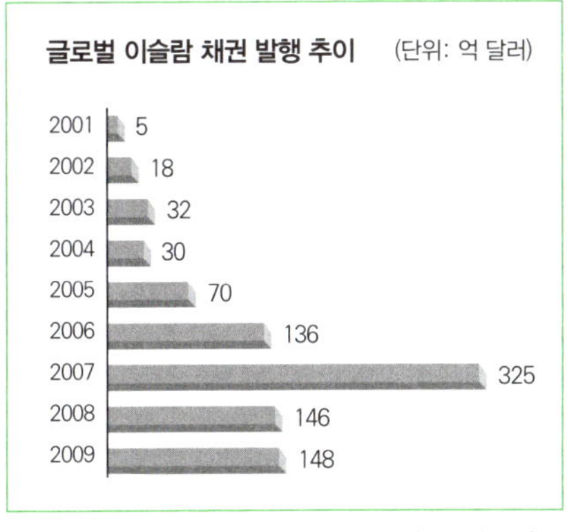

받는 게 금지되기 때문에 실물거래 성격을 갖춰 배당금 형태로 수익을 지급하는 게 특징이다. 즉 채권 발행자가 부동산 등의 자산을 특수목적회사 등에 임대한 뒤 여기에서 나오는 수익을 배당금으로 투자자에게 주는 형식이다.

수쿠크는 전 세계 발행규모가 2008년 기준으로 1400억 달러에 육박하는 등 국제금융시장에서 새로운 자금조달 수단으로 주목받고 있다. 특히 글로벌 금융위기 이후 미국과 유럽계 금융회사의 돈줄이 마르자 세계 주요 금융업체들이 이슬람 자본을 유치하기 위해 앞다퉈 수쿠크 발행에 나서고 있다.

우리나라 금융회사들도 이슬람 자본 유치를 위해 수쿠크 발행에 관심을 기울여왔다. 그런데 현행 제도상 국내에서는 수쿠크 발행이 사실상 불가능하다. 일반 채권과 달리 수쿠크는 실물거래 형식을 통해 수익이 배분되기 때문에, 국내 세법상 양도세와 부가가치세, 취·등록세 등 각종 세금이 붙기 때문이다.

이런 문제점을 해결하기 위해 정부가 수쿠크에 세제 혜택을 주는 법안을 국회에 제출했다. 수쿠크에서 발생하는 수익을 일반 외화표시채권과 마찬가지로 이자소득으로 간주해 세금을 면제하는 내용의 '조세특례제한법' 개정안이다.

**정치권, 조세형평에다
종교편향 지적까지** 하지만 지난 2010년 법안을 심사한 국회 기획재정위는, "수쿠크에만 세금 특혜를 주는 것은 형평성에 맞지 않는다는 지적이 많다"며 통과시키지 않았다. 정부는 2011년 초에도 수쿠크법을 추진했지만, 개신교계 일부에서 '대통령 하야'까지 운운하며 강력 반발해 통과시키지 못했다. 개신교계에서는 수쿠크를 통해 벌어들인 수익이 이슬람의 포교 자금으로 활용될 수 있고, 심지어 이슬람 과격 세력의 테러자금으로 유입될 수도 있다며 수쿠크법에 반대하고 있다.

이슬람 자금 유치를 위해 세제혜택을 줘야 한다고 주장하는 정부와 이에 강하게 반대하는 개신교계의 입장이 팽팽히 맞서고 있어, 수쿠크법은 다시 한 번 국회에서 뜨거운 감자가 될 전망이다.

수쿠크

ㄴ 이슬람 국가의 자금을 빌리기 위해 발행하는 채권. 이자를 금지하는 이슬람 율법에 따라 수익을 배당금 형식으로 지급한다. 정부가 이슬람 자금 유치를 위해 수쿠크 투자에 세제혜택을 주는 법안을 추진했지만, 개신교계의 반발에 밀려 국회에서 통과되지 못하고 있다.

Bible
Sukuk

은행이 진 빚은 은행 스스로!

은행세란

> **은행에 법인세와 별개로 물리는 세금이나 부담금**

한겨레　　　　　　　　　　　　　　　　　　　2010년 12월 20일

정부가 내년 하반기부터 국내 은행과 외국 은행 국내 지점(외은 지점)의 비예금성 외화부채에 대해 '거시건전성부담금'(일명 은행세 또는 은행부담금)을 걷기로 했다. …〈중략〉… 기획재정부와 한국은행, 금융위원회, 금융감독원은 19일 정부 과천청사에서 이런 내용을 뼈대로 한 '거시건전성부담금 도입 방안'을 발표했다.

은행세bank levy는 금융위기 이후 항상 논란의 중심에 서 있던 뜨거운 이슈였다. 미국 오바마 대통령이 주도했다고 해서 일명 '오바마 세'Obama Tax라고도 부른다. 은행들이 이미 내고 있는 법인세와 별개로 은행들의 자산이나 부채 등을 기준으로 삼아 일정액을 세금이나 준조세* 형태로 내도록 하겠다는 구상이다. 유사시 전체 금융시스템의 안정을 해치

지 않으면서 대형 은행의 붕괴를 효율적으로 관리하기 위한 취지다.

**은행의 부채에
매기는 세금**　은행들에 별도의 세금 또는 부담금을 물리려는 구상은 2008년 10월 절정에 이르렀던 금융위기에서 비롯됐다. 위기의 원인이 대형 은행들의 무차별적인 외형 확장과 무모한 파생상품 투자였으므로 그에 합당한 책임을 져야 한다는 인식을 바탕에 깔고 있다. 더구나 정부는 파산 위기에 몰린 은행들을 구하기 위해 막대한 구제금융(공적자금)을 투입해야 했던 사정도 한몫했다.

은행세 논의의 기본 취지는 '국민의 돈으로 은행들 뒤치다꺼리를 더 이상 할 수 없다'는 것이다. 즉, 은행들이 직접 돈을 내서 그동안 들어간 공적자금을 갚고, 앞으로 발생할지 모르는 금융위기에 대비해 자금을 모아놓자는 것이다. 은행의 부채에 세금을 매기면 은행들의 무분별한 차입을 제어하는 부수효과도 생긴다. 금융위기에서 비롯된 경기침체 고통에 대한 국민들의 분노를 무마하려는 정치적 의도도 있다.

금융위기로 홍역을 치른 미국이나 영국, 독일 등은 이미 은행세를 도입했다. 한국은 은행세 도입 방안 발표에 이어 2011년 1월 25일 관련 법안을 국무회의에 상정해 통과시켰다. 부과율을 보면, 최대 50bp(1bp=0.01%포인트)이며, 1년 단기외채는 20bp, 1~3년 중기외채는 10bp, 3년 이상

은행세는 미국 오바마 대통령이 주도했다고 해서 일명 '오바마 세'라고 불리기도 한다.

장기외채는 5bp를 물리도록 짜여 져 있다. 외환이 급격히 유입되는 비상 상황에서는 증가분에 한해 100bp를 부과할 수 있도록 했다. 부담금은 미국 달러화로 징수되며, 외국환평형기금^{■30쪽■}에 별도 계정으로 적립된다. 이는 위기 때 외화유동성 공급 재원으로 활용될 예정이다.

은행세 도입을 골자로 한 '외국환거래법'은 국회 심의 절차를 거쳐 2011년 하반기부터 시행될 것으로 예상된다.

은행세

└▸ 은행이 이미 납부하고 있는 법인세와는 별개로 내야 하는 세금이나 부담금. 은행의 지나친 차입이나 외형 확장을 억제해 금융위기 재발을 막겠다는 구상에 따른 것이다.

준조세 ■ 세금(조세)은 아니지만 세금과 비슷한 성격을 띠는 법정부담금이나 기부금. 준조세는 공식적인 개념도 아니고 범위가 정립된 말도 아니다.

좁은 의미로는 법령상 근거를 두고 부과되는 특별부담금, 국민연금을 비롯한 사회보험료, 과징금을 포함한 행정제재금, 행정수수료를 비롯한 행정요금 등이 준조세에 해당된다. 넓은 의미의 준조세에는 기업들이 비자발적으로 부담하는 각종 기부금과 성금 등도 포함된다. 법령상 부담할 의무는 없지만 사실상 부담이 강제된다는 점에서 준조세로 일컬어지곤 하는 것이다. 준조세는 법정 조세가 아니므로 세법에 의해 통제를 받는 국세나 지방세보다 관할 부처에 많은 재량권이 허용된다. 또 재원의 사용처나 적정 규모에 대한 국회의 직접적인 통제도 받지 않아 조성이나 운영이 비교적 자유롭다.

부도 방지장치 혹은 증폭장치?

CDS프리미엄이란

국가부도 위험성 잣대 ▼

한겨레   2010년 11월 24일

우리나라의 신용부도 위험을 나타내는 시장 지표가 급등했다. 이날 저녁 6시 현재 우리 정부가 국외에서 발행한 국고채 5년물의 신용 부도 스왑(CDS) 프리미엄은 100bp(1bp=0.01%포인트) 안팎에서 거래되고 있다.

위 인용기사는 북한군의 연평도 포격 소식이 날아 든 2010년 11월 23일 금융시장 상황을 다룬 대목이다. 금융위기 조짐이 나타날 때마다 신문에 자주 모습을 드러내는 용어로 '신용 부도 스왑'CDS, Credit Defualt Swap 이 있다. 여기서 거론된 CDS는 부도 위험을 사고파는 신용파생상품으로, '크레디트 디폴트 스왑'이나 '신용 디폴트 스왑'이라 부르기도 한다.

예를 들어 A은행이 B기업의 회사채 110억 원을 인수했다고 하자.

만약 B기업이 파산할 경우, A은행은 채권에 투자한 원금 110억 원을 고스란히 떼이고 만다. A은행은 이런 위험(신용위험)을 피하기 위해 C 금융회사에 정기적으로 수수료(프리미엄)를 지급하는 대신, B기업이 파산할 경우 C금융회사로부터 투자원금을 받을 수 있도록 거래한다. 채권의 부도 위험만 따로 떼어내어(파생) 사고파는(스왑) 셈이며, A은행은 C금융회사에 프리미엄을 지급하는 대신 원금을 못 받는 불행한 사태를 막을 수 있게 된다.

이는 국가가 발행하는 채권(국채) 거래에서도 이루어지며, 신문 기사에 자주 등장하는 CDS프리미엄 역시 주로 국채 거래를 일컫는 경우가 많다. 좀 더 구체적으로 말하면 한국의 외국환평형기금채권(외평채)에 대한 CDS프리미엄이다.

**파생거래 많아진
현실의 반영**   CDS프리미엄을 좀 더 쉽게 이해하기 위해서는 '외평채'를 함께 알아 둘 필요가 있다. 외평채는 환율 안정을 목적으로 조성되는 외국환평형기금 조달을 위해 정부가 발행하는 채권으로, 원화와 외화 표시 두 가지로 발행된다. 국제 금융시장에서 관심의 초점은 물론 외화표시 외평채이다.

예들 들어 한국 정부가 10억 달러어치의 외화표시 외평채를 발행했다고 하자(금융위기가 절정이던 2008년 하반기에 실제로 이런 규모로 외평채를 발행한 적이 있다). 이 때 한국의 외평채 1억 달러를 미국의 금융회사 JP모건이 인수했다고 가정하자.

JP모건은 만일의 경우 한국이 부도 사태를 맞을 수 있다는 걱정으로 세계적인 투자은행이나 보험사에 일정액의 수수료(프리미엄)를 정기적으로 내기로 하고, 그 대신 한국이 국가부도가 터지면 외평채 원금 1억 달러를 돌려받는 조건의 계약을 맺는 방식으로 CDS를 거래하는 식이다.

그러면 한국의 외평채와 그에 따른 CDS프리미엄 수준은 구체적으로 얼마나 될까? 한국의 외평채 금리는 미국 재무부 국채에 일정 수준의 가산금리를 붙이는 수준에서 정해진다. 2011년 1월 27일 기준 미국 국채 금리는 연 0.58%(만기 2년) 또는 3.39%(10년)이다. 한국 국채 가산금리는 100bp이므로, 한국의 외평채 금리는 4~5%(10년 만기) 수준에서 결정된다.

앞의 기사에 나온 대로 한국 국채 CDS프리미엄이 100bp였다면, JP모건은 1년마다 1억 달러의 1.00%인 100만 달러를 수수료로 제3의 투자은행 또는 보험사에 지급하는 대신, 한국의 국가부도 사태 때는 원금을 보장받게 된다. 결국 이 수치가 클수록 부도 위험이 높다는 것을 뜻함은 물론이다.

한국의 국가신용등급■219쪽■을 따지는 기준으로 2000년대 초반만 해도 외평채 가산금리가 많이 활용되다가 파생상품 거래가 활발해지면서 CDS프리미엄이 대표적인 잣대로 떠올랐다.

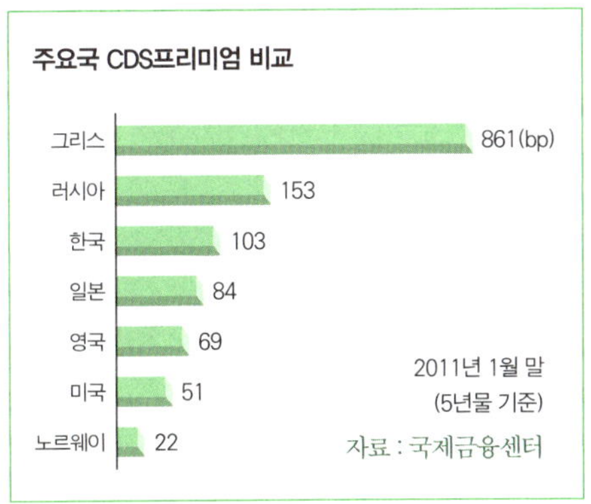

CDS 거래는 1995년 JP모건이 처음 도입한 것으로 알려져 있다. 뒤이어 세계적인 투자은행들이 신흥 경제국에 투자하는 데 따르는 신용위험을 다른 투자기관으로 이전시키려는 목적으로 잇따라 뛰어들었다.

그런데 2004년 이후 CDS 거래가 활기를 띠면서 위험 방지 장치로 도입된 게 오히려 위험을 증폭시키는 양면성을 드러내기에 이르렀다. 채무자인 기업(또는 국가)이 부도를 낼 경우 보증인 격인 금융회사가 손실을 입고, 이로 인하여 금융회사가 부실해지면 채권자인 은행도 연쇄적으로 부실화될 수밖에 없는 것이다.

CDS 물량이 한꺼번에 쏟아져 나오면 자금조달 시장이 마비될 수도 있는 것이다. 실제로 이는 서브프라임 모기지론 사태로 촉발된 미국의 금융위기를 증폭시킨 요인으로 지적돼 왔다.

CDS와 유사한 파생상품 가운데는 'CDO'Collateralized Debt Obligation 라는 것이 있다. 우리 말로 풀면 '부채 담보부 증권'이다. CDS는 금융거래 당사자들의 신용을 바탕으로 하는 데 견줘 CDO프리미엄은 모기지(주택담보 대출 채권) 등 실물 담보가 붙어 있는 채권의 부도 확률에 대해 주고받는 보험료(프리미엄)다.

2008년 9월에 터진 리먼 브러더스 파산 사태는 무분별하게 CDO 상품을 팔다가 생긴 대표적인 금융사고였다. 암에 걸릴 확률이 높은 사람들의 보험을 받아주던 보험사가 천문학적 보험금을 물어줘야 되는 처지에 직면해 결국 망하게 되는 것과 같은 이치인 것이다.

CDS프리미엄

┗→ 국가(또는 기업)에 돈을 꿔준 은행이 부도 사태에 대비해 제3의 금융회사와 보험 계약을 맺어, 국가(또는 기업)에 빌려준 원금을 보장받는 대신 제3의 금융회사에 정기적으로 지급하는 수수료. 국가(또는 기업)의 신용도를 나타내며, CDS프리미엄이 높을수록 부도 위험도 높다.

CDS프리미엄 그거 얼마예요? ■ 신문에 종종 등장하는 CDS프리미엄의 주요 출처는 국제금융 전문 연구기관인 '국제금융센터'이다. 국제금융센터는 미리 맺은 계약에 따라 JP모건을 비롯한 5~10개 투자금융(IB)회사들로부터 매일 CDS프리미엄 정보를 제공받고 있으며, 이를 취합해 산출한 한국 국채 CDS프리미엄을 홈페이지(tp://www.kcif.or.kr)에 고시한다. 누구든 인터넷 홈페이지에 접속해 '통계' 중 '금리' 부분을 찾아보면, 하루 단위로 집계된 CDS프리미엄을 볼 수 있다.

미국의 미디어그룹 '블룸버그'에서도 한국을 비롯한 전 세계 주요국들의 CDS프리미엄을 취합해 게재하고 있다. 요즘에는 영국의 경제 전문 컨설팅 업체 '마키트'(http://www.markit.com)에서 제공하는 CDS프리미엄을 인용하는 기사도 가끔씩 눈에 띈다. 물론, 국제금융센터나 블룸버그, 마키트에 게재되는 CDS프리미엄 수준이 똑같지는 않다.

보험 계약자도 주주인가?

생보사 상장차익이란

생보사 상장시 생기는 자본이득 ▼

삼성생명 유배당 보험상품 계약자 2802명이 삼성생명을 상대로 상장 전에 이익배당금 10조 원의 지급을 요구하는 집단소송을 제기했다. 생보상장 계약자공동대책위는 22일 "삼성생명이 상장을 추진하면서 회사 성장 발전 및 이익 형성에 기여한 계약자에게 한 푼의 배당도 없이 30조 원의 생보사 상장차익 전부를 독식하려 한다"며 "유배당 계약자의 당연한 몫인 미지급 배당금을 찾기 위해 서울중앙지법에 집단소송을 냈다"고 밝혔다.

국내 최대 생명보험회사인 삼성생명이 2010년 5월 증시에 상장했다. 생보사 가운데는 동양생명(2009년 10월)과 대한생명(2010년 3월)에 이어 세 번째 상장이다. 삼성생명을 비롯한 생보사 상장은 1980년대부터 논의가 됐지만, 20여 년 동안 상장이 이뤄지지 못했다.

그 배경에는 생보사 상장차익 배분을 둘러싼 논란이 있다. 삼성생명이 상장을 공식 발표하자, 생보상장 계약자공동대책위원회는 삼성생명 계약자들을 모아 '미지급 배당금 청구소송'을 제기하기도 했다.

생보사를 주식회사로 볼 것인가, 상호회사로 볼 것인가

생보사 상장차익 문제는 2007년 생보사 상장자문위원회가 "보험 계약자는 주주가 아닌 채권자로서 권리·의무만을 갖고 있어 상장차익을 계약자에게 분배할 필요가 없다"고 결론을 내렸고, 정부가 이를 수용함으로써 일단락된 사안이다. 이 결정으로 생보사 입장에서 상장의 걸림돌이었던 상장차익 배분 문제는 깔끔하게 해소된 셈이었다.

하지만 시민단체에서는 생보사 상장 때 계약자 몫을 인정하지 않기로 한 상장자문위의 결정이 지나치게 생보사에 편향적이라고 주장한다. 생보사가 상장을 하면 기업가치를 반영해 주가가 형성될 텐데, 기업가치에 기여한 계약자의 몫을 인정하지 않고 주주에게만 모든 열매가 돌아가는 것은 부당하다는 것이다. 시민단체의 이러한 주장은 생보사의 회사 성격과 관련한 논란과 맞닿아 있다.

즉 생보사가 법적으로 주식회사인 것은 맞지만, 상호회사*처럼 운용되어온 측면이 있다는 것이다. 실제 국내 생보사의 경우 유배당 보험상품 계약자의 보험료에 의해 자산과 내재가치의 대부분이 형성됐고, 계약자 몫의 내부유보액*이 회사의 결손 보전용으로 사용되는 등 경영 리스크를 주주와 계약자가 공동으로

상호회사 주식을 가진 주주에게 이익이 배분되는 주식회사와 달리 고객에게 소유권과 이익이 분배되는 회사 형태다. 보험회사의 경우 보험에 가입하면 가입자가 그 회사의 주인이 되고, 보험료 수입에 대한 배당이나 리베이트를 받는다.

지고 있다는 점에서 상호회사적인 성격이 강하다. 따라서 상장을 통해 발생하는 이익은 계약자와 주주의 공헌 정도에 따라 공평하게 분배되어야 한다는 게 시민단체의 주장이다.

일반적인 주식회사는 주주가 낸 돈을 가지고 사업을 해서 이익을 얻고 회사를 키우기 때문에 회사의 주인은 주주이고, 이익에 대한 배당금도 주주에게만 지급된다. 하지만 보험회사는 주주가 낸 자본금보다 계약자가 내는 보험료가 훨씬 많고, 또 이 보험료를 활용해 회사의 자산을 축적한다는 측면에서 주식회사의 일반적인 형태와는 차이가 있다.

**주주가 낸 자본금보다
계약자가 내는 보험료가 훨씬 많다!**

외국의 예를 보면, 실제로 미국의 대표적인 생보사인 뉴욕라이프는 상호회사다. 또 일본 2위의 생보사인 다이이치생명은 창업 이후 108년 동안 유배당 보험 가입자들이 주인인 상호회사를 유지해오다가 2010년 4월 주식회사로 전환해 증시에 상장했다. 다이이치생명의 경우 공식적인 상호회사였기 때문에 국내 생보사와는 달리 상장 과정에서 유배당 계약자 738만 명에게 주식과 현금을 나눠줬다.

우리 정부도 과거에는 생보사 상장과 관련해 시민단체와 생각이 비슷했다. 1989년과 1990년 교보생명과 삼성생명이 상장을 전제로 자산재평가를 했을 때, 정부가 직접 나서 재평가 적립금의 70%를 계약자 몫, 30%를 주주 몫으로 할당한 바 있는데, 이는 생보사의 상호회사적인 성격을 인정했다는 뜻이다. 당시 자산재평가를 통해 계약자 몫으로 배분된 내부유보액은 삼성생명이 878억 원, 교보생명이 662억 원에 이르렀고, 이는 사실상 자본금 성격을 지닌 것이라고 할 수 있다. 이에 따라 시민단체에서는 삼성생명의 경우 계약자 몫 중 내부유보로 처리된 878억 원은 상장 때 신주를 발행해 계약자에게 돌려줘야 하고, 상장 전 자산을 재평가해 발생하는 자산재평가 차익 중 계약자 몫은 배당금으로 지급해야 한다고 주장한다.

하지만 생보업계의 주장은 전혀 다르다. 생보사는 엄연한 주식회사이고 계약자 배당금도 충분히 지급했으며, 자산재평가 차익을 계약자에게 배분하는 것은 외국에서도 전례가 없다고 한다. 또 손해보험사나 은행·증권사 등 다른 금융회사가 상장할 때도 상장차익은 모두 주주에게 돌아갔는데, 유독 생보사에만 다른 원칙을 적용할 이유가 없다고 한다. 설사 계약자에게 상장 차익을 배분하려고 해도 과거 수 십년 동안의 계약자들에 대한 확인 및 개개인의 기여 정도 평가, 사망자·행방불명자 등에 대한 처리 등 현실적으로 여러 장애물이 있다는 점도 생보업계가 계약자 몫 배분 불가를 내세우는 이유다.

생보사 상장차익

ㄴ 생보사가 상장할 때 발생하는 자본이득. 생보사의 자산은 계약자의 보험료로 대부분 형성됐고, 경영 리스크도 주주와 계약자가 공동으로 지므로 상장차익도 계약자에게 나눠줘야 한다는 주장이 설득력 있다.

액면가만 바뀐다고 경제 회생하나

화폐개혁이란

정부가 인위적으로 자국의 화폐 가치를 조절하는 것

한겨레	2011년 1월 5일

북한이 2009년 11월 말 화폐개혁을 단행했을 당시 청융화 주한 중국대사
는 이를 '경솔한 조처'로 평가하면서, 이미 발달한 시장을 탄압하는 것은 불
가능하다는 견해를 밝힌 것으로 '위키리크스'가 확보한 미국 외교전문에 나
타났다.

북한이 기습적으로 단행했던 화폐개혁은 두 해를 넘기고도 여전히 화
젯거리로 등장한다. 북한의 경제난에 직접 얽혀 있는 사안이기 때문이
다. 북한의 화폐개혁은 경제난의 결과인 동시에, 북한 경제에 상당한
영향을 끼쳤고 앞으로 끼칠 원인으로도 꼽힌다.

국내 언론에 크게 보도된 대로 북한이 화폐개혁을 단행한 것은

2009년 화폐개혁 이후 북한의 화폐.

2009년 11월 30일 오전 11시였다. 개혁의 내용은 이튿날인 11월 30일부터 그해 12월 6일까지 구권 100원을 신권 1원으로 교환하는 것이다.

북한의 화폐개혁은 임금과 물가를 현실화한 2002년 '7·1 경제관리개선조처' 이후 화폐가치가 크게 하락하면서 발생한 인플레이션 ▪373쪽▪을 잡기 위한 목적이었다. 이 밖에 북한 주민들이 보유해 암거래 시장에서 유통되는 지하 자금을 끌어내려는 의도도 있었던 것으로 보인다. 구권을 신권으로 교환하는 것에 그치지 않고 교환 가능한 금액을 세대별 10만 원으로 한정하고, 나머지 금액은 국가에 내거나 은행에 맡기도록 한 게 북한 사회에 상당한 충격을 가했던 것이다.

탈북자 학술단체인 'NK지식인연대'가 2011년 1월 28일 북한 내부 소식통을 인용해 밝힌 내용을 보면, 화폐개혁 뒤의 사정을 짐작할 수 있게 한다.

"함경북도 회령시장에서 거래되는 외환환율은 1달러 당 북한 돈 2750원으로 지난 2010년 10~11월 환율인 1달러당 1300원에 비해 무려 58.5%나 폭등했다. 중국 돈 1위안이 북한 돈 500원에 거래돼 2009년 11월 30일 화폐개혁 이전 수준으로 환율이 급등했다. 환율 폭등과 함께 북한 물가의 척도인 쌀은 20일 1kg에 3100원까지 급등하면서 최고치를 기록했다가 25일에는 3000원선을 유지하고 있다."

　　폐쇄된 북한의 정보를 일일이 확인할 수는 없어도 화폐개혁 뒤에도 여전히 이어지고 있는 북한의 경제난 분위기를 일부 감지할 수 있는 대목이다.

한국은 해방 이후 세 차례 화폐개혁 | 한국에서는 해방 이후 세 차례에 걸쳐 화폐개혁을 단행했다. 대통령 긴급 명령 형태의 1차 통화조치는 1950년 8월 28일 내려졌다. 이에 따라 1950년 9월 15일부터 1951년 4월 30일까지 조선은행권 100원 권의 유통을 정지하고 이를 한국은행권과 무제한으로 등가교환해 줬다. 한국전쟁 직후 북한 점령지역에서 불법 남발된 적성통화의 유통을 막기 위한 목적이었다.

　　1953년 2월 15일 대통령 긴급 명령에 따른 2차 통화조치는 통화증발과 물가상승 등 전쟁 후유증을 치유하자는 목적이었다. 1953년 2월 17일부터 통화 단위를 100분의 1로 절하하고 화폐 호칭을 '원'에서 '환'으로 바꾼 게 여기서 비롯됐다.

　　3차 통화조치는 1962년 6월 10일 시행된 '긴급통화조치법'이다. 물가상승을 막고 경제개발 계획 추진에 필요한 산업자금을 끌어들이기 위한 목적이었다. 통화 단위를 10분의 1로 절하하고 화폐 호칭을 '환'에서 다시 '원'으로 변경한 게 이 때였다.

1957년 발행돼 1962년 유통정지된 1천환권.

**구권 1000원을
신권 1원으로 바꾼다면?**

노무현 정부 때도 화폐개혁을 단행하려는 시도가 있었다. 당시 한국은행 총재를 맡았던 박승씨가 2010년에 펴낸 회고록『하늘을 보고 별을 보고』에서도 밝혀진 사실이다.

화폐개혁이 필요하다는 주장은 지금도 제기된다. 1달러가 1000원 이상에서 거래될 정도로 우리나라 원화의 액면 금액이 너무 부풀어 있다는 점에서다. 이는 선진국 클럽인 경제협력개발기구(OECD) 회원국인 한국의 실정에 걸맞지 않는다는 주장으로 이어진다.

실질적인 면에서 화폐개혁이 필요하다는 지적도 나온다. 화폐개혁을 하면 정부나 금융권 등의 회계나 환율 계산이 편해진다는 것이다. 예컨대 구권 1000원을 신권 1원으로 바꾼다면 회계의 단위가 작아지고 원-달러 환율도 약 '1 대 1'로 간명해 진다. 5만 원권 발행에 이어 10만원권 발행까지 논의될 정도로 고액권이 필요한 현실에서 화폐개혁은 근본적인 대안이 될 수 있다는 주장도 나온다.

그러나 화폐 재발행에 따르는 비용, 인플레이션 초래, 단기적인 혼란과 불편 등을 걱정하는 목소리도 이에 못지않게 크다.

화폐개혁

└ '구권 10환'을 '신권 1원'으로 바꾸는 것처럼 화폐의 단위와 호칭을 변경하는 것. 북한이 2009년 11월 '구권 10원'을 '신권 1원'으로 교환하는 화폐개혁을 단행한 뒤 집중 관심사로 부각됐다. 한국에서는 해방 이후 세 차례 화폐개혁을 했다.

세계경제를 쥐락펴락 하는 가상의 장터
외환시장이란

달러를 사고파는 은행간 시장 ▼

한겨레	2010년 10월 21일

중국의 기준금리 인상으로 우리나라 금융시장도 요동을 쳤다. 20일 서울 외환시장에서는 원－달러 환율이 전날보다 9.50원 급등한 1140.0원으로 출발해 1144원대까지 올랐으나, 오후 들어 하락세로 돌아서 전날보다 3.6원 내린 1126.9원에 거래를 마쳤다.

신문 경제면에 거의 매일 빠짐없이 등장하는 환율 기사에는 꼭 '서울 외환시장'이 등장한다. 여기서 말하는 외환시장이란 어디를 일컫는 것일까? 남대문시장이나 동대문시장처럼 물리적 실체가 있는 공간일까? 외환시장에 해당하는 실체적인 장소나 건물은 없다. 그저 외환거래가 일어나는 '추상적 공간'만 있을 뿐이다.

　외환시장은 거래 당사자에 따라 외국환은행과 고객(기업, 개인, 정부

등) 사이에 외환거래가 이뤄지는 '대고객 시장'customer market 과 외국환
은행간에 거래가 이뤄지는 '은행간 시장'inter-bank market 으로 구분된다.
일반적으로 외환시장이라고 할 때는 좁은 의미인 은행간 시장을 말한
다(일반인이 원화를 달러화로 바꾸거나 달러화를 원화로 교환하기 위해 은행에
가서 거래 요청을 하는 경우도 넓은 의미에서는 외환시장에 참여하는 것이다).

은행간 외환거래는 외환 딜러dealer 들끼리 직접 사고파는 '장외 직접
거래시장'을 통하기도 하지만, 통상 외국환중개회사를 통해 '장내 거
래소시장'에서 이뤄진다. 국내에 외국환중개회사는 두 곳이 있다. 금융
결제원에서 100% 출자해 설립한 서울외국환중개(주)와, 국내 금융기

세계 외환시장 국가별 거래 비중 추이

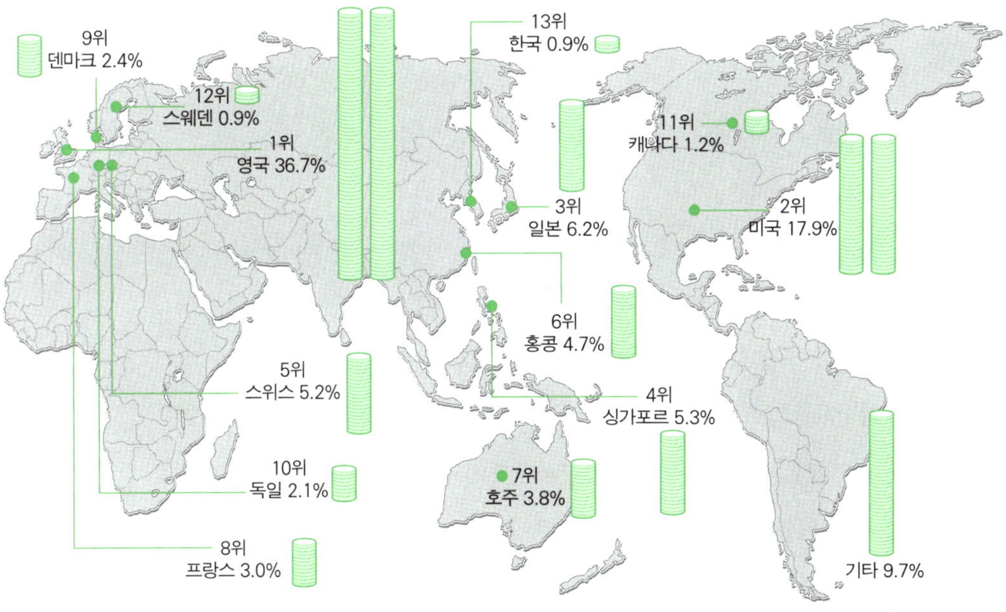

자료 : BIS (2010년 4월)

관들이 공동출자해 만든 한국자금중개(주)가 그곳이다.

은행간 외환거래의 주체인 외환 딜러들은 평일 오전 9시부터 오후 3시까지 이들 외환 중개회사의 환율시세 모니터와 온라인 거래시스템을 이용해 원화와 달러를 사고판다. 개인이 은행 창구에 가서 원화(달러화)를 달러화(원화)로 바꾸는 것은 은행 딜러에게 '달러 사자' 주문을 내는 것과 마찬가지인 셈이다.

딜러들은 장내외 시장에서 전화나 딜링 머신을 통해 사거나 팔려는 외국 돈의 가격을 제시해 서로 일치하는 상대와 거래를 하게 되며, 이렇게 거래가 이뤄질 때마다 환율도 시시각각 변한다.

**하루 평균 거래되는
달러는 얼마일까?** 서울 외환시장에서는 오직 달러만이 거래된다. 다른 통화는 달러를 매개로 환율이 결정돼(재정환율), 은행 창구에서 거래된다. 서울 외환시장에서 거래되는 하루 외환거래 규모는 250억 달러 안팎이다.

한국은행에서 2010년 10월에 내놓은 '3분기 중 외환시장 동향'을 보면, 은행간 시장의 외환거래 규모(외국환중개회사 경유분 기준)는 일평균 226.9억 달러로 전분기(255.9억 달러)에 견줘 11.3% 감소했다.

외국환중개회사를 경유하지 않는 거래까지 포함하면 외환거래 규모는 더 커진다. 2010년 9월 1일 한국은행이 발표한 '국제결제은행(BIS)의 세계 외환 및 장외파생 상품 거래 규모' 자료를 보면, 4월 기준 우리나라의 하루 평균 외환거래 규모는 438억 달러였다.

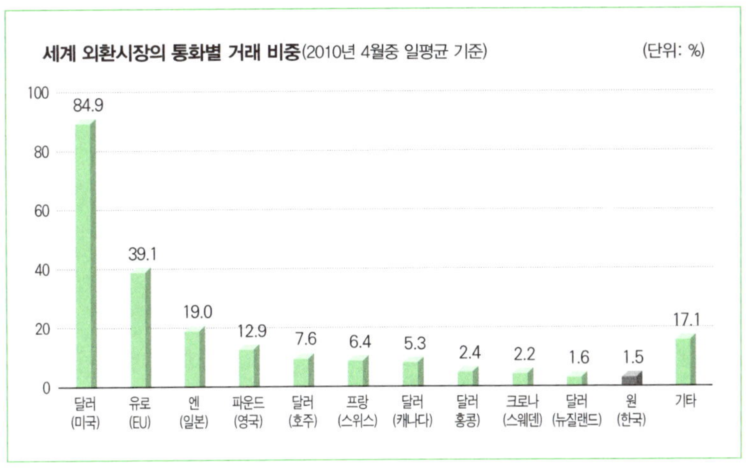

* 비중=200%(거래 양방의 통화를 합산함에 따라 비중의 합계가 200%로 나타남.)   자료 : 한국은행

3년 만에 이뤄진 BIS의 이번 조사 결과는 세계 외환시장 동향 뿐 아니라 국가별 실태도 함께 보여준다. 우리나라의 거래 규모는 3년 전 조사 때(352억 달러)보다 24% 늘었다. 전 세계 외환시장(하루 평균 4조 달러)에서 차지하는 비중은 0.1%포인트 늘어난 0.9%로 조사됐다.

국가별 순위도 조사대상 53개국 가운데 13위를 차지해 다섯 계단 올라섰다(앞쪽 지도 참조). 거래 규모가 러시아·인도·중국·대만·멕시코 등 신흥국 뿐 아니라 룩셈부르크·벨기에·이탈리아·스페인·노르웨이·오스트리아 등 일부 선진국보다도 큰 것으로 나타났다.

**외환시장 규모 작을수록
외부 충격에 약해**

국내 외환시장 규모가 커지고는 있어도 절대 경제 규모에 견줘볼 때는 아직 취약한 것으로 평가된다. 2009년 말 기준 우리나라 명목 국내총생산(GDP) 규모는 8300억 달러로, 세계 전체 58조 달러의 1.4% 수준이었다. 실물경제의 규모에 견줘 외환시장의 규모가 상대적으로 작다고 볼 수 있다. 단순 비교할 경우 경제 규모에 걸맞는 외환시장 규모는 지금보다 200억 달러 가량 늘어야 하는 셈이다.

삼성경제연구소에 따르면 우리나라의 GDP 대비 외환거래 비중은 5.4%(2007년 기준)로, 경제구조가 비슷한 일본(10.6%)의 절반 수준에 지나지 않는다. 대만 5.8%와 비교해도 작다. 우리나라 외환시장이 그만큼 외부 충격에 약한 셈이다.

외환시장

└→ 원화와 달러화가 교환되는 은행간 시장. 은행간 직접 거래 방식과 중개 회사를 통한 거래 방식이 있다. 우리 나라 외환거래 규모는 세계 13위 수준이다. 외환거래 규모가 작을수록 글로벌 금융위기와 같은 외부 충격에도 약하다.

우표 교환으로 억만장자 된 사연

폰지사기란

고수익을 미끼로 한 다단계 금융사기 ▼

한겨레 　　　　　　　　　　　　　　　　　2010년 5월 28일

「LA타임스」는 27일 검찰이 3000만 달러(약 358억 원) 규모의 다단계 금융사기(일명 '폰지사기') 혐의로 뉴욕 스타투자자문 대표 케네스 스타를 구속했다고 보도했다. 검찰이 밝힌 스타의 범행 수법은 유명인사들을 고객으로 끌어들여 안심시킨 뒤 투자받은 돈을 개인 용도에 쓰거나, 부인이나 친지의 이해가 걸린 위험 자산에 투자하는 식이다.

외신에서 가끔씩 등장하는 '폰지사기'는 이탈리아계 미국인 찰스 폰지Charles Ponzi, 1882~1949의 사기극에서 비롯됐다. 폰지의 사기 행각은 1919년 성탄절 바로 다음날 보스턴에 증권거래회사를 차리는 것으로 시작됐다.

그는 만국우편연합(UPU) 가입국 어디서나 우표로 교환해 답신할 수 있게 해주는 쿠폰인 '국제우표반신권'(IRC) 사업을 한다며 "45일에 수

익률 50%", "90일에 원금의 2배"라고 선전했
다. 나라마다 다른 우편요금 탓에 값이 싼 이
탈리아에서 쿠폰을 사서 미국에서 현금으로
바꾸면 큰 수익을 얻을 수 있었다.

처음 50%의 수익을 보장하자 소문은 빠르
게 퍼져 초기에 4만 명이 1500만 달러를 투자
했다. 요즘 시세로 1억5000만 달러를 웃도는
거금이다. 사람들은 집을 담보로 대출을 받아
투자하는 등 열광했다. 폰지는 당시 에어컨
시설을 갖춘 저택을 사들이며 호화로운 생활
을 했다.

이탈리아계 미국인 찰스 폰지. 1919년
경 4만 명으로부터 무려 1500만 달러
(요즘 시세로 1억5000만 달러)를 투자
받았다.

그러나 사기성 거래에 바탕을 둔 비정상적인 수익률이 지속될 수는
없었다. 막대한 자금을 투자할만큼 쿠폰이 발행·유통 되지도 않았다.
폰지는 투자자들한테 약속대로 수익률을 보장하기 위해 새로운 투자
자들을 끌어 모으기 시작했고, 결말은 파국이었다. 뒤늦게 뛰어든 이
들은 막대한 손해를 볼 수밖에 없었다.

**스필버그도 당한
금융사기의 종결자!** 훗날 돌이켜보면 바보나 속을 것 같은 엉터리
사기 수법이지만, 폰지의 사기 행각과 비슷한 사건들은 끊이지 않고
반복돼 왔다. 위 인용기사에서 소개한 케네스 스타의 범행 수법도 별
반 다르지 않다. 약속한 수익금을 돌려주기 위해 새로운 투자자들을

끌어들이는 방식이기 때문이다.

유명인사들을 고객으로 끌어들여 안심시킨 뒤 투자받은 돈을 개인 용도에 쓰거나, 부인이나 친지의 이해가 걸린 위험 자산에 투자하는 식이다. 유명 자선 사업가, 연예인, 상속녀 등을 투자자로 끌어들여 다른 신규 투자자들을 안심시키는 수법도 동원됐다. 전형적인 폰지사기인 것이다.

케네스 스타 사건 이전인 2008년에 불거진 버나드 메이도프의 행각은 미국 사회 전체를 떠들썩하게 만들었던 대표적인 현대판 폰지사기로 꼽힌다. 메이도프는 최대 46% 수익률을 약속하며 신규 투자자들로부터 끌어 모은 돈의 일부를 기존 투자자들에게 수익금으로 나눠주는 식으로 사기를 벌이다 경찰에 체포됐다.

메이도프가 끌어 모은 돈은 무려 650억 달러(약 81조 원 규모)로 미국 월가 사상 최대의 금융사기로 기록됐다. 피해자들 중에는 영화감독 스티븐 스필버그 등 유명인사들도 다수 섞여 있었다. 메이도프는 거대한 사기 규모에 걸맞게 이듬해 법원으로부터 징역 150년형을 선고받았다.

폰지사기는 우리한테도 낯설지 않다. 국내에서도 심심찮게 발생하는 다단계 금융사기와 다를 바 없기 때문이다. 비정상적인 고수익을 내걸고, 신규 투자자의 돈으로 기존 투자자의 수익금을 보장하는 구조는 결국 무너질 수밖에 없다. 더 많은 새로운 투자자가 생기지 않으면 망하게 되는 것이다. 투자자들이 갑자기 대규모로 돈을 돌려달라고 하면 내줄 돈이 없어 들통나게 된다. 결과적으로 막차를 탄 사람의 피해가 제일 크다.

　처음에는 약속대로 수익금을 주기 때문에 이를 눈치 채지 못하는 수가 많다. 어리숙한 사람들 뿐 아니라 유명 인사들도 피해자 명단에 이름을 올리는 경우가 바로 이 때문이다. '나는 중간에 빠져나올 수 있다'는 헛된 믿음이 판단을 흐리게 만드는 것이다.

폰지사기

ㄴ 투자자들을 단계적으로 끌어 모으는 다단계 금융사기의 전형. 이탈리아계 미국인 찰스 폰지의 사기 행각에서 비롯된 말로, 고수익을 약속하고 투자금을 끌어들인 뒤 신규 투자자들의 자금으로 기존 투자자들한테 수익금을 돌려주는 식이다.

수출에도 색깔이 있다?

그레이 임포트란

같은 상품을 정식 수입업체와 병행해 수입하는 비공식 수입

한겨레   2010년 2월 4일

공식 판매 절차를 거치지 않은 채 미국·캐나다 등에서 이삿짐 또는 일반 수입업체를 통하는 병행수입(그레이 임포트) 방식으로 국내에 들여온 도요타 차량 11차종 444대는 북미지역에서 발생한 '리콜 파문'과 같은 결함이 있는 것으로 나타났다.

한때 일본 도요타자동차의 리콜 사태로 '그레이 임포트'라는 말이 세간에 자주 거론됐다. 도요타의 국내 판매법인인 한국도요타가 정식으로 수입해 판매한 차들과 달리 그레이 임포트를 통해 들어온 차들 상당수가 리콜 대상이 됐기 때문이다.

그레이 임포트 gray import 는 흔히 '병행수입' parallel import 이라 불린다. 국내에 정식으로 차려진 유통사가 아닌 개인 수입상들을 통해 팔리는 물

건이나 상거래를 아우르는 말이
다. 예를 들어 '도요타'라는 같은
상표의 상품을 여러 수입업체들이
'병행'해 국내에서 판매할 수 있도
록 하는 것이다. 원래 '블랙 마켓'
에서 파생된 말인데 불법 수입시
장을 뜻하는 블랙 마켓과, 정식 수
입은 아니지만 합법적인 시장을

도요타의 리콜 사태로 세간에 자주 거론된 '그레이 임포
트'. 도요타의 국내 판매법인인 한국도요타가 정식으로
수입해 판매한 차들과 달리 당시 그레이 임포트를 통해
들어온 차들 상당수가 리콜 대상이 됐다.

구별하기 위해서 '그레이 마켓'이라는 용어가 쓰이기 시작했고, 거기
에서 다시 그레이 임포트, 그레이 임포터(병행수입업자)라는 말이 가지
를 쳤다.

**정식으로 수입한 '정품'은 아니지만
아무튼 '합법적'!**

어감이 좀 어둡긴 해도 그레이
임포트는 합법적이다. 정부는 수입 공산품의 가격 인하를 유도하기 위
해 1995년 11월부터 일부 예외규정을 두고 병행수입을 허용했다. 보
통 병행수입 물품은 이른바 '정품'에 견줘 상당히 싼 편이다. 정식수입
업체는 물건 값에 업체의 인건비, 애프터서비스망 유지비, 광고비 등
을 더해 값을 매기지만 그레이 임포트는 이런 비용이 들지 않기 때문
에 물건 값을 낮게 책정할 수 있다.

물건 값이 싸다는 것 외에도 그레이 임포트의 장점은 또 있다. 아직
국내에 정식으로 수입되지 않은 물건을 구입할 수 있다는 점이다. 한

국도요타만 해도 2009년 10월에야 출범했는데, 그전에 국내에서 도요타 차를 타고 싶은 사람은 그레이 임포트를 통해 살 수 있었다.

그레이 임포트의 최대 약점은 불안정한 애프터서비스망이다. 병행수입 물품을 산 사람들은 국내 유통회사의 서비스망을 이용하는 데 제한을 받는다. 추가로 서비스 요금을 더 내야 하는 경우가 많다. 아예 서비스를 안 해주는 곳도 있다. 니콘이미징코리아는 병행수입된 카메라를 서비스센터에서 수리해주지 않는다. 이 때문에 병행수입된 카메라 사용자들은 "애프터서비스 받으러 일본 간다"는 우스갯소리를 하곤 한다.

병행수입업체는 보통 소규모로 외국에서 물건을 사와 정식 통관을 거친 뒤 한국에서 파는 방식으로 운영되지만, 제법 규모가 큰 곳도 있다. 대표적으로 그레이 임포트 차량을 팔던 SK네트웍스를 들 수 있다. SK네트웍스는 수입차 가격이 너무 높아 병행수입차를 싸게 팔면 수요를 끌어낼 수 있을 것이란 판단에 따라 2007년 과감하게 사업을 시작했지만 2009년 결국 손을 뗐다. 정식 수입업체들이 가격을 큰 폭으로 내리는 바람에 경쟁력을 잃었기 때문이다. 결과적으로 소비자들은 가격 인하의 혜택을 받은 셈이니 '공산품 가격 인하'라는 그레이 임포트 제도 자체의 목적은 충분히 달성된 셈이다.

그레이 임포트

ㄴ 정식 수입업체를 통하지 않는 병행수입. 정식수입품에 비해 가격이 낮은 대신 에프터서비스를 받기 힘들다. 공산품 가격인하를 목표로 1995년부터 합법화 됐다.

미사일도 따라올 수 없는 자원화력
희토류란

땅 속에 극소량만 함유된 희귀 금속

한겨레	2010년 11월 1일

"희토류 자원을 관리하는 것은 중국의 주권에 해당한다"는 마자오쉬 외교부 대변인의 최근 발언은 중국이 희토류 정책에 대해 외부 압력에 굴복하지 않겠다는 선언이다. 세계는 값싼 '메이드 인 차이나'에 길들여졌지만, 그런 시대는 이미 지나갔다.

중국 정부의 희토류 수출 제한 조치에 따른 가격 폭등으로, 관련 산업과 국제 관계에 큰 파장이 일고 있다. 중국 이외의 다른 나라들에서 희토류 광산이 개발될 때까지 이런 파장은 계속될 수밖에 없어 보인다.

일반인에게는 생소하기 그지없는 희토류는 어떤 자원일까? 희토류란 지각 안에 극소량만이 함유된 금속을 뜻하는 '희유금속'의 일종으로, 17개 원소로 되어 있다.

종류가 17개 원소나 된다지만 워낙 희귀하고 양이 적어 세분화하는
게 번거로워 희토류라고 묶어 불렀다는 후문이다. 실제로 희토류稀土類
란 명칭은 '땅속에 거의 존재하지 않는 물질 rare earth elements'이라는 영문
명을 일본에서 직역해 만든 표현이다.

희토류의 지각 내 함유량은 300ppm(100만분의 300) 미만이다. 워낙
양이 적어 '나는 숨어있다'는 뜻의 란타늄(La), '얻기 힘들다'는 뜻의
디스프로슘(Dy) 등 희귀함 자체를 원소 이름으로 삼고 있을 정도다.

일반적으로 은백색 또는 회색을 띄는 희토류는 미사일 유도장치나
휴대전화, 디스플레이, 전기자동차, 광학렌즈, 레이저 등 최첨단 전자
제품에 없어서는 안 될 핵심 원료다. 풍력발전 터빈 등에 내장되는 영
구자석의 재료이기도 하다. 이는 화학적으로 안정적이면서도 열이나
전류를 잘 전달하는 성질 때문이다. 적은 양에도 불구하고 필수불가결
하다는 뜻에서 '산업계의 비타민'으로 불린다.

**희토류로 자원 무기화를
꿈꾸는 중국** | 희토류는 1787년 스웨덴의 포병장교가 처
음으로 발견해 이름에 스웨덴 지명(테르븀, 에르븀)이 여럿이라고 하는데,
현재는 중국이 전 세계 희토류 생산·공급량(2009년 기준 12만4천 톤)의
97%를 점유하고 있다. 중국의 희토류 매장량은 전 세계 매장량의 30%
대에 불과한 것으로 알려져 있다. 상대적으로 느슨한 환경규제와 값싼
노동력이, 희토류 공급을 중국이 사실상 독점 공급하는 배경이 됐다.

희토류는 2010년 9월 발생한 중-일간의 센카쿠 열도(중국지명 '댜오

위다오’) 분쟁을 계기로 일반인들에게까지 널리 알려지게 됐다. 사건 당시 일본이 센카쿠 열도에 무단침입한 중국인 선장을 구속하자 중국은 희토류 수출금지로 맞섰는데, 이에 일본이 중국인 선장을 석방하며 사실상 백기를 든 것이다. 중국 입장에서는 희토류가 힘의 논리가 작용하는 국제 역학 관계에서 ‘작지만 매운 고추’ 역할을 톡톡히 해낸 셈이다.

하지만 이를 계기로 희토류를 자원 무기화하려는 중국에 대한 국제적인 비판 여론과 견제 심리도 조성됐다. 미국·일본·독일 등이 중국의 ‘희토류 무기화’를 G-20 정상회의 의제로 삼겠다고 나섰으며, 미국과 오스트레일리아 등은 채산성 부족으로 폐쇄했던 희토류 광산의 재

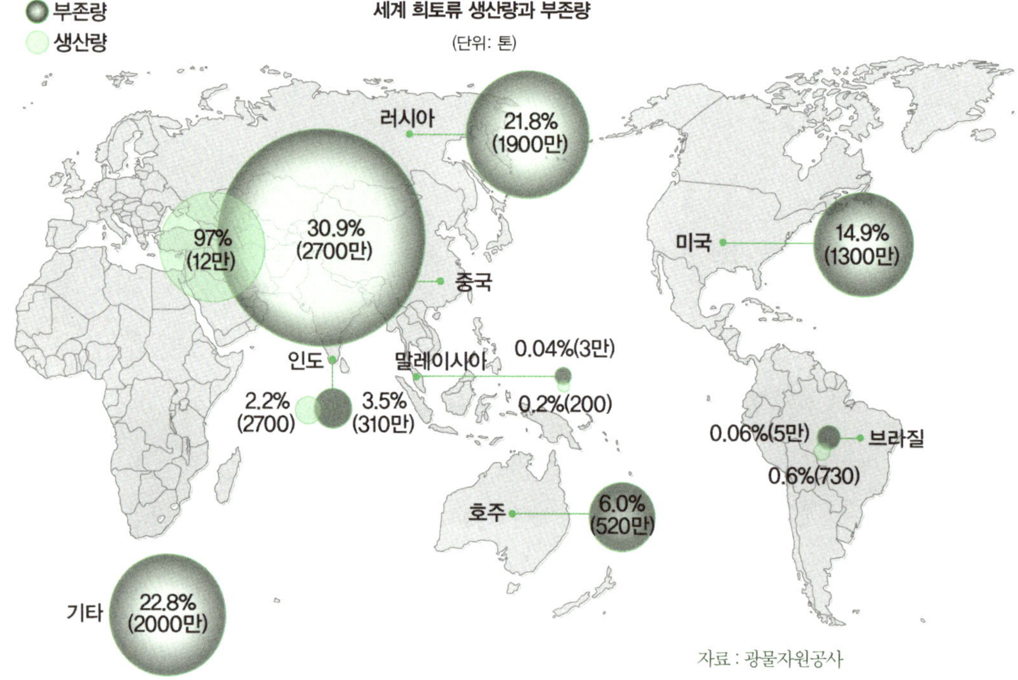

가동을 발표하기도 했다.

한편, 전문가들 사이에서는 수년 전부터 희토류의 중요성을 강조해 왔다. 특히 중국은 2006년부터 희토류 수출량을 줄이기 시작했다. 희토류 원재료 수출을 줄이는 대신 고부가가치 가공품 생산 쪽을 강화하는 산업구조 개편을 추진해온 것이다.

일본 등 선진국들은 중국의 이런 움직임을 희토류 가격을 최대한 높여 이익을 극대화하는 한편, 첨단기술까지도 넘보는 것 아니냐는 의구심 섞인 시선으로 바라본다. 1970년대 중동이 '오일 쇼크'로 세계 각국을 상대로 떼돈을 긁어모았듯, 중국도 다른 마음을 먹고 있는 것이 아니냐는 추측까지 나오고 있다.

하지만 희토류는 지각 내 평균 함유량이 적을 뿐 지구촌 여러 곳에 광범위하게 분포돼있다는 점에서 그런 우려가 현실화 될 가능성은 낮아 보인다. 시간이 소요되겠지만, 값싼 중국산에 밀려 문을 닫았던 미국과 오스트레일리아 등의 광산이 재가동되면 전 세계 희토류 수급에는 별 문제가 없을 것이기 때문이다.

**세계 자원전쟁의 전조,
이에 맞선 우리의 전략은?** 우리나라도 뒤늦게 희토류 대책 마련에 나섰다. 강원도 양양 등 10곳에서 희토류 탐사를 벌이기로 한 것이다. 희토류 전용 비축기지를 확충하고 비축량도 늘리겠다는 방안도 내놨다. 기존 희토류 비축량이 목표량인 두 달치(1164톤)에 턱없이 모자라는 0.2일 분(3톤)에 불과해 빈축을 샀던 점을 비춰 보면 그나마 다행이다.

하지만 국내에는 희토류를 정제하고 생산해내는 중간산업이 없다. 희토류 정광(1차 정제 과정을 거쳐 불순물을 제거하고 순도를 높인 광물 덩어리)을 들여온다 해도 결국 일본이나 중국에 되팔아야 한다는 얘기다. 이번 기회에 희토류 관련 중간산업을 육성하고 더 나아가 첨단 자석 등의 생산 기술까지 확보하면 더할 나위 없이 좋겠지만, 우리가 맞닥뜨린 현실은 그와 거리가 먼 게 사실이다. 자원을 가진 중국과 기술을 가진 일본 사이에 끼어 이도저도 아닌 어정쩡한 상태이기 때문이다.

우리가 사는 세상에서 자원 확보는 이미 피할 수 없는 중요한 이슈가 되었다. 자원이 있는 곳이면 어디든 달려가 엄청난 물량 공세를 퍼붓는 '21세기 자원 포식자' 중국, 국제관계에서의 막강한 파워를 앞세워 어떻게든 자국의 자원 패권을 지켜내려는 미국, 그리고 그 틈새에서 조용히 실속을 챙기려 동분서주하는 일본과 유럽연합까지, 각축은 날로 심해지고 있다.

이런 상황에서 세계 10대 자원소비국이자 그 자원의 97%를 수입에 의존하는 우리나라는 어떤 전략을 취해야 할까? 당장 눈에 띄는 것은 희토류 사태이지만, 비단 희토류뿐만이 아닌 자원 확보 전반에 대한 종합적으로 체계적인 고민과 접근이 필요한 시점이다.

희토류

┗ 지각 안에 극소량만이 함유된 '희유금속'의 일종. 적은 양에도 불구하고 첨단 산업의 핵심 원료로 사용되는데, 전 세계 생산량의 97%를 담당하는 중국의 수출 제한 움직임에 세계가 긴장하고 있다.

황금알을 낳는 거위를 '복제'하라!

바이오시밀러란

생물의 세포나 조직으로 만든
의약품을 복제한 약품

매일경제	2011년 1월 11일

신약개발연구조합에 따르면 2008년 전 세계 매출액 1위인 고지혈증치료제 리피토는 매년 136억 달러어치가 팔렸다고 한다. 아반떼 자동차(2008년 평균 수출가격 기준) 130만 대와 맞먹는 금액이다. 식품의약품안전청 관계자는 "이제까지 제약업계를 주도해온 합성 신약 쪽은 다국적 제약사와 국내 제약사 간 기술 격차가 크지만 바이오시밀러 쪽은 출발선이 비슷해 국내 제약사도 경쟁력이 있다"고 말했다.

바이오시밀러를 이해하려면 먼저 바이오의약품에 대해 알아야 한다. 바이오의약품은 쉽게 말해 생물체의 세포·조직·호르몬 등을 이용해 유전자를 재조합하거나 세포 배양기술을 통해 개발한 의약품을 말한다. 화학적인 합성이 아니라 생물학적인 방식으로 제조하므로 훨씬 인체친화적이다.

바이오시밀러biosimilars는 이러한 바이오의약품을 복제한 약을 뜻한다. 화학적 합성의약품의 경우, 특허를 낸 제품과 같은 성분을 사용하면 이른바 '제네릭'generics이라 불리는 복제약품을 쉽게 생산할 수 있다. 그러나 살아있는 세포 등으로 만드는 바이오시밀러의 경우 오리지널

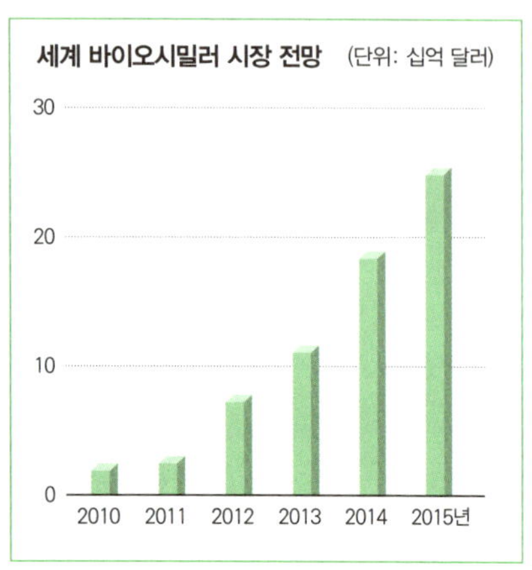

자료 : 데이터모니터

인 바이오의약품과 똑같은 약을 복제하는 것은 불가능하다. 즉, 바이오의약품과 유사한similar 수준의 복제약을 만들 수 있을 뿐이다. 그래서 명칭이 바이오'시밀러'인 것이다(우리나라나 유럽연합에서는 '바이오시밀러'라 부르지만, 미국에서는 '동등생물의약품'FOB, Follow-on Biologics이라 부른다).

2013년 전후로 특허 만료되는 인기 바이오의약품들 줄이어

바이오의약품의 탁월한 효능이 인정받으면서 세계 제약시장 흐름도 기존 화학적 합성의약품에서 바이오의약품 쪽으로 급물살을 타고 있다. 그러나 까다로운 생산공정 탓에 고가인 바이오의약품을 대체할만한 (상대적으로 저렴한) 바이오시밀러가 주목받고 있는 것이다. 특히, 2013년 전후로 많은 바이오의약품들이 특허가 만료되므로 바이오시밀러 개발 경쟁은 더욱 치열해질 전망이다.

바이오시밀러라 해서 모두 저렴한 것만은 아니다. 일반적으로 '1세

대 바이오시밀러'로 불리는 약품은 비교적 단순한 구조와 미생물배양 방식으로 생산한 중저가 제품이 많다. 그러나 현재 여러 나라가 추진 중인 '2세대 바이오시밀러'는 매우 복잡한 구조로 동물세포 배양을 통해서만 생산할 수 있는, 상대적으로 비싼 제품이다.

우리나라에서도 2010년 11월에 바이오시밀러 수출 계약을 체결한 제약사가 나왔다. 한화케미칼이 2012년 말 특허가 끝나는 다국적 제약기업인 암젠과 와이어스의 류머티즘성 관절염 치료제인 '엔브렐'의 바이오시밀러인 '에이치디203'을 만들어 터키와 브라질에 판매하기로 한 것이다. '엔브렐'은 현재 바이오의약품 가운데 매출 1위를 달리는 제품이다. 엔브렐의 바이오시밀러인 '에이치디203'은 터키와 브라질에서 임상실험과 인허가 절차를 거친 뒤 특허가 만료하는 2013년부터 엔브렐보다 싼값으로 시장에서 경쟁하게 된다.

905억 달러 규모의 천문학적 시장으로   우리나라뿐 아니라 미국·유럽·일본 등도 정부 차원에서 바이오시밀러 육성에 나서고 있다. 의약산업 분석기관인 '바이오피닉스'는 22억 달러 규모인 세계 바이오시밀러 시장이 2020년에는 40배가 넘는 905억 달러까지 성장할 것으로 내다보고 있다.

2009년 기준 바이오시밀러 시장은 독일·스위스·프랑스·영국·이탈리아 등 유럽 5개국이 72.3%를 장악하고 있으며, 그 뒤를 미국(27.3%)이, 나머지는 일본(0.4%)이 차지하고 있다. 미국·유럽 등 선진국에서는 아직은 오리지널 약품 개발에 좀 더 투자하는 편이지만, 서서히 바이오시밀러의 투자 비중을 높여 나가고 있다.

한편, 중국·인도 등 우리나라의 경쟁국가들은 간소한 자국 임상허가 규정을 활용해 품질보다는 값싸고 빠르게 시장에 공급하는 저가 시장 진출 전략을 구사하고 있다.

그러나 한화케미칼이 바이오시밀러 생산을 위해 4년 동안 연구·개발을 거친 점에서 알 수 있듯이, 바이오시밀러는 장기적인 연구비 투자가 필요한 산업이다. 우리나라의 경우, 1990년대 당시 LG생명이 인체성장호르몬과 EPO 빈혈치료제를, 동아제약이 'G-CSF 항암보조제'를 생산하는 등 내수용으로 1세대 바이오시밀러를 만든 적은 있지만, 본격적으로 바이오시밀러 산업에 뛰어든 것은 최근 몇 년 사이의 일이다.

정부에서도 원료·장비의 국산화와 바이오시밀러 기업에 대한 융자지원 방안을 내놓고 있다. 2009년 식품의약품안전청이 바이오시밀러 개발을 활성화하기 위해 동등생물의약품 허가제도와 동등생물의약품 평가 가이드라인 등을 발표했다. 또 지식경제부·보건복지부·식품의약품안전청·외교통상부 등 정부 부처와 관련 기업이 공동으로 '바이오시밀러 수출협의회'도 설치·운영하기로 했다.

바이오시밀러

ㄴ특허가 끝난 바이오의약품을 복제해 같은 효과를 얻을 수 있도록 한 약품. 임상 실험을 통과하면 오리지널 제품보다 싼값에 공급할 수 있어 시장 경쟁력이 높다. 특히, 2013년 전후로 많은 바이오의약품들이 특허가 만료되므로 세계 바이오시밀러 시장은 더욱 치열해질 전망이다.

은행도 스트레스 받는다?!

스트레스 테스트란

금융기관의 자산 건전성 평가 ▼

매일경제   2011년 1월 10일

미국 연방준비제도(Fed)가 대형 은행들에 대한 스트레스 테스트를 이번 주부터 실시할 전망이다. 「파이낸셜타임스」는 Fed가 그간 언급돼왔던 19개 대형 은행 대상 스트레스 테스트를 이번 주 단행할 것이라고 보도했다. 이번 테스트에는 골드만삭스 등이 포함되며 배당금 인상, 자사주 매입 결정시 손실 관리 능력 등이 점검된다. 미국 금융계에서는 지난 연말부터 Fed가 추가 스트레스 테스트에 나설 것으로 점쳐왔다.

의학과 공학 등 다양한 분야에서 활용되던 '스트레스 테스트'란 말이 글로벌 금융위기 이후 금융 분야에까지 폭넓게 진출했다. 한마디로 가상의 위기상황 속에서 테스트 대상이 얼마나 잘 견딜 수 있는지를 측정해보는 방법을 뜻한다. 예컨대, 의학에서는 일상적인 상황을 벗어난 스트레스 조건에서 심장 기능이 제대로 작동하는지를 측정하는 방법

으로 사용된다. 온몸에 측정기구를 부착한 채 트레드밀(러닝머신)의 높이와 속도를 조절하면서 심박동을 잰다.

금융 분야에서의 스트레스 테스트는 성장률, 환율, 금리, 물가, 채권 가격 등 주요 변수가 최악을 기록하는 상황에서 금융기관의 부실이 어느 정도로 늘어나는지, 그리고 자기자본비율은 어느 정도로 악화되는지를 재는 방식으로 진행된다.

스트레스 테스트는 정상적인 시장 상황 속에서 최대 예상손실을 측정하는 기존의 위험관리기법과 달리, 비정상적인 시장 상황에서 초래될 수 있는 금융회사의 손실 규모를 예측하기 때문에 글로벌 금융위기 이후 여러 나라에서 위험관리기법으로 각광 받고 있다.

스트레스 잘 받는 금융회사일수록 부실률도 높아

미국은 2009년 '부실폭탄'인 서브프라임 모기지론이 전 금융권으로 확산되면서 씨티은행이나 뱅크오브아메리카(BOA) 같은 대형 은행들의 자산 건전성마저 의심 받는 상황에 이르자, 그 해결책으로 주요 은행들에 대한 스트레스 테스트를 실시했다. 부실 은행과 건전한 은행을 구분함으로써 불확실성을 해소하려는 게 주된 목적이었다. 부실 은행과 건전한 은행이 구분돼 있지 않으면 금융위기가 닥쳤을 때 예금자나 투자자들이 건전한 은행인데도 위험할 것이라는 막연한 불안감에 예금을 인출하거나 투자를 기피할 수 있다. 그해 5월 공표된 결과를 보면 19개 대형 은행 중 10개 은행이 기준을 통과하지 못했다.

2009년부터 남유럽 재정위기를 겪은 유럽연합(EU)도 2010년 또 다른 '부실폭탄'으로 평가받는 그리스, 스페인, 아일랜드, 포르투갈의 국채 가격이 급락하자 스트레스 테스트를 실시했다. 독일, 프랑스 등 유럽 주요국 은행들은 2000년 이후 이들 국가의 국채를 대량 매입해 보유한 상태인데, 이들 국채의 가격 급락으로 은행들의 자산이 부실화됐을 것이라는 막연한 불안감이 금융시장을 엄습했기 때문이다.

2010년 7월 공개된 조사결과를 보면, 91개 대상 은행 가운데 7개 은행만이 불합격 판정을 받았다. 외면상으로는 매우 양호한 결과이지만, 이 조사에는 그리스 등 남유럽 국가가 디폴트▪233쪽▪ 되는 상황을 가정에 넣지 않아 '부실 테스트'라는 비판을 받았다. 급기야 유럽의 여러 은행이 부실한 국채 보유량을 축소한 자료를 제출했다는 보도까지 나왔다. 불확실성을 해소하고자 실시한 조사가 오히려 불확실성을 키우는 악재로 작용한 셈이다. 유럽연합은 2010년 말 아일랜드가 또다시 금융위기를 맞았는데도 이를 조기에 감지하지 못하자, 2011년에 실시하는 스트레스 테스트는 보다 엄격한 잣대로 실시하기로 했다.

우리나라에서는 금융감독원이 2005년부터 은행과 보험사에 대해 정기적으로 스트레스 테스트를 실시하고 있다. 2011년부터는 증권사도 조사 대상에 포함된다.

스트레스 테스트

ㄴ 금융기관의 자산 건전성을 평가하는 제도. 성장률, 환율, 금리, 물가, 채권가격 등 주요 경제변수가 최악을 기록하는 상황에서 금융기관이 어느 정도 견딜 수 있는지를 평가한다.

Bank
Stress Test

절름발이 금융실명제

차명계좌란

남의 이름을 빌리거나 도용해 개설한 금융거래계좌

조선일보   2011년 1월 11일

금융위 관계자는 10일 "지난해 신한사태 때 라응찬 전 신한금융지주 회장이 200억 원 가량을 차명계좌로 운용한 혐의를 적발했지만 현행 금융실명제법에 형사처벌 조항이 없어 라 전 회장을 불기소 처리했다"면서 "실명제법 위반에 대한 처벌이 지나치게 약하다는 지적에 따라 차명계좌 실제 소유주에 대한 형사처벌이 가능하도록 법 개정을 추진할 방침"이라고 말했다.

'차명계좌'는 본인의 이름이 아닌 다른 사람의 이름으로 만든 금융계좌를 말한다. 계좌 명의자와 자금의 실소유주가 다른 형태인 것이다. '금융실명거래 및 비밀보장에 관한 법'(이하 금융실명법)은 말 그대로 거래자 본인의 명의로만 금융거래를 할 수 있도록 정하고 있다.

지난 해 말 라응찬 전 신한금융지주 회장이 차명계좌를 관리해온 사

실이 드러나고 태광그룹의 비자금 사건에도 차명계좌가 이용된 것으로 밝혀지면서, 정부는 그동안 논란이 끊이지 않던 차명계좌 근절에 대해 강한 의지를 보였다.

'가명'은 불법이고 '차명'은 합법   우리나라는 1960년대부터 저축을 장려한다는 미명 아래 가명이나 차명 혹은 무기명으로 하는 금융거래를 허용해 왔다. 그러나 1980년대 들어 경제가 급성장하면서 지하경제의 폐해가 부각되기 시작했다. 1982년에 일어난 이철희·장영자 사기 사건은 그 대표적인 사례다. 이때부터 금융거래의 '정상화'를 위해 금융실명제를 도입해야 한다는 의견이 나오기 시작했지만, 경제에 충격을 준다는 반대론에 밀려 번번이 실패하곤 했다.

그러던 중에 문민정부가 출범한 첫해인 1993년에 대통령 긴급 명령이 발동되면서 금융실명법을 전격 도입하게 되었다. 당시에는 금융혁명으로 일컬어질 정도로 파격적인 조처였다. 금융실명법이 시행되면서, 아예 존재하지도 않는 사람의 이름으로 금융거래를 하는 '가명계좌'가 원천적으로 사라졌다. 그러나 다른 사람의 이름을 빌린 '차명계좌'까지는 막지 못했고, 계좌 명의자가 금융기관 창구에서 개설한 통장을 실제 소유주에게 전달해도 금융기관 입장에서는 이를 잡아낼 수단이 없었다.

무엇보다 금융실명법은 금융거래를 할 때 당사자 실명확인을 하지 않은 금융회사 직원만 처벌하도록 할 뿐, 차명거래를 한 당사자에 대한 처벌 규정은 두지 않고 있다. 금융실명제는 계좌를 만들어 금융서비스를 받으려고 하는 사람이 본인인지 아닌지를 금융회사가 확인하도록 한 제도이기 때문이다.

이런 탓에 차명계좌가 탈세 등 주요 범법행위의 온상이 되고 있다는 지적이 나온다. 실제로 삼성그룹이나 씨제이그룹, 신세계그룹 등에서 차명계좌를 이용해 상속·증여세를 탈루하거나 총수의 개인자금을 운용한 사실이 밝혀졌지만, 금융실명법 위반으로 처벌받지 않았다. 경제개혁연대와 같은 시민단체는 "차명금융거래가 근절되지 않는 것은 금융실명법상 제재조항이 미비한 점도 주된 이유"라며 법 개정을 촉구하기도 했다.

하지만 차명계좌 자체를 모두 '악의적'인 것으로 판단하기에는 무리가 있다. 가족 간의 거래나 동창회 등 계좌 명의자와 자금 소유자가 합의한 계좌 등 '선의'의 차명계좌 역시 분명히 존재하기 때문이다. 예컨대, 부모가 어린 자녀의 이름으로 통장을 만들거나 아내가 남편 명의로 적금을 붓는 것까지 처벌하긴 어렵다. 또 자금의 실소유주를 파악하려면 금융기관이 이를 조사할 수 있어야 하는데, 정부의 고유권한인 조사권을 민간 금융기관에 넘길 수 있는지는 여전히 논란으로 남는다.

차명계좌

ㄴ 남의 이름을 빌리거나 도용하여 개설한 금융거래계좌. 1993년 금융실명법 시행으로 모든 예금은 실명으로 하도록 했으나, 법 시행 이후에도 차명계좌에 대한 제재수단이 약해 음성적으로 이뤄지고 있다.

휴대폰, 노트북, 전기차의 영양소

리튬이온전지란

가장 효율성 높은 충전지 ▼

아시아경제   2010년 11월 3일

리튬이온전지 시장을 놓고 한·일 기업간 생산물량 증산과 제휴 경쟁이 치열하게 전개되고 있다. 특히 일본기업들은 최근 증산을 위한 시설투자에 공격적인 행보를 보이면서 시장주도권을 한국에 내주지 않겠다는 전략을 펴고 있고 향후 양국간 시장점유율 싸움이 한층 가열될 것으로 예상되고 있다.

원래 니켈수소 중심이던 2차전지(충전이 가능한 전지) 시장이 급격하게 리튬이온으로 쏠리기 시작한 것은 채 10년이 지나지 않는다. 리튬은 알칼리 금속원소 중 하나로 현존하는 원소 가운데 상온 고체 상태에서 가장 가볍다.

리튬으로 만든 전지는 에너지 밀도가 높고, 기억효과(완전히 방전되지 않은 상태에서 재충전할 경우 전지의 용량이 줄어드는 현상)도 없기 때문에 지

금까지 개발된 것 가운데 최고 성능의 2차전지로 꼽힌다. 최근 출시되는 노트북이나 휴대전화 등은 대부분 리튬이온전지를 사용한다.

리튬이온이 함유된 고체 형태의 폴리머를 사용한 리튬폴리머전지 사용도 늘고 있다. 리튬폴리머는 액체에 비해 가공이 쉬우므로 더 얇으면서도 고용량인 전지를 만들 수 있다. 폭발가능성이 있다는 것이 리튬이온전지의 유일한 약점이었는데, 기술이 발전하면서 이런 위험은 거의 사라졌다.

'볼리비아 리튬 개발권'을 누가 차지할 것인가

리튬이온전지의 내부는 양극재, 음극재, 분리막, 전해질로 이뤄져 있는데 각 부분의 소재가 무엇이냐에 따라 효율이 달라진다. 리튬이온이 양극에서 음극으로 이동하며 충전이 이뤄지고, 다시 음극에서 양극으로 이동하며 전기를 생산한다.

원래 리튬은 세라믹, 유리, 윤활유 등을 만드는 데 쓰이는 저부가가치 소재였는데, 2차전지에서 사용이 급증하면서 전 세계 자원전쟁의 핵으로 부상했다. 거기다 전기자동차 시대가 성큼 다가오면서 리튬의 경제적 가치는 계속 치솟고 있다. 전기차에 들어가는 리튬이온전지의 양은 노트북이나 휴대전화의 수백 배에 달하기 때문이다.

리튬은 보통 광물이나 염수 상태로 존재하는데 대부분이 남미 지역에 분포돼 있다. 특히 볼리비아-칠레-아르헨티나 국경지역에 있는 염수호들은 세계 리튬 매장량의 73.5%를 차지하고 있어 '리튬 트라이앵글'로 불린다. 가장 많은 곳이 볼리비아의 우유니 호수인 데, 추정 매장량이 540만 톤으로 전 세계 매장량의 40%에 육박한다. 볼리비아 리튬 개발권을 누가 획득하느냐에 따라 전 세계 2차전지 시장이 요동칠 지경이다.

현재 한국, 중국, 일본이 세계 리튬이온전지 시장에서 각축전을 벌이고 있는데, 시장점유율 1위 자리를 놓고 일본의 산요와 삼성SDI의 경쟁이 치열하다.

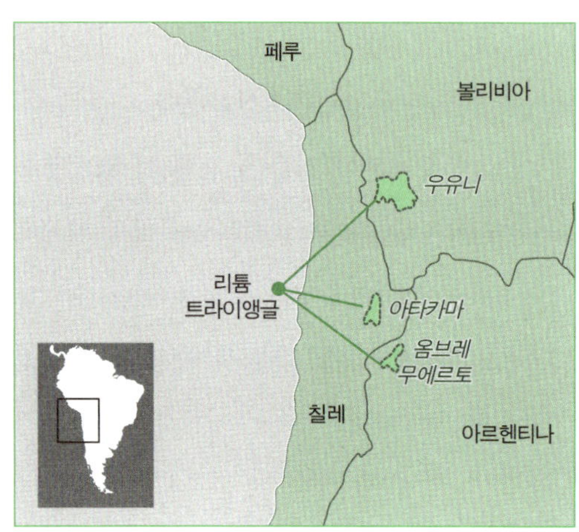

남미 볼리비아와 칠레, 아르헨티나 국경지역에 있는 우유니, 아타카마, 옴브레 무에르토 염수호는 세계 리튬 매장량의 73.5%를 차지하는 '리튬 트라이앵글'로 불린다. 한국자원광물공사는 이들 염수호가 속한 국가들과 리튬개발권 양해각서를 체결한 것으로 알려져 있다.

특히 전기차용 중대형 리튬이온배터리는 LG화학이 제너럴모터스, 포드, 현대·기아차 등 대형 자동차업체와 잇따라 계약을 성사시키며 선점효과를 누리고 있다.

리튬이온전지

└ 리튬이온을 에너지 전달방법으로 사용하는 2차전지(충전이 가능한 전지). 전기차 시대가 오면서 더욱 각광받고 있는 데, 현재 사용되고 있는 충전지 가운데 가장 효율성이 높다. 2차전지 사용이 급증하면서 리튬은 전 세계 자원전쟁의 핵으로 급부상하고 있다.

기름 값에 얽힌 가볍지 않은 오해

국제유가는

2~3주의 시차를 두고 국내유가에 반영

국민일보	2011년 1월 7일

두바이유 배럴당 가격은 지난달 21일 90달러를 넘은 이후 24일 91.58달러까지 올라갔다가 31일 88.80달러까지 떨어졌다. 하지만 국내 석유제품 값 변동은 상승 일변도다. 리터당 1793.94원이던 서울시내 평균 휘발유값은 5일 1885.73원까지 오르며 1900원 돌파를 눈앞에 두고 있다.

서민들이 피부로 가장 절실히 느끼는 물가는 다름 아닌 기름 값일 것이다. 위 인용기사가 나온 2011년 1월에는 국제유가가 떨어졌음에도 국내유가는 고공행진을 멈추지 않았다. 국제유가가 떨어지면 국내 기름 값도 당연히 내려야 하는 게 아닐까? 이는 바로 국제유가가 시차를 두고 국내 시장에 반영되고 있음을 의미한다.

국제유가가 폭락해도
국내 기름 값은 왜 찔끔 내릴까?

국제유가가 폭락하는 와중에서도 국내 기름 값은 '찔끔' 내리는 데 그치고 있다는 불만도 자주 제기된다. 특히 지난 2008년 원자재 가격이 유례없는 폭등과 폭락을 거듭할 때 이런 불만이 많았다. 당시 대표적인 지표 유종인 미국 서부텍사스산 원유(WTI) 가격은 배럴당 147달러로 최고치를 기록한 뒤 세계적인 경기침체로 수요가 줄면서 65% 넘게 하락했다. 그사이 국내 휘발유 가격은 최고 1948.72원을 기록했다가 1460원대로 25%가량 내렸을 뿐이다. 경유도 추이는 비슷했다.

이렇게 차이가 나는 이유로 먼저 국내 기름 값 결정방식을 들 수 있다. 국내 정유사들은 국제시장(싱가포르 시장)에서 거래되는 석유제품 가격을 기준으로 운임과 환율 변동 및 기타 시장동향 등을 감안해 가격을 책정한다. 1997년 이전에는 정부가 기름 값을 고시했지만, 그 이후 유가 자유화가 시행되면서 잠시 원유가를 기준으로 했다. 그러다가 1999년 이후 석유 수입사가 늘어나고 국제 석유제품이 본격적으로 수입되면서 국내 정유사들이 국제 석유제품 가격보다 높은 가격으로 국내에 제품을 공급한다는 비판이 일자 지금과 같

국제유가의 등락이 국내 기름 값에 바로 이어지지 않는 데는 몇 가지 이유가 있다.

은 방식으로 바뀌게 됐다. 따라서 국내 기름 값의 정확한 추이를 알려면 국제유가가 아닌 '국제 석유제품 가격'을 봐야 한다.

국제 석유제품 가격은 2~3주의 시차를 두고 국내 기름 값에 반영된다. 국내 정유사들이 1주 혹은 2주 전 국제 석유제품 가격 평균을 적용해 국내 가격을 매기고 다시 주유소 판매 과정에 1주 정도가 걸려 모두 2~3주의 시차가 발생하게 되는 것이다.

환율도 국내 기름 값에 큰 영향을 미친다. 원-달러 환율이 상승하면 원화로 환산한 가격이 그만큼 높아지게 되는 것이다. 게다가 석유제품에는 가격변동과 관계없이 부과되는 세금이 많아서 세후가격 하락률은 더 낮다. 휘발유 1리터에는 교통세와 교육세, 주행세, 부가가치세 등이 붙어, 가격의 절반 정도가 세금이다. 세금 비중이 높다 보니 유가 하락기에도 국내 석유제품 가격은 국제유가보다 하락세가 더딘 현상을 보이는 것이다. 물론 이 경우 최종적으로 주유소에서 소비자에게 판매할 때 붙는 주유소 마진도 기름 값에 직접적인 영향을 미치게 된다.

국제유가

ㄴ는 가격반영 시차, 환율, 세금 등의 영향으로 2~3주의 시차를 두고 국내 유가에 반영된다. 따라서 국제유가가 내린다는 보도가 나온다고 바로 국내 유가가 내리는 것이 아니다. 특히 국내 기름 값 추이를 알려면 국제 석유제품 가격의 동향을 봐야 한다.

당신의 선택은 얼마나 경제적인가!

기회비용이란

하나를 선택함에 따라 포기해야 하는 다른 하나의 가치

한겨레	2010년 10월 4일

주택가격이 제자리에 머무르는 경우에도, 집주인은 주택 보유에 따른 세금과 자기자본의 기회비용이라는 측면에서 손실을 보게 된다. 따라서 전세주택의 공급은 매매 값의 지속적인 상승에 대한 기대를 전제로 한 경우에만 가능하다.

경제 영역을 넘어 다양한 분야에서 자주 쓰이는 '기회비용'이라는 말은 경제원론에서도 앞자리를 차지한다. 노벨경제학상 수상자인 폴 크루그먼 교수(프린스턴대)는 『경제학원론』에서 '재즈의 역사'와 '초보 테니스' 강좌를 선택하는 문제로 기회비용을 설명한다. 마지막 학기에서 두 개의 강좌 중 한 가지만 들을 수 있는 상황에서 '재즈의 역사'를 선택했다면, '초보 테니스' 강좌는 포기할 수밖에 없다. 이 경우 재즈의 역사 수업의 기회비용은, 초보 테니스 수업을 들었을 경우 얻을 수 있는 혜택이다. 즉, 기회비용은 '하나를 선택함으로써 포기할 수밖에 없는 다른 것의 가치'이다.

인생이란 결국 선택의 연속!

기회비용 사례는 주변에서 쉽게 찾아볼 수 있다. 예를 들어 취업 시험에서 A회사와 B회사에 동시에 합격했다고 하자. 합격 당시의 기쁨은 크겠지만, 얼마 지나지 않아 최종적으로 일해야 할 곳을 두고 고민을 할 수밖에 없다. 더욱이 A회사는 사회적으로 높은 평판을 누리고 합격 당사자의 적성에도 맞는 반면, 봉급은 B회사가 훨씬 높게 지급하는 상황일 경우 선택은 쉽지 않다. 이 경우 어떤 회사로 최종 진로를 선택하더라도 약간의 미련과 후회는 남기 마련이며, 여기서도 기회비용 문제가 발생한다.

"오바마는 잘못하고 있다"는 문구와 함께 「뉴스위크」의 표지를 장식한 폴 크루그먼 교수. 한때 오바마 대통령의 진보적 경제경책을 외곽에서 지지해온 그는, 최근 미국 정부의 친기업적 정책 행보를 비판하고 있다. 지지에서 비판으로 돌아선 크루그먼의 기회비용은 얼마일까?

위 인용기사에서의 기회비용도 다르지 않다. 집값이 제자리일 경우 회계상으로는 손실을 입지 않는 것처럼 보이지만, 집에 투자한 자금을 은행에 넣어두거나 다른 곳에 투자했을 경우 수익을 올릴 수도 있으므로 기회비용이 생겨나고 있었던 셈이다. 더욱이 세금 항목도 계산에 넣어야 한다.

기업에 투자하는 경우의 기회비용은 흔히 은행 이자로 계산된다. 기업에 투자해 얻는 이윤은 기회비용인 이자보다 많아야 한다. 그렇지 않은 경우 돈을 빌려주고 편하게 이자를 취하는 게 나은 선택일 것이다. 기업에 대한 투자는 개인의 주식 투자와 마찬가지로 원금마저 날릴 수 있는 위험을 항상 안고 있기 때문이다.

기회비용은 국가적인 사업에서도 이슈로 등장하곤 한다. 예를 들어 4대강사업 같은 대형 국책 프로젝트에 들이는 '비용'이 5조 원이고, 여기서 산출되는 '편익'(만족)이 10조 원에 이른다고 하자. 회계상으로는 비용을 제하고도 5조 원의 득을 보는 것 같지만, 기회비용을 따지면 전혀 다른 결론에 이를 수 있다. 토목사업 대신 교육 또는 복지 사업을 벌였을 경우 20조 원에 이르는 사회적 편익을 얻을 수도 있기 때문이다.

개인이나 기업, 국가 등 합리적 선택을 하는 경제주체들은 최소한의 노력이나 비용을 들여 최대한의 만족이나 결과를 얻으려고 한다. 이를 위해서는 선택에 따르는 비용과 편익을 비교해봐야 한다. 실제로 지출되는 회계적 비용만 따질 경우 최선의 선택에 이를 수 없으며 기회비용을 아울러 감안해야 하는 것이다.

기회비용

└ 여러 가능성 중 하나를 선택했을 때 그 선택으로 인해 포기해야 하는 가치. 기회원가機會原價 또는 대치비용代置費用, 이전비용移轉費用이라고도 한다.

세금징수가 시장 개방이 된 사연

쌀시장 조기 관세화란

실질적인 쌀시장 개방 ▾

<table>
<tr><td>한국일보</td><td>2010년 8월 12일</td></tr>
</table>

2014년까지 매년 2만 톤씩 늘어나는 의무수입물량(MMA)을 고정시키기 위한 **쌀시장 조기 관세화** 작업이 무산될 위기에 처했다. 11일 농림수산식품부에 따르면 장태평 장관의 주문에 따라 지난해부터 시장 조기 개방과 관련한 논의를 위해 농어업선진화위원회 쌀특별분과위원회가 10일 개최됐으나, 소득 보전을 위한 보완책 부분에서 이견을 좁히는데 실패했다.

언론에 자주 등장하는 쌀시장 조기 '개방'은 쌀시장 조기 '관세화'로도 많이 알려져 있다. 국내 쌀시장이 일정 수준 개방돼 있음을 감안하면 실질적인 개방이라는 뜻에서 '조기 관세화'라는 표현이 더 적절하다. 쌀 조기 관세화는 2014년 이후로 미뤄져 있는, 관세 부과 방식의 쌀시장 개방 시기를 앞당기는 조처이다.

국내 쌀시장은 이미 개방돼 있지만, 정해진 물량만 의무적으로 수입하는 최소시장접근 방식을 채택하고 있다. 2004년 20만5000톤을 시작으로, 매년 2만 톤 남짓씩 늘려 2014년에는 40만9000톤을 들여오기로 돼 있다. 같은 해 예상 쌀 소비량의 10%를 웃도는 수준이다.

더욱이 '이만큼을 수입한다'가 아니라 '아무리 적어도 최소한 이만큼은 의무적으로 수입해야 한다'는 내용이다. 다자간 무역협상인 '우루과이 라운드'(UR)에 따른 것이다. 2010년에 한국이 의무적으로 수입해야 하는 쌀은 32만7000톤이다. 농수산물유통공사의 입찰(국별 쿼터 및 총량쿼터)을 통해 중국, 미국, 타이, 오스트레일리아 등 쌀 수출국에 이 물량을 배정하는 방식이다.

정부 쪽에서 목표로 삼았던 대로 2011년부터 쌀 수입 방식을 관세화로 돌린다면, 한국이 의무적으로 수입해야 하는 최소시장접근 물량은 2010년 수준(32만7000톤)에서 고정된다. 이 경우에는 누구든 관세를 내면 쌀을 수입할 수 있게 된다. 물량 제한을 받지 않는 대신 관세

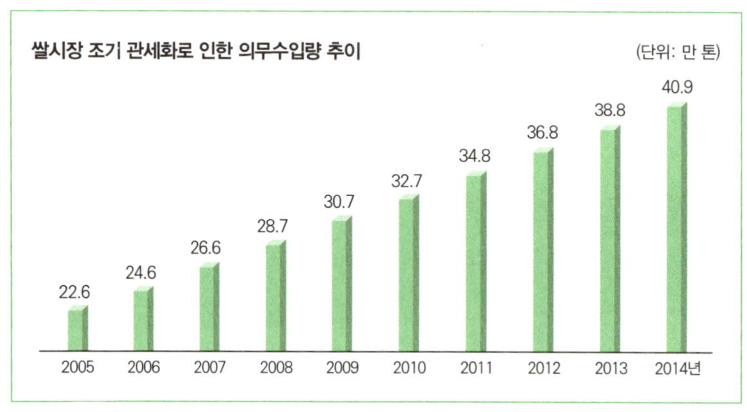

자료 : 농림수산식품부

를 물어야 하기 때문에 수입 가격은 조금 더 비싸지게 된다.

얼마나 더 비싸질지는 당장 알 수 없다. 관세 수준을 아직 알 수 없기 때문이다. UR 협상대로라면 1986~88년 3년 평균 가격을 잣대로 삼되 협상을 통해 정하게 돼 있다. 국내외 쌀값을 비슷하게 맞춰주는 초기 관세율은 400% 안팎으로 추정된다. 이미 쌀시장 관세화를 이룬 일본에서도 초기에 이 정도 수준의 관세를 매긴 바 있다.

그렇잖아도 남아도는 쌀, 수입량 증가 우려

쌀 수입 조기 관세화가 당장 실현되기 어렵다는 것은 어느 정도 예상돼온 터였다. 의무수입물량을 줄여 재고 쌀 관리비를 아낀다는 '경제적인 편익' 못지않게 그에 따르는 '정치적인 비용'이 큰 사안이기 때문이다. 관세화 방식은 한 단계 높은 차원의 개방을 뜻해 국내 쌀 농가들에게 타격을 줄 수 있다.

경제적인 셈법에서도 편익만 있는 게 아니라는 분석도 나온다. 지금의 정태적인 셈법으로는 득이더라도 향후 국제 쌀값 움직임에 따라 치명적인 손실을 입을 수 있다는 걱정어린 목소리가 제기된다. 국제 쌀값이 급등세로 돌아설 경우 경제적으로 손해를 입을 수 있으며, 식량 안보에도 빨간불이 커질 수 있다는 점에서다.

쌀 수입 관세화 전환을 위해서는 세계무역기구(WTO) 사무국에 관세율 등 세부 내용을 관세화 전환시점(정부 회계년도 시작) 3개월 전까지 통보하도록 돼 있다. 2011년에 관세화로 전환하려고 하면, 통보 마감은 2010년 9월 말이었던 셈이다. 그 즈음 쌀 조기 관세화 얘기가 조금

씩 불거졌던 데에는 이런 배경이 숨어 있었다
(결국 민관합동 기구인 쌀특위에서 조기 관세화에 대
한 이견을 좁히지 못해 마감 시한인 9월 말까지 WTO
에 통보하지 못했다).

　한국농업경영인중앙연합회(한농연) 등 농민단체 쪽에서는 관세화의
전제 조건으로 쌀 직불금*을 높여주는 등 추가 보완책을 요구한 반면,
정부 쪽에서는 그렇지 않아도 심각한 쌀 과잉 생산을 부추기는 일이라
며 난색을 보여 합의를 이뤄내지 못했다. 쌀 관세화 문제는 쌀 작황과
재고 상황에 얽혀 해마다 쟁점으로 떠오를 것으로 보인다.

쌀시장 조기 관세화

└ 일정 물량을 정해 수입하고 있는 지금의 최소시장접근(MMA) 방식보다
한 단계 높은 실질적인 쌀시장 개방 조처. 일정 수준의 관세를 물면 누구나
외국 쌀을 수입할 수 있게 된다.

돈의 가치를 예측해야 돈을 번다!

선물환거래란

> **장래 특정 시점에 미리 정해 놓은 환율로 하는 달러 매매**

한겨레	2010년 6월 14일

정부는 우선 금융회사의 '선물환 포지션 한도'를 신설해 10월부터 시행하기로 했다. 국내은행과 증권사, 종합금융회사는 선물환 포지션이 전달 말 자기자본의 50%를, 외국은행 국내지점(외은지점)은 250%를 넘어서면 안 된다. 정부가 선물환거래 규모를 제한한 것은 선물환거래가 단기외채 증가의 가장 큰 원인이기 때문이다. 수출기업들이 은행에 선물환을 매도하면 은행들은 매입한 선물환을 헤지(hedge)하기 위해 달러를 내다 팔아야 하는데, 외은지점이 이 달러를 국외에서 빌려오면서 단기외채가 증가했다.

선물환을 이해하기 위해서는 먼저 선물거래와 현물거래에 대해서 알아야 한다. 현물거래란 계약 시점 혹은 직후에 상품과 대금이 맞교환되는, 즉 돈을 주고 바로 물건을 사는 거래를 말한다. 반면 선물거래는 계약만 먼저 해두고 상품과 대금의 인도는 나중에 하기로 날짜를 정해 뒀다가 약속한 날이 되면 계약을 이행하는 방식이다. 선물거래의 계약을 이행하는 시점에 상품의 가격이 계약 당시와 비교해 오르든 내리든 상관없이, 거래는 계약 당시 약속한 가격에 따라 이뤄진다.

선물거래는 원래 가격 변화가 심한 농산물을 농가와 중개상이 미리 사고 판 데서 시작됐다. 농민 입장에서는 몇 개월 뒤 수확할 농산물을 미리 특정한 가격에 팔기로 계약을 맺어둠으로써, 수확 시점에 농산물 가격이 떨어질 경우에도 손해를 보지 않고 팔 수 있다. 다만 농산물 가격이 올라버리면 현물거래를 하는 것에 비해서는 손해를 보고 팔아야 한다.

**환율 하락 대비한 선물환거래가
오히려 환율 하락 부채질**　　선물거래는 농산물 위주로 시작됐지만, 요즘에는 원자재 등 다른 상품뿐만 아니라 주식·채권·외환 같은 금융상품에도 이용된다. 이 가운데 외환을 가지고 선물거래를 하는 것을 '선물환거래'라고 한다. 즉 보유하고 있는 달러를 외환시장에서 바로 원화와 교환하는 게 현물환거래라면, 선물환거래는 3개월 혹은 6개월 뒤에 달러를 특정한 환율에 팔거나 사겠다는 계약을 맺는 것이다.

특히 수출기업들은 수출대금이 들어오는 시점의 환율이 현재보다 더 내려갈 것에 대비해 미리 달러를 특정가격에 파는 선물환매도를 많이 한다. 일반적으로 기업이 선물환을 매도하면 은행이 사주고, 기업이 선물환을 매입하면 은행이 판다. 앞의 인용기사에 등장한 '선물환

포지션'은 은행들의 선물환 매입 규모와 선물환 매도 규모의 차이를 말한다.

선물환거래는 이처럼 수출입기업을 환율 변동의 위험성으로부터 보호하기 위한 좋은 목적에서 시작됐다. 하지만 우리나라의 경우 수출입 기업들의 대규모 선물환매도가 현물환율의 변동성 확대라는 부작용으로 이어지면서, 선물환거래가 외환시장을 교란시키는 주범으로 지목됐고, 결국 정부가 나서 선물환거래를 규제하기에 이르렀다.

선물환거래가 구체적으로 외환시장에 어떤 악영향을 끼쳤는지는 지난 2004년 이후 급증한 국내 조선업체의 선물환거래를 살펴보면 이해할 수 있다. 당시 원-달러 환율 하락세가 이어지자 수출업체들은 환차손을 우려해 선물환매도를 적극적으로 하기 시작했다.

특히 조선업체들은 엄청난 수주 호황이 이어지는데다, 신규 수주부터 선박 인도까지 2~3년에 걸쳐 계약금과 중도금, 잔금이 차례로 들어오는 업종의 특성상 선물환매도 수요가 많았다. 조선업체의 선물환 순매도액이 가장 많았던 2007년에는 규모가 533억 달러로 그해 경상수지 흑자액(59억 달러)의 거의 열 배에 달했다. 조선업체의 선물환매도는 은행이 받아준다. 그런데 조선업체로부터 선물환을 매수한 은행은 자신의 환위험을 피하기 위해 같은 액수의 달러를 국외에서 빌려오거나 국내에서 스왑swap 시장을 통해 차입한 뒤, 외환시장에서 원화로 환전해 대출이나 채권 투자 등으로 운용한다. 이후 은행은 선물환거래 만기 때 조선업체로부터 달러를 받아 스왑시장에서 빌린 달러를 갚는다.

　그런데 이 과정에서 몇 가지 문제가 발생한다. 우선 빌린 달러를 은행이 외환시장에서 환전함으로써, 달러 공급이 늘어나 원-달러 환율의 하락을 부추기게 된다. 환율 하락에 대비해 선물환을 매도했는데, 이게 오히려 환율 하락을 더 가속화시키는 역효과가 발생하고만 것이다.

**단기외채 속출 등
외환시장 교란 주범** ｜ 아울러 선물환을 매수한 은행이 달러를 차입해 단기외채가 늘어난다. 실제로 2005년 말 650억 달러였던 국내 은행권의 단기외채는 조선업체 선물환매도가 최고조에 달했던 2007년 말 1600억 달러로 급증했다. 특히 은행들이 달러를 차입할 때 이자 비용을 절감하기 위해 선물환의 만기와 일치시키지 않고 훨씬 단기로 빌려오는 경우가 많아 문제가 됐다. 2008년 글로벌 금융위기 때 목격한 바와 같이, 단기외채가 급증한 상황에서 신용경색이 발생하면 국가부도 위기로까지 몰릴 수 있다.

　또한 선물환매도는 미래에 들어올 달러를 미리 당겨 써 버리는 것이므로, 나중에 수출업체가 수출대금을 받더라도 국내 외환시장에 공급되지 않고 바로 국외로 빠져나가게 된다. 따라서 경상수지와 자본계정의 흑자가 충분하지 않으면 달러가 부족해 환율 급등 요인으로 작용할 수도 있다.

　예를 들어 2008년 10월의 경우 무역수지가 12.2억 달러 흑자를 기록했는데, 선박 수출이 41.7억 달러를 차지했다. 그런데 조선업체의 선물환매도 규모가 선박 수출대금의 50%였다고 가정하면, 41.7억 달러의 절반인 20.9억 달러는 과거 선물환매도 시점에 국내 외환시장에 이미 유입된 것이다. 따라서 10월에 선박 수출로 인해 들어오는 달러는 20.9억 달러에 불과하다. 그 결과 장부상 무역수지는 12.2억 달러 흑자이지만, 실질적인 달러 유입액 기준으로는 8.7억 달러 적자가 되는 셈이다.

이런 이유로 정부는 선물환거래를 줄이기 위해 지난 2010년 6월 국내은행과 외국은행 국내지점의 선물환 포지션 한도를 각각 50%와 250%로 제한하고, 국내기업의 선물환거래 한도도 실물거래 대비 125%에서 100%로 축소하는 내용의 '자본유출입 관리 강화 방안'을 발표하기도 했다.

선물환거래

ㄴ 원 – 달러 환율이 내려가거나 올라갈 것에 대비해, 장래 특정 시점에 미리 정해놓은 환율로 달러를 사고팔 것을 약속하는 거래. 선물환거래로 인해 환율이 하락하거나 단기외채가 늘어나는 등 부작용이 발생하기도 한다.

한 줄의 경제학 ▼

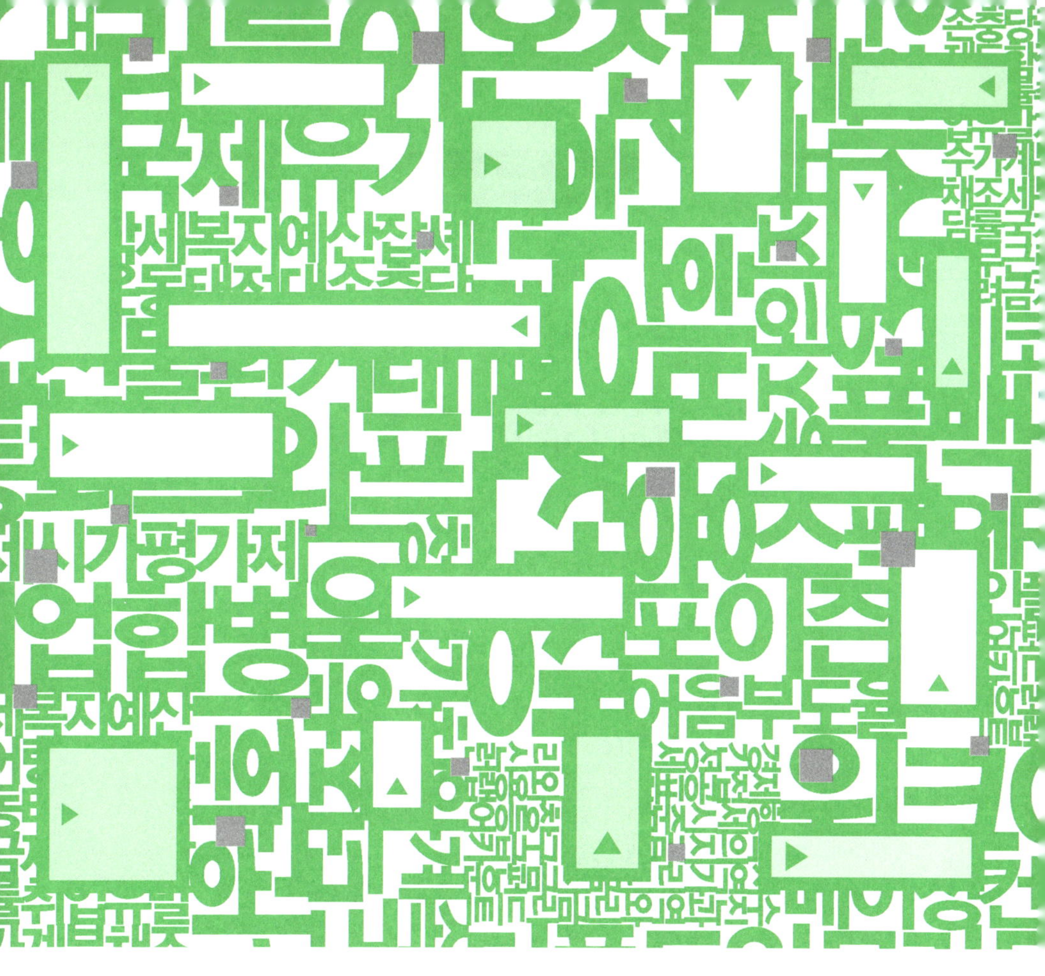

비즈니스맨이 깊이 새겨야 할

기업문제

한·줄·로·고·민·끝·내·기

패배의 또 다른 이름

승자의 저주란

입찰에 이긴 기업이 도리어 ▼
경영난을 겪는 현상

한겨레   2010년 11월 16일

현대그룹이 현대건설 주가(16일 종가 기준 주당 6만 2200원)의 갑절이 넘는 가격(주당 14만 1000원)으로 모두 5조 5000여억 원을 써 낸 것으로 알려지면서, 시장에선 '제2의 금호' 또는 승자의 저주를 우려하는 목소리가 높다.

현대건설 인수 우선협상대상자로 현대그룹이 선정된 소식을 다룬 위 인용기사는, 현대그룹이 현대건설을 사들이기 위해 지나치게 비싼 비용을 들였다는 시장의 우려를 전하면서 '승자의 저주'라는 표현을 사용하고 있다. 승자의 저주는 기업 인수·합병 시장에서 자주 등장하는 용어 가운데 하나다. 간단히 말해, 입찰 경쟁에서는 승리했으나 결과적으로는 패자가 되는 역설적인 의미를 담고 있다.

승자의 저주로 가는 길은 크게 두 갈래다. 하나는 어떤 매물을 실제 가치보다 입찰자가 터무니없이 높은 가격으로 인수하는 경우다. 이런 현상을 이해하려면 인수·합병 시장에서 입찰 참가자가 처한 위치를 따져볼 필요가 있다.

입찰 참가자는 각자의 경험과 따로 입수한 정보를 토대로 입찰가격을 내놓지만, 근본적으로는 매물의 실제 가치를 가늠하기에 매우 불리한 지위에 있다. 나아가 입찰 참가자는 입찰가격이 올라갈수록 이익을 보는 매물을 파는 쪽이나, 수수료가 커지는 매각 주간사에 둘러싸여 있는 '고립된 섬'과 같은 처지에 놓여 있다. 이러한 정보 비대칭과 이해관계의 불균형으로 입찰 참가자는 실제 가치보다 훨씬 비싼 돈을 들여 매물을 사들였다가 위기에 빠지곤 하는 것이다.

승자의 저주에 빠지는 두 번째 길은 입찰자가 자신이 감당할 수 있는 자금 조달 범위를 벗어나 입찰가를 제시하는 경우다. 특히 금융위기와 같은 예기치 않은 상황이 빚어지면서 돈이 마르는 사태에 직면하면 입찰에 승리하자마자 다시 되팔아야 하는 궁지에 몰릴 수도 있다.

비경제적인 이유로 반드시 매물을 사고자하는 입찰 참가자와 자금 조달의 불확실성을 예감하면서도 높은 가격에 집착하는 매각자의 이해관계가 맞물려도 이런 형태의 승자의 저주가 발생한다.

현실에서는 위 두 가지 형태가 버무려져 승자의 저주로 나타난다. 가까운 예로는 2009년 금호아시아나그룹을 수렁에 빠뜨린 대우건설 인수 건을 들 수 있다. 금호아시아나그룹은 과거 대우건설 인수 당시 높은 입찰가를 맞추기 위해 과도한 풋백옵션▪102쪽▪을 부여하는 등 무리하게 재무적 투자자를 끌어들였다가 낭패를 봤다.

**결과만이 아는
승패의 갈림길** │ 한 가지 더 유념할 점은 승자의 저주는 매우 결과론적인 표현이라는 것이다. 금호아시아나그룹 사례만 봐도 금융위기라는 외부 악재만 없었다면 대우건설 인수 건은 승자의 저주의 대표 사례가 아니라 인수·합병의 모범 사례가 될 수 있었다.

시장 예상가보다 높게 인수를 했다고 해도 그 자체로만 놓고 승자의 저주를 거론하는 것도 무리다. 인수자가 매물을 파는 쪽도 알지 못하는 매물의 잠재력을 간파해 예상가보다 높은 가격을 써낼 수도 있고, 인수자의 경영능력에 따라 매물의 가치가 커질 수도 있기 때문이다.

승자의 저주라는 표현은 미국의 한 종합석유회사에 근무했던 카펜과 클랩, 캠벨 등 세 명의 엔지니어가 1960년대 미국 석유회사간 벌어졌던 인수·합병 사례를 분석해 1971년 발표한 논문에서 처음 등장했다. 그 이후 미국의 행동경제학자 리처드 탈러가 1992년 발간한 『승자의 저주 The Winner's Curse 』라는 책이 나오면서 널리 쓰이게 됐다.

승자의 저주

└ 입찰 경쟁에서는 이겼지만 승리를 위해 과도한 비용을 치름으로써 오히려 위험에 빠지거나 커다란 후유증을 겪는 현상. 입찰자가 자신이 감당할 수 있는 자금 조달 범위를 벗어나 입찰가를 제시하는 경우와, 매물을 실제 가치보다 터무니없이 높은 가격으로 인수하는 경우가 대표적인 예이다.

The Winner's Curse

혼수상태 기업, 살릴까 죽일까?

청산가치와 계속기업가치란

> **부도에 처한 기업 자산을 평가해**
> **회생가능성을 따지는 것**

한겨레   2009년 5월 7일

서울중앙지법 파산4부는 쌍용차에 대한 삼일회계법인 실사에서, 기업을 유지할 경우의 가치인 **계속기업가치**가 1조3276억 원으로 **청산가치**(9386억 원)보다 큰 것으로 파악됐다고 6일 밝혔다. 자산도 부채보다 4336억 원 많은 것으로 조사됐다. 이는 쌍용차가 내놓은 구조조정 및 경영 정상화 방안이 실현되고, 산업은행 등이 2500억여 원의 신규 자금을 조달해 주는 것을 전제로 한 분석이다.

청산가치 9386억 원 〈 계속기업가치 1조3276억 원!

　이것은 2009년 5월 삼일회계법인이 서울중앙지방법원에 제출한 보고서에 적힌 쌍용자동차의 지난 11년 동안의 기업가치를 평가한 금액이다. 당시 법원은 상하이자동차그룹(SAIC)의 경영 포기 선언으로 '기업회생절차'(법정관리)에 들어간 쌍용자동차를 '워크아웃'[■134쪽■]을 통해 살려낼지, 자산을 팔고 문을 닫을지를 가늠하기 위해 삼일회계법인에 이 같은 분석을 맡긴 것이다.

위 인용기사에 났듯이 법원은 계속기업가치가 청산가치보다 약 3900억 원 많았던 쌍용자동차에 기업 존속 결정을 내렸다. 이처럼 기업의 운명에 중요한 판단 근거가 되는 청산가치와 계속기업가치는 무엇이고 어떻게 산출하는 것일까?

기업을 살리는 것만이 왕도인가?

'청산가치' liquidating value 는 말 그대로 기업이 영업활동을 중단한다고 가정하고, 보유 자산을 모두 처분해 채권자나 주주 등 이해관계인에게 나눠줄 수 있는 돈이 얼마인지를 따진 액수다. 청산가치가 계속기업가치보다 높게 나올 경우, 이른바 '빚 잔치'인 파산신청으로 이어지는 것이다. 청산가치는 보통 유동자산과 유형자산으로 나눠서 평가한다.

유동자산은 매출채권과 재고 등을 포함한다. 쌍용자동차의 경우, 부품업체 등에서 받게 될 돈을 뺀 나머지 회수 가능한 액수를 산출한 것이다. 유형자산은 공장부지와 건물 등 부동산을 포함한다. 일반적으로 최근 6개월 내에 감정한 액수나 보험가입액 및 기준시가 등에 6개월 동안의 평균낙찰률을 곱해 평가한다.

'계속기업가치' going concern value 는 청산가치의 반대 개념이다. 존속가치라고도 한다. 기업이 경영활동을 계속해나갔을 때, 기업과 채권자 등에게 돌아갈 수 있는 가치다.

청산가치와 계속기업가치를 평가받는 대부분의 기업은 법정관리 등 경영상 어려운 상황에 처해있다. 따라서 강제적인 기업 자산 매각을 감안해 평가한 청산가치는, 기업의 평소 가치(즉, 계속기업가치)보다 떨어질 수밖에 없다. 이 때문에 회계법인 등에서는 손익계산서 등을 살펴보며 영업이익과 자본금이 부채·이자·비용을 감당할 수 있을 경우, 계속기업가치를 청산가치에 견줘 높게 평가하게 된다.

청산가치와 계속기업가치의 평가는 주로 회계법인이나 컨설팅업체, 감정평가법인 등이 맡는다. 외국에서는 일반적으로 밸류어valuer, 밸류에이션 애널리스트valuation analyst, 밸류에이터valuator 등으로 부르는 가치 평가 전문가가 맡아서 한다.

기업의 주가를 평가하는 지표로도 쓰여

청산가치와 계속기업가치는 주식의 가치를 평가하는 지표로도 쓰인다. 주로 재계 정보를 공개하는 인터넷 포털인 '재벌닷컴'이 2008년에 시가총액 상위 100대 기업의 주가순자산비율(PBR)을 조사했더니, 주가가 청산가치 밑으로 떨어진 기업이 38곳이나 됐다. 이때 청산가치는 기업이 망해 청산 절차를 거칠 때 1주당 돌려받을 수 있는 순자산가치를 뜻한다. 당시 증시 폭락으로 주가가 저평가되고 있는 상황에서 현재 주가와 장부상 청산가치를 비교할 수 있었다.

한편, 이 같은 가치 평가에 따라 파산 또는 회생이라는 두 가지 길만으로 이어지는 것은 아니다. '채무자 회생 및 파산에 관한 법률'(통합도산법)에는 '청산형 회생 계획'과 '갱생형 회생 계획'이라는 제도를 두고 있다.

청산형 회생은 말 그대로 '빚 잔치'인 기업 청산을 전제로 하며 청산 작업 뒤에 새 법인을 세우는 것이다. 만일 쌍용자동차가 '청산형 회생 계획'을 밟았다면, 기존의 쌍용자동차를 파산한 뒤 우량자산만으로 새로운 법인을 세울 수도 있었을 것이다(이를 두고 '굿 컴퍼니'good company 설립안이라고도 한다). '갱생형 회생 계획'은 청산형 회생 계획과 반대로 기업을 계속 운영한다는 전제로 워크아웃 단계를 밟아 진행한다.

청산가치와 계속기업가치

┗ 부도 위험에 처한 기업의 자산을 평가해 회생 가능성을 가늠하는 것. '청산가치'는 기업의 영업활동 중단을 전제로 했을 때 채권자에게 나눠줄 수 있는 돈의 액수를, 청산가치의 반대 개념인 '계속기업가치'는 기업이 경영활동을 계속할 때 기업과 채권자 등에게 줄 수 있는 가치를 뜻한다.

계속기업가치를 청산가치보다 높게 받은 기업들 ■ 쌍용자동차의 경우처럼 계속기업가치를 높게 평가받아 회생한 기업은 예전에도 있었다. 2003년에 법정관리를 받았던 주류업체 진로는 계속기업가치가 1조3200억 원으로 청산가치 6200억 원에 견줘 2배가 넘는다는 평가를 받고 회사를 존속시켜 구조조정을 이어갔다. 그 뒤 하이트맥주에 매각된 진로는 '하이트-진로 그룹'으로 다시 태어났다. 2001년 대우자동차도 계속기업가치(3조7579억 원)가 청산가치(3조6648억 원)보다 931억 원 많게 평가받아 청산을 모면해 구조조정을 거친 뒤 지엠(GM)에 인수된 바 있다.

자사 주식이 너무 올라도 망하는 회사

스팩(SPAC)이란

기업 인수만을 목적으로 상장되는 서류상 회사

| 연합뉴스 | 2010년 3월 23일 |

스팩(SPAC)이 과열현상을 보이고 있는 가운데 23일에도 급기야 3개 스팩이 처음으로 동반 상한가를 기록했다. 그러나 주가가 오르는데도 스팩 경영진은 기뻐하기보다 오히려 근심이 커지고 있다. 스팩 주가가 지나치게 오르면 스팩의 목적인 기업 인수·합병 자체가 어려워질 수 있고, 동시에 추격매매에 나서 상투를 잡은 개인투자자들이 큰 손실을 볼 수 있기 때문이다.

지난 해 금융시장에 출현한 신종 용어 중 가장 대표적인 것이 바로 '스팩'이다. 스팩은 '기업인수목적회사'SPAC, Special Purpose Acquisition Company를 말하는데, 공신력 있는 인수·합병 전문가, 금융회사 등이 다른 기업의 인수·합병을 목적으로 설립한 서류상 회사(페이퍼 컴퍼니)다. 즉, 스팩을 거래소에 상장해 자금을 마련한 후 3년 이내에 다른 기업을 인수·합병해 해당기업의 가치증대 이익을 투자수익으로 향유하는 것이다.

인수한 기업의 가치가 커져 주가가 오르면 투자자들은 주식을 팔아 수익을 거둔다. 기업 인수·합병은 자금이 넉넉한 기관들이나 하는 일이었지만, 스팩이 출현하면서 개인 투자자도 기업 인수·합병에 참여할 수 있게 된 것이다.

본래 목적을 망각한 페이퍼 컴퍼니들 스팩, 즉 기업인수목적회사의 유일한 목적은 말 그대로 기업 인수다. 그래서 다른 일은 하지 못한다. 회사 경영진이 인수할 대상 기업을 찾아내고, 주주가 기업 인수 여부를 주주총회에서 결정한다. 회사 설립 후 3년 안에 회사를 인수해야 하고, 그러지 못하면 청산해야 한다.

인수할 수 있는 대상 기업은 원칙적으로 상장 여부와 관계는 없으나, 일반적으로 증시에 상장돼 있지 않은 비상장 우량기업이 대상이다. 기업인수목적회사가 비상장 기업을 인수하면 이 기업은 우회상장 ▪125쪽▪을 하게 되는 셈이다. 유망한 비상장 기업이 주식시장에서 자금을 조달받게 되는 효과도 있다. 비상장 기업의 경영권은 기존 경영자에게 그대로 보장해 주는 게 일반적이다.

기업 인수에 실패하면 투자자들한테 투자 원금을 돌려주게 된다. 투자자 보호를 위해 공모자금의 90% 이상을 신탁계정 등에 예치한다. 예치자금을 국채나 머니마켓펀드 ▪345쪽▪와 같은 안전자산에 투자하기 때문에 원금을 돌려받을 수 있다. 예치된 자금에서 발생한 이자는 보유 주식 수에 비례해 배분된다.

그러나 스팩은 일반 주식처럼 거래소에서 사고팔 수 있기 때문에 지나치게 높은 가격에 주식을 매수한 투자자들은 손실을 볼 수 있다. 지난 해 스팩이 처음 출현했을 때, 스팩 주가의 이상 과열 현상으로 일부 투자자들이 상투를 잡기도 했다. 증권업계에서는 당시의 과열현상에 대해 일부 큰손들이 작당한 '머니게임'이었던 것으로 보고 있다.

스팩의 주가가 너무 오르면 스팩 자체가 청산 위기를 맞을 수도 있다. 주가 급등으로 스팩의 가치가 실제 가치보다 부풀려지면 피인수대상 기업과의 합병비율 산정 시 불리하기 때문이다. 이렇게 되면 스팩의 목적인 인수·합병 자체가 무산될 수 있다. 스팩이 인수·합병에 실패하면 청산절차를 밟게 된다. 스팩 주식을 너무 비싸게 샀다가는 쪽박을 찰 수 있다는 얘기다.

기업인수목적회사는 공모한 뒤 90일 안에 의무적으로 한국거래소에 상장해야 하며, 상장 때 최소 자본금은 유가증권시장 200억 원, 코스닥시장 100억 원이다.

스팩(SPAC)

ㄴ 기업 인수만을 목적으로 상장되는 서류상 회사. 다른 기업을 인수·합병해 해당기업의 가치증대 이익을 투자수익으로 향유한다. 스팩의 주가가 지나치게 오르면 스팩의 목적인 인수·합병 자체가 무산돼 스팩 투자자들이 오히려 손실을 입기도 한다.

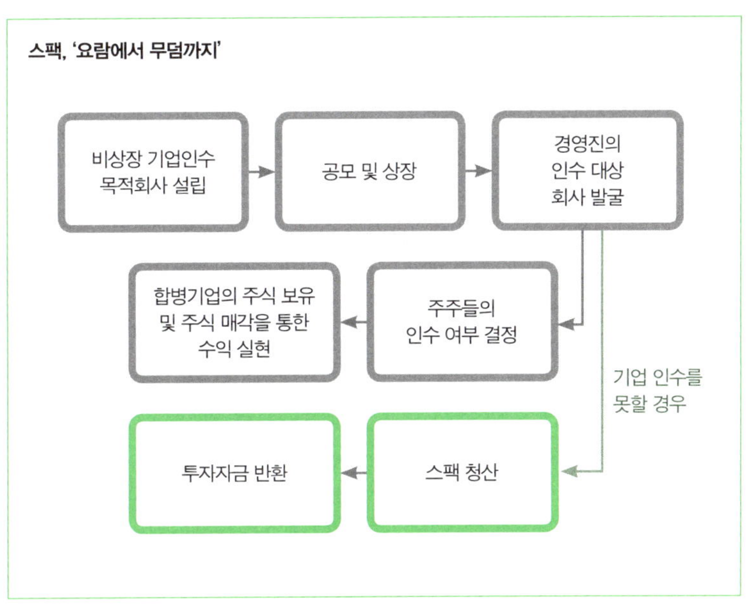

스팩, '요람에서 무덤까지'
비상장 기업인수 목적회사 설립
공모 및 상장
경영진의 인수 대상 회사 발굴
주주들의 인수 여부 결정
합병기업의 주식 보유 및 주식 매각을 통한 수익 실현
기업 인수를 못할 경우
스팩 청산
투자자금 반환

투자자의 저주가 부메랑이 되는 사연

풋백옵션이란

미래 정해진 시점과 가격으로 ▼
주식을 되팔 수 있는 권리

한겨레　　　　　　　　　　　　　　　　　　　2010년 3월 23일

앞으로는 기업 인수 때 재무적 투자자에게 제공된 풋백옵션 등의 계약 내용을 '주요사항 보고서'를 통해 즉시 공시해야 한다. 공시 내용에는 행사 가격과 시기 등 구체적인 사항까지 담겨 있어야 한다. 또 사업보고서와 분기보고서 등 정기보고를 할 경우에도 첨부 서류가 아니라 보고서 본문에 관련 내용을 기재해야 한다.

위 인용기사에는 기업 인수·합병 과정에서 풋백옵션 등이 발생할 경우 이를 공시해야 한다는 금융감독원의 발표 내용이 담겨 있다. 이 발표 전까지만 해도 인수 기업들은 재무적 투자자들에게 제공한 풋백옵션 등의 계약 사항을 공시하지 않거나, 공시하더라도 주요 문서의 첨

부 서류 등을 통해 공시해왔다.

　여기서 말하는 '풋백옵션'이란 기업 인수·합병 거래에서 자주 등장하는 계약 형태이다. 자체적으로 인수 자금을 마련하지 못하는 기업들이 금융회사 등을 재무적 투자자로 유치해 인수대금을 메우는 게 보통이다. 이럴 때 돈을 빌려준 재무적 투자자와 인수 기업 간에 맺어지는 계약 가운데 하나가 바로 풋백옵션이다.

　재무적 투자자들은 인수 자금을 빌려주는 대가로 일정한 이자를 받기도 하지만, 경우에 따라서는 빌려준 자금 만큼의 지분을 요구하기도 한다. 후자의 경우에 주로 풋백옵션 계약이 체결된다. 풋백옵션^{put back option}은 특정 시점에 해당 지분을 이미 정해진 가격으로 되팔 수 있는 권리(선택권)를 뜻한다.

　이런 계약을 체결하는 이유는 재무적 투자자들이 돈을 빌려줬다가 나중에 매물가치가 떨어져서 손실을 보지 않기 위해서다. 인수 기업이 경영을 잘해 매물가치가 올라가면 풋백옵션을 행사하지 않는 대신 가치 상승에 따른 자본 이득을 누릴 수 있고, 가치가 떨어지더라도 이미 체결한 계약에 따라 정해진 가격에 지분을 되팔 수 있게 되는 셈이다.

**투자자들의 저주로
기업이 위기에 빠질 수도**　풋백옵션은 인수·합병 시장에 자금 유통을 보다 원활하게 하는 역할을 한다. 하지만 경우에 따라서는 인수·합병 시장에서 때때로 나타나는 '승자의 저주'▪90쪽▪ 현상을 초래하는 주요 원인이 되기도 한다. 금융감독원이 풋백옵션 거래 공시를 강화한 것도 그 부정적 효과에 주목했기 때문이다.

대표적인 예가 금호아시아나그룹이 대우건설을 인수하면서 재무적 투자자들과 맺은 풋백옵션 계약이다. 2006년 11월 금호아시아나그룹은 대우건설을 인수하기 위해 국내외 18개 재무적 투자자들로부터 인수대금의 절반이 넘는 3조5000억 원을 조달하면서 재무적 투자자들에게 2009년 12월 시점에 대우건설 주가가 3만2000원에 미치지 못할 경우 이를 금호아시아나그룹에 매각할 수 있다는 요지의 풋백옵션 계약을 맺었다.

이 계약을 맺을 당시 대우건설 주가는 2만6000원이었다. 하지만 금융위기 여파 등으로 대우건설 주가는 2009년 12월에 3만 원 밑으로 크게 떨어졌고, 이에 따라 금호아시아나그룹은 풋백옵션 대금(약 4조 원)을 떠안으면서 커다란 재무적 위기에 직면하고 만 것이다. 이로 인해 결국 금호아시아나그룹은 해체되고 오너는 경영권을 박탈당했다.

풋백옵션

ㄴ 돈을 빌려준 재무적 투자자와 인수 기업 간에 맺는 계약. 기업 인수·합병 과정에서 인수 자금이 부족한 기업이 재무적 투자자를 유치해 인수대금을 메우기 위한 방편으로 활용한다. 재무적 투자자는 장래 정해진 시점과 가격으로 인수 기업의 주식을 되팔 수 있다.

정당한 인센티브 혹은 파렴치한 불로소득

스톡옵션이란

성과급으로 부여되는 주식매입선택권 ▼

한겨레   2009년 6월 30일

지난 26일 종가를 기준으로 미행사 스톡옵션 주식의 평가차익이 30억 원을 넘는 전·현직 임원은 29명으로 조사됐다. 이 가운데 이학수 전 삼성전자 부회장과 김인주 전 삼성전자 사장 등 전·현직 임원 10명의 삼성전자 주식 평가차익은 100억 원을 웃돌았다.

위 인용기사는 '재벌닷컴' 자료를 토대로 삼성전자의 주요 경영진이 보유한 스톡옵션의 평가차익을 소개하고 있다. '스톡옵션'stock option이란 표현은 기업의 주요 경영진의 재산 규모를 분석할 때 등장하거나, 기업이 경영진의 동기 부여를 목적으로 내놓는 각종 인센티브 목록 중 하나로도 곧잘 등장한다.

매혹적인 플러스 알파

주식매입선택권 또는 주식매수선택권이라 불리는 스톡옵션은 회사가 경영진에게 제공하는 대표적인 인센티브 가운데 하나다. 스톡옵션은 장래에 일정기간 동안 자사 주식을 살 수 있는 권리를 의미한다. 경영진이 경영을 잘해 회사의 주가(가치)가 올라가게 되면 자연스럽게 그 과실을 함께 누릴 수 있도록 하자는 취지에서 고안된 성과 보너스의 한 형태다.

예를 들어, A가 B회사에 입사하면서 스톡옵션으로 (당시 주식 가격으로) 5만 주를 받았는데, 입사 당시 한 주에 5천 원 하던 B회사의 주가가 2년 뒤 2만 원으로 뛴 경우, A는 주당 5천 원으로 2만 원인 B회사 주식 5만 주를 구입할 수 있는 경우를 말한다. 이때 A가 자신이 받은 5만 주를 5천 원에 구입해 바로 2만 원에 되팔면 한 주 당 1만5천 원의 차익을 얻게 되는 셈이다.

스톡옵션은 당장 회사가 제공할 수 있는 자산이 부족할 때 자주 사용된다. 주로 벤처기업 등 자금이 부족한 창업 기업들이 유능한 인재를 확보하기 위한 카드로 스톡옵션을 제시한다. 당장은 고액 연봉을 줄 수 없지만, 회사에 들어와 스스로 회사를 키우면 그 과실을 나눠가질 수 있는 기회를 주겠다는 것이다.

실제로 구글이나 마이크로소프트 등도 초창기에 스톡옵션 제도를 널리 활용했다. 우리나라에서도 지난 1997년 4월 증권거래법(지금의 자본시장통합법)에 관련 조항이 만들어지면서 벤처기업을 중심으로 빠르게 도입됐다.

**구제금융 받은 회사 임원들,
스톡옵션으로 막대한 성과급 챙겨**

스톡옵션에는 경영진의 사기 진작, 혹은 자금이 부족한 창업기업에 성장의 기회를 제공하는 긍정적인 측면 외에도 기업 경영이 단기 실적 위주로 흐르게 한다는 비판도 제기된다. 스톡옵션이 주로 3~5년 내 행사할 수 있도록 설정되면서 이를 받은 경영진들이 기업의 장기적인 성장을 희생하고서라도 단기 실적을 좋게 내는 데만 연연하는 풍조를 낳는다는 것이다.

여기에 더해 2008년 하반기부터 불거진 글로벌 금융위기는 스톡옵션에 대한 부정적 인식을 확산시키는 계기가 됐다. 금융회사들이 무너지면서 이들 금융회사로부터 돈을 빌린 서민들이 일자리를 잃고 중소기업들은 부도가 나는 상황에서도, 금융회사의 경영진들은 스톡옵션을 행사해 엄청난 부를 누리는 현상에 대한 사회적 반감이 확산됐기 때문이다.

한 예로 정부로부터 100억 달러의 구제금융을 받은 골드만삭스의 로이드 블랭크페인 최고경영자는 2000년에 받은 스톡옵션을 2010년 초에 행사해 모두 610만 달러를 챙겼고, 캐리 콘 이사회 의장과 데이비드 바니어 최고재무책임자도 각각 490만 달러, 450만 달러를 스톡옵션 행사로 벌어들였다. 세금을 받아 회사를 살린 이들이 세금보다 더 많은 부를 축적한 셈이다.

이에 따라 각국 정부는 글로벌 금융위

골드만삭스는 지난해 순익이 크게 감소했지만 CEO 로이드 블랭크페인의 기본 급여는 오히려 3배나 인상해 빈축을 샀다.

기 이후 금융회사의 스톡옵션 제도에 손질을 가하기 시작했다. 미국 하원은 구제금융을 받은 보험회사 AIG 경영진에 부여된 스톡옵션에 따른 차익의 90%를 세금으로 징수하는 법안을 통과시키는가 하면, 프랑스의 사르코지 대통령은 소시에테 제네랄 은행의 경영진을 향해 "정부의 구제금융을 받은 은행이 스톡옵션을 부여하는 조처는 파렴치한 행위"라며, 스톡옵션 행사 포기를 압박했다. 우리나라에서도 성과급을 3년여에 걸쳐 나눠 지급하도록 하는 등 금융회사의 성과보수체계에 대한 손질이 이뤄졌다.

스톡옵션

┗ 자사주를 장래 일정한 가격으로 살 수 있는 권리. 벤처기업에게는 유능한 인재를 유치하는 기회를 주고 중견기업에게는 경영진에 동기부여의 수단이 되지만, 기업 경영이 지나치게 단기 실적에만 치우치게 하는 문제점도 제기된다.

공익과 사익의 공존은 가능한가?

SRI이란

수익성과 지속가능성을 함께 지향하는 ▼ '사회적 책임투자'

한겨레21	2010년 12월 6일

최근 프랑스계 증권사인 크레디리요네증권과 아시아기업지배구조협회는 아시아 11개 국가에 대한 '기업지배구조 분석보고서'를 펴내, "한국은 이명박 정부 취임 이후 기업지배구조가 후퇴했다"고 밝혔다. 2007년에 이어 3년 만에 펴낸 이번 보고서에서 한국은 기업지배구조 점수(100점 만점)가 49점에서 45점으로 떨어졌고, 순위도 네 계단 추락한 9위를 기록했다.

위 인용기사는 한국 기업들의 지배구조에 대한 프랑스 유력 증권사의 평가를 다루고 있다. 과거에는 기업의 재무적 이익 평가만으로 투자자들이 투자 여부를 판단했지만, 위 기사에서 보듯이 투자자들이 점차 지배구조 등 비재무적 요소에 대한 관심을 높이고 있다.

이러한 투자 혹은 펀드를 '사회책임투자'SRI. Social Responsible Investing 라

고 부른다. 거칠게 표현하면 사회적으로 책임을 다하는 기업에 투자함으로서 수익 달성과 함께 보다 나은 세상을 만들어보자는 취지를 갖고 있는 펀드 혹은 투자 기법이다.

기업의 공익성이 투자 판단대상으로

SRI의 관건은 사회적 책임을 다하는 기업을 평가하는 기준이다. 이 기준은 시간이 흐르면서 점차 과학적으로 계량화돼 왔다. 과거에는 주로 종교계를 중심으로 군수물자나 담배, 주류 등 윤리에 반하는 기업에 투자하지 않는 네거티브 방식이었다. 투자라고 하지만 시민운동, 종교적 색채가 강하기도 했다. 하지만 1980년대에 접어들면서 평가 기준도 엄밀해지고, 투자 방식도 포지티브 방식으로 바뀌었다.

현재 운용되고 있는 SRI는 모두 세 가지 원칙을 기준으로 기업을 평가한다. 환경Environment 과 사회Society, 기업지배구조Governance 다. 개별 펀드들이 직접 기업에 대한 ESG 평가를 진행하기도 하지만, 대체로 평가전문업체가 만든 사회책임지수(SRI)를 참고하는 편이다.

대표적인 사회책임지수로는 다우존스 지속가능지수(DJSI)가 꼽힌다. 이 지수는 다우존스 월셔 글로벌지수에 있는 기업 가운데 상위 10% 규모에 해당하는 기업의 경제·환경·사회적 기준에 따라 평가한다. 미국의 글로벌 금융정보기업인 다우존스와 스위스의 지속가능경영평가기

사회적 책임투자의 세계적 권위자
이자 '구루'인 에이미 도미니.

관인 에스에이엠(SAM)이 1999년 개발했다. 이밖에 「파이낸셜타임스」
와 아이리스^{EIRIS}가 만든 '푸치4굿 지수'^{FTSE4Good Index}와 사회책임투자
의 세계적 권위자 에이미 도미니가 만든 '도미니400 사회지수'^{Domini 400}
^{Social Index}도 있다.

**국내에서는 '국민연금'의
SRI 행보 주목** 우리나라에서는 모두 19개 국내외 운용
사가 30개 SRI를 운용하고 있다(2011년 1월 기준). 설정액은 모두 1조
4000억 원이지만 미국이나 영국 등에 견주면 초보단계라 할 수 있다.

SRI는 장기 투자를 전제로 하지만, 국내에서는 역사가 길지 않아 수
익률에서 의미 있는 차이를 보이지 못하는데다, 투자 기업들도 대부
분 대형주 중심인 탓에 일반 주식형펀드와 크게 다르지 않다는 평가
가 많다.

하지만 세계 최대 기관 투자자 중 하나인 '국민연금'이 사회책임투
자에 대한 비중을 가파르게 늘리고 있는데다, 2009년 7월에는 UN 책
임투자원칙(PRI)에 가입하는 등 국내 자본시장에도 서서히 사회책임
투자 열풍이 불 조짐을 보이고 있다.

SRI

ㄴ 수익성과 공익성을 동시에 지향하는 사회책임투자의 약자. 환경, 사회,
기업지배구조 등의 핵심 기준에 따라 기업의 지속가능성 여부를 따져 투자
하는 펀드 혹은 투자 기법이다.

담합 기업들의 딜레마

리니언시란

불공정행위를 자진신고하면 제재를 감면해 주는 것

| 매일경제 | 2010년 9월 16일 |

삼성SDI가 체코 당국에 컬러TV 브라운관(CRT) 가격담합 사실을 순순히 인정하고 과징금을 면제받았다. 13일(현지시간) 「월스트리트저널」에 따르면 이날 체코의 반독점협회인 '독점규제청(UOHS)'은 자국 시장에서 삼성SDI와 LG전자 등 TV 브라운관 생산업체들이 지난 1998~2004년 사이 가격을 담합한 사실을 적발했다고 밝혔다. 삼성SDI와 LG전자는 업계 1위와 2위를 차지하면서 비슷한 점유율을 기록하고 있었다. 하지만 삼성SDI는 체코 당국의 담합 조사 때 혐의를 첫 번째로 시인해 과징금을 면제받았다. 리니언시란 실리를 챙긴 것이다.

2009년 12월 공정거래위원회는 '액화천연가스(LPG) 가격담합'을 벌인 기업 6곳에 과징금 6689억 원을 부과했다. 당시 불공정거래행위에 따른 과징금 액수로는 사상 최대 규모였지만 실제로 기업들에 부과된 액수는 4093억 원에 그쳤다.

그 비밀은 바로 '리니언시 프로그램'Leniency Program(자진신고자 감면제도)에 있었다. 이 제도에 따라 1순위 신고자인 SK에너지는 과징금 전액을, 2순위 신고자인 SK가스는 50%의 과징금을 면제받았기 때문이다. 리니언시란 무엇이길래 수천억 원의 과징금이 아예 면제되거나 혹은 반으로 줄어드는 것일까?

**'죄수의 딜레마'란
게임이론 원용** | 리니언시는 '죄수의 딜레마'란 게임이론을 기업들의 담합 범죄 적발에 그대로 원용한 제도다. 게임이론의 개요는 이렇다. 공범자에게 각각 먼저 상대의 범죄 혐의를 고백하면 감형을, 부인하면 가중처벌을 받는다는 선택지를 준다. 둘 다 혐의를 부인하면 풀려나지만, 결국 상대를 믿지 못해 대부분 고백을 선택하게 마련이다.

한마디로 리니언시는 감독당국이 관용leniency을 베풀어, 불공정행위를 먼저 자진신고한 기업에 과징금 등의 제재를 대폭 감면해 주는 제도다. '독점규제 및 공정거래에 관한 법률' 제22조에 관련 규정이 명시돼 있다. 은밀하고 지능적으로 행해지는 담합은 내부자 고발이나 협조 없이는 혐의를 입증하는 게 어렵다는 현실을 고려한 것이다.

한 예로 1999년 12월부터 2007년 7월까지 항공화물운임을 담합한 국내외 항공사들은 비밀요원을 이용해 은밀히 경쟁사와 접촉하는가 하면, 경쟁사와의 의사 연락 사실을 노출시키지 않으려고 함축적 표현을 사용하기도 했다. 에어프랑스는 '파리'로, KLM항공은 '암스테르담'

으로 부르는 식이었다. 한국뿐 아니라 미국과 유럽에서 연쇄적으로 과징금 폭탄을 맞은 이 사건도 결국 루프트한자의 자진신고로 적발됐다.

담합 주도 업체가 자진신고하는 도덕적 해이는 어떻게 볼 것인가?

우리나라는 미국(1993년), 유럽연합(1996년)에 이어 1997년 4월에 리니언시 제도를 도입했다. 초기에는 별 효과를 거두지 못했다. 2004년까지 8년 동안 자진신고 건수는 5건으로 한 해에 1건도 안 됐다. 무엇보다 동업자를 배신하는 것에 대한 정서적 저항감이 컸고, 제재를 감면해주는 기준과 혜택도 명확하지 않았다. 신고자(조사협조자)들이 '자백의 대가'가 그리 크지 않다고 생각한 탓이다.

하지만 자진신고 건수는 2005년 이후 연평균 10건, 2008년에는 21건, 2009년에는 17건으로 껑충 늘었다. 자진신고자 감면제도를 활용해 처리하는 담합사건 수도 점차 증가했다. 2009년 담합으로 과징금이 부과된 총 21건의 사건 가운데 17건이 이 제도의 덕을 봤다. 공정거래위원회가 2005년에 관련 규정을 대폭 바꿔 '당근과 채찍'을 동시에 강화한 결과다.

즉, 첫 번째 신고자는 과징금을 100% 면제해주고, 두 번째 신고자는 50% 감면 혜택을 준 것이다. 경쟁당국이 임의적 판단을 할 수 없도록 감면사유도 명확히 했다. 반대로 과징금 최고액은 담합 기간 총매출액의 5%에서 10%로 갑절이나 높였다.

리니언시는 특히 장기간 지속된 담합행위를 적발하는 데 톡톡히 효과를 보고 있다. 6년간 판매가격을 짬짜미한 밀가루를 비롯해, 석유화학제품(11년), 설탕(14년) 담합 등이 대표적이다.

외국에서는 담합에 대한 제재가 훨씬 더 엄격하다. 미국 '독점금지법'은 담합 기간 총매출액의 무려 45~80%를 과징금으로 매긴다. 국제 카르텔 제재도 갈수록 강화되는 추세다. 삼성전자와 하이닉스반도체는 메모리 반도체 가격을 담합하다 각각 수천억 원의 과징금을 물었고, 관련 임직원들이 미국에서 옥살이까지 했다. 잘못하다간 기업이 아예 문을 닫을 정도니, 당근이란 관용 이면에 있는 채찍의 고통은 갈수록 커지는 추세다.

일각에서는 담합을 주도한 시장점유율 1위 업체들의 자진신고와 그에 따른 과징금 면제는 달리 봐야 한다는 주장도 제기된다. 즉, 담합을 주도해 놓고 리니언시로 제재는 받지 않는 것이 공정하냐는 일리 있는 비판의 목소리가 높다.

리니언시

└ 담합 등 불공정거래행위를 자진신고한 기업에 대해 과징금 등 제재 조치를 감면해주는 제도. '죄수의 딜레마'란 게임이론을 기업들의 담합 범죄 적발에 그대로 원용했다.

Prisoner's
Dilemma

극약처방인가 독약처방인가

포이즌필이란

> ### 적대적 M&A에 맞서 기존 주주에게 ▼
> ### 먼저 신주 인수 권리를 주는 것

한겨레   2009년 7월 3일

정부가 어제 설비투자 촉진 방안을 내놓으면서 대주주의 경영권 방어를 위해 포이즌필 제도를 도입하겠다고 밝혔다. 적대적 인수·합병 시도가 있을 때 대주주가 싼값에 신주를 인수해 경영권을 방어하도록 하겠다는 취지다.

'포이즌필'은 적대적 인수·합병(M&A) 상황에서 회사를 삼키려는 공격자를 제외한 기존 주주들에게 대폭 할인된 가격으로 주식을 매입할 수 있는 권리를 주는 것을 말한다. 그 결과 주주들에게 교부된 주식만큼 공격자의 지분율이 낮아지게 함으로써 적대적 M&A를 저지하는 것이다.

적대적 M&A란 대주주 외의 제3자가 대주주의 의사에 반해 회사의 경영권을 빼앗는 기업의 인수·합병을 말한다. 대주주의 지분율이 상대적으로 낮은 기업이 주요 타깃이 된다. 지난 2003년 외국계 자산운용사인 소버린자산운용이 SK의 경영권을 위협한 사례와 2005년 세계적인 기업사냥꾼raiders인 월가의 칼 아이칸으로부터 적대적 M&A 공격을 받았던 KT&G의 사례 등이 대표적이다.

세계적인 기업사냥꾼으로 불리는 칼 아이칸. 그러나 아이칸 자신은 스스로를 '가치 투자자'라고 생각한다(I'm just a value player).

적대적 M&A 방어 위해 자사주 취득 부담 가중

포이즌필은 미국에서 M&A가 활발했던 1980년대 초에 등장한 제도다. 미국뿐 아니라 일본, 프랑스, 캐나다 등 선진국에서 널리 보급돼 있다. 우리나라도 도입을 서두르고 있다. 2010년 3월에 포이즌필을 도입하는 '상법' 개정안이 국무회의를 통과한 바 있으며, 현재 법무부 입법안이 국회에 제출된 상태다. 우리나라에서는 '신주인수선택권' 제도라는 이름으로 불리게 될 예정이다. 즉, 기존 주주들에게 신주를 인수(매입)할 권리(선택권)를 먼저 부여한다는 것이다.

정부가 포이즌필을 도입하게 된 배경에는, 1997년 말 외환위기 이후 적대적 M&A 공격수단에 대한 규제는 대폭 완화된 반면 이에 상응하는 방어수단이 없다는 점을 들고 있다. 방어수단이 없는 기업들은 주로 자사주 취득을 적대적 M&A 방어수단으로 쓰고 있다. 이럴 경우,

장기 투자에 사용돼야 할 자금이 불필요하게 많은 자사주 취득에 소요돼 기업의 건전한 성장을 가로막는 원인이 된다.

2008년 기준으로 상장기업들이 자사주를 취득하는데 들인 자금 규모는 6조140억 원(3억4951만 주)에 이른다. 실제로 포스코는 2007년 세계적 철강기업인 아르셀로-미탈의 적대적 M&A 시도에 맞서 자사주 매입에만 약 1조 원 가량을 쏟아 부으면서 애초 세웠던 투자계획을 수정해야 했다.

**재벌 총수의 지배권 강화하는 구실로
악용 소지 커**

법무부가 제출한 '상법' 개정안을 보면, 신주인수선택권을 도입하려면 주주총회의 특별결의(출석한 주주 주식의 3분의 1 이상, 총 주식의 3분의 1 이상의 찬성)를 거쳐 정관을 변경할 수 있도록 하고 있다. 신주인수선택권을 부여하거나 상환할 때는 이사회의 특별결의(총 이사의 3분의 2 이상 찬성)가 필요하다.

이런 절차를 거쳐, 모든 주주들에게 신주인수선택권을 무상으로 부여하되, (적대적 M&A를 하는) 공격자에 대해서만 신주인수선택권의 행사를 불허하거나 다른 주주들과 차별하는 방식으로 경영권 방어에 나설 수 있도록 하는 것이다.

포이즌필 도입에 대해서는 우려의 목소리도 높다. 재벌 총수의 지배권 강화, 소수주주 권익 침해, 시장경제의 효율성 저하 등의 폐해가 뒤따를 수 있다는 이유에서다. 특히 국내에서는 적대적 M&A의 사례가 드물다는 점에서 오히려 기업들의 경영권이 과보호되고 있다는 지적

도 많다. 이러한 제도적 맹점 탓에 포이즌필 제도를 '극약 poison pill 처방'
이라 부르는 지도 모르겠다. 그러나 이러한 극약 처방이 우리 현실에
얼마나 효과가 있을 지는 두고 볼 일이다.

포이즌필

ㄴ, 적대적 M&A에 처했을 때 기존 주주들에게 먼저 싼 가격에 지분을 매수
할 수 있는 권리를 주는 제도. 회사를 삼키려는 적대적 M&A 시도자의 지
분 확보를 막는 본연의 취지와는 달리, 기존 대주주인 재벌의 지배권 강화
구실로 악용될 소지가 있다.

상법 개정안에서 신주 인수를 금지하는 예

- 기업해체를 목적으로 한 신주 매입
- 인수 비용을 대상 기업에 전가하는 경우
- 경영권을 담보로 회사에 거액의 대가를 요구하는 경우
- 주주들에게 주식의 매도를 사실상 강요하는 경우
- 이사회 승인 없이 의결권 있는 주식의 일정비율 이상을 취득하는 경우

부패한 장부 곳곳을 비추는 거울

시가평가제란

시장에서 팔리는 가격으로 자산가치를 매기는 것

아시아경제	2010년 5월 11일

미국 재무회계기준위원회(FASB)가 은행 자산에 대한 시가평가제를 확대한다. 보다 엄격하고 일관된 기준을 제시해 투명성을 강화하고, 또 다른 금융위기를 방지하겠다는 의도다. …〈중략〉… 이번 시가평가제 확대 방안은 2013년 대형은행을 대상으로 먼저 시행하며, 자산 10억 달러 이하의 소규모 은행은 오는 2017년부터 적용할 예정이다. FASB는 오는 9월 말까지 청문회 등을 실시해 세부 내용을 논의한 뒤 조율을 거쳐 최종안을 도출할 계획이다.

위 인용기사는 미국 재무회계기준위원회가 은행 자산에 대한 시가평가제 확대를 검토하고 있고, 이에 대해 금융권이 반발하고 있다는 내용을 담고 있다. 앞서 미국 재무회계기준위원회는 1년 전인 2009년 4월에 시가평가제를 완화하는 조처를 내리기도 했다. 당시 미국 금융당국은 금융위기가 확대된 주범 목록에 시가평가제를 올려놓고 있었다.

**금융회사의 자산 상태를
있는 그대로 드러내기**　시가평가제는, 말 그대로 시장에서 팔리
는 가격으로 채권의 가치를 평가하는 것을 말한다. 부실이 발생할 때
마다 채권 가격에 이를 반영시킨다는 것이다. 시가평가제를 적용하기
전에는 금융회사들이 설령 부도난 채권이라도 만기가 되기 전까지는
회계에 반영하지 않았다. 이런 점에서 시가평가제는 금융회사 자산의
건강 상태를 보다 투명하게 보여주는 제도라고 할 수 있다.

　금융시장이 발달한 미국이나 영국에서는 시가평가제가 일찌감치 도
입되었다. 이들 국가들은 저개발 국가들에게 매번 시가평가제 도입을
강조해왔다. 1997년 외환위기 당시 국제통화기금(IMF)은 긴급 자금을
대출해주는 대가로 우리나라에도 시가평가제 도입을 주요 권고 사항
가운데 하나로 제시했고, 그 결과 2000년 7월에 우리나라에서도 전면
시행됐다.

**시가평가제가
금융위기를 증폭시켰다고?**　앞서 언급했듯이 시가평가제는 금융
위기를 증폭시켰다는 지적을 받아왔다. 2008년 9월 리먼 브러더스 파
산 이후 메릴린치, 골드만삭스 등 기라성 같은 미국의 금융회사들이
줄줄이 부도 위기에 몰린 게 바로 시가평가제 때문이라는 것이다.

　이들 금융회사들은 주택저당증권(MBS)이나, 부채담보부증권(CDO),

클린턴 정부 시절 재무장관을 지낸 로버트 루빈은, 금융위기에서 금융회사의 자산상태를 적나라하게 공개하는 것은 불안심리를 키워 상황을 더욱 악화시킬 뿐이라고 하여, 시가평가제 폐지를 주장했다.

신용부도스와프(CDS) 등 ■32쪽■ 모기지 대출 자산을 기초로 하는 파생상품 자산을 대거 편입하고 있었는데, 비우량 주택담보대출 부실을 의미하는 서브프라임 모기지론 사태가 불거지면서 이들 자산 가격이 곤두박질치는 사태에 직면했다.

이에 대해 미국 클린턴 정부에서 재무장관을 지냈던 로버트 루빈은 2009년 1월에 "자산 가격의 심각한 악순환을 가져오는 시가평가제는 당장 폐지해야 한다"고 주장하기도 했다. 금융위기로 시장이 공포에 빠진 상황에서는 시장 가격이 왜곡되기 마련인데, 이를 일일이 회계에 반영하는 시가평가제는 위기가 위기를 부르는 악순환으로 금융시장을 이끈다는 얘기다.

이에 따라 미국 회계당국은 금융회사에 대해 금융위기로 거래가 이뤄지지 않는 상품(CDO)에 대해서만 시가평가를 예외로 인정해주고, 금융회사들은 2009년 1분기 실적 집계부터 시가평가가 아닌 매입 가격을 손익계산서에 반영했다.

하지만 미국 학계에서는 이에 대한 반론도 적지 않다. 시가평가제 완화는 금융회사의 부실자산이 은폐되는 결과를 낳는다는 것이다. 자산의 건강성은 회복되지 않은 상황에서 단지 회계기준 완화로 기업의 실적이 좋게 보이는 착시현상이 나타난다는 지적이다.

실제로 미국 회계당국(FASB)이 2009년 4월 시가평가제 완화 방침을 내놓은 뒤 미국 금융회사들의 실적이 급반전했다. 이를 놓고 금융위기를 정확하게 예측해 유명세를 탄 누리엘 루비니 뉴욕대 교수는 "시가평가제를 무력화시켜 부실을 숨기고 손실을 축소시켰다"며 루빈 전 재무장관과는 정반대의 의견을 피력하기도 했다.

대표적인 '닥터 둠' 경제학자로 세계경제를 비판적 시각으로 예리하게 접근하는 것으로 유명한 루비니 뉴욕대 교수는, 금융회사의 부실을 은폐시키는 행태를 막는 시가평가제의 확대 적용을 주장한다.

시가평가제

└ 금융회사가 보유하고 있는 자산을 시장 가격으로 평가해 손익계산서 등에 반영하는 제도. 자산을 매입할 당시의 가격(장부가격)을 기준으로 회계에 반영하던 과거와는 달리 금융회사의 자산 건전성을 좀 더 정확하게 파악할 수 있다.

거래소로 통하는 지름길?

우회상장이란

**기존 상장회사를 통해
번거로운 절차 없이 상장하는 것**

한국경제   2010년 10월 14일

국회 정무위원회는 14일 한국거래소에 대한 국정감사에서 코스닥시장에 우회상장했다가 대규모 횡령으로 상장폐지된 네오세미테크 문제와 방만한 경영이 도마에 올랐다. 부산 한국거래소 본사에서 열린 감사에서 조영택 민주당 의원은 거래소의 상장과 퇴출 시스템에 허점이 있다고 지적했다. 조 의원은 "지난해 모노솔라 합병으로 우회상장한 네오세미테크는 코스닥시장의 황제주로 등극했다가 결국 퇴출돼 7000여 명의 개인투자자가 피해를 입었다"며 "우회상장 후 상장기간이 2007년 평균 2.4년에서 지난해 1.1년으로 단축된 것은 상장 과정의 허점을 입증하는 것"이라고 꼬집었다.

정상적인 상장 절차를 밟지 않고 상장사의 지위를 획득하는 방식으로 '우회상장'backdoor listing이 자주 거론된다. 우회상장은 좋게 말해 신규상장 요건은 부족하지만 성장성이 높은 기업에 자본조달 기회를 열어주

기 위해 허용된 것이다. 그러나 뒷문을 열어준 만큼 기회 확대라는 긍정적인 효과 외에 편법과 부작용도 만만찮게 발생하고 있다.

우회상장 방법에는 어떤 것들이 있을까? 일반적으로 장외기업(비상장기업)이 유가증권(코스피)이나 코스닥 시장에 상장되기 위해서는 상장심사와 공모주 청약 등의 절차를 밟아야 한다. 서류 제출을 비롯해 상당히 복잡한 절차를 거치기 때문에 제법 긴 준비 기간이 필요하다. 이에 반해 우회상장은 장외기업이 이미 상장된 기업과의 합병 등을 통해 상대적으로 짧은 기간 동안 간단한 절차를 거쳐 상장이 가능하다.

우회상장에는 '합병'뿐 아니라 '포괄적 주식교환', '영업양수도', '주식 맞교환(스왑)' 등이 이용된다. 합병은 비상장기업이 상장기업의 주식(보통 최대주주 지분)을 매입해 경영권을 인수하는 것이다. 포괄적 주식교환은 소유권을 확보하되 비상장기업 주식을 상장기업 주식으로 전환하는 방식이다. 영업양수도는 비상장기업의 영업·자산·부채를 상장기업에 양도한 뒤 비상장기업 주주들이 상장기업 제3자 배정 유상증자*에 참여하는 방식이고, 주식 맞교환도 비상장기업 주식을 상장기업에 양도한 뒤 역시 제3자 배정 유상증자에 참여하는 것이다.

제3자 배정 유상증자 주식회사가 주식을 발행해 필요한 자금을 조달하는 것을 유상증자라고 한다. 유상증자는 자금을 조달하는 대상에 따라 주주 배정, 일반 공모, 제3자 배정 등으로 나뉘며, 제3자 배정은 기존 주주가 아닌 임원이나 거래처 등 특정 인수자를 정해놓고 실시하는 것을 말한다.

**투자자라면 알고 있어야 할
우회상장의 허와 실**

앞서 밝혔듯 우회상장은 매력적인 효과가 여럿 있다. 무엇보다 비상장기업이 번거로운 절차를 생략한 채 기업공개를 할 수 있어 시간과 비용이 절감된다. 기업이 상장되면 유상증자 등을 통한 자금조달이 쉽고, 상장에 따른 신용도가 높아져 자금조달 비용도 줄어든다. 당장 우회상장으로 주가가 상승할 경우 단기간에 자금을 회수할 수도 있으며, 기업 정상화 이후 재매각도 가능하다.

또 기존 상장기업의 경우 체질 개선이 이뤄질 수 있다. 우회상장은 일반적으로 성장동력을 상실한 상장기업과 우량한 비상장기업 간의 결합으로 이뤄진다. 이 경우 우회상장으로 상장기업을 퇴출 없이 구조조정을 통해 체질 개선을 이룰 수도 있다.

반면 우회상장에는 어두운 그림자도 존재한다. 특히 비상장기업이 우량하지 않고 함량 미달일 경우 부작용이 발생한다. 절차가 간소화되면서 비상장기업의 부실 여부를 판단하기가 쉽지 않다.

비상장기업의 주식이 과대평가되면 상장기업의 주가를 희석시켜 투자자들에게 피해를 줄 수도 있다. 또 우회상장이 이뤄지면 일반투자자들은 재무적인 문제가 해결되고 새로운 성장동력을 갖췄다고 받아들일 수 있어 선의의 피해자가 발생할 수도 있다. 우회상장 뒤에 막상 뚜껑을 열어보니 실적이 애초 전망치에 미치지 못하는 기업들이 수두룩한데다 뒤늦게 분식회계 등으로 문제를 일으킨 곳도 적잖게 나타난다.

우회상장 기업의 문제점이 불거지면서 한국거래소는, 2010년 말 '질적심사제도'를 도입해, 우회상장 예비심사와 상장공시위원회 심의 등을 거쳐 상장 적격성 확인에 나서고 있다.

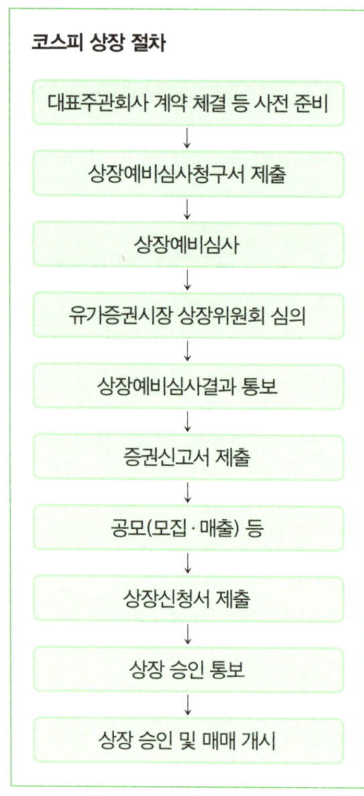

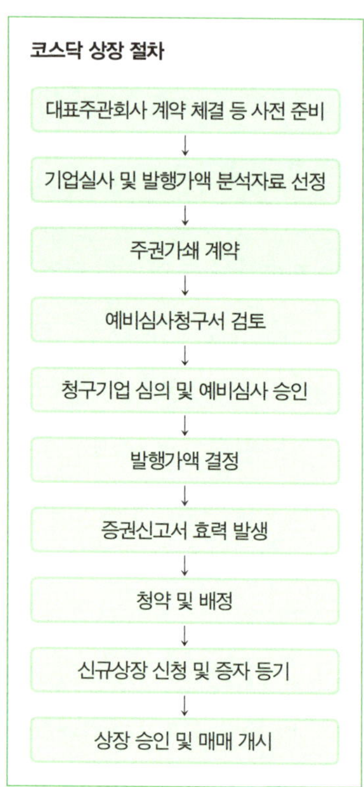

우회상장

┗, 비상장회사가 정상적인 절차 없이 다른 상장회사와의 합병 등을 통해 유가증권 또는 코스닥 시장에 진입하는 것. 비교적 간소한 절차로 상장이 가능하지만, 투자자들은 부실한 정보로 피해를 입을 수 있다.

먹느냐 먹히느냐, 정글의 법칙

기업 합병이란

두 개 이상의 기업을 하나로 합치는 것 ▼

매일경제	2011년 2월 11일

일본 최대 철강회사인 신일본제철과 3위 회사 스미토모금속이 합병을 추진한다고 선언했다. 양사가 합병하면 연간 조강 생산 규모가 약 4800만 톤으로 중국 바오산철강을 제치고 세계 2위로 뛰어오르게 된다. 포스코는 5위에서 6위로 밀려난다. 기업 합병이 성사되기 위해서는 일본 공정거래위원회 승인이 필요하지만 별 문제는 없을 것으로 예상된다.

기업이 합병을 하는 목적은 일반적으로 시너지 효과 때문이다. 기업의 대형화를 통해 시장 지배력을 확대하거나 원가를 절감할 수 있다. 또 파산 위험이 감소하면서 자본조달이 용이해질 수 있으며, 사업 포트폴리오가 다양해지면서 투자위험도 감소할 수 있다. 이와 함께 비효율성을 줄이고 경영합리화도 꾀할 수 있다.

그러나 외부 기업을 무리하게 인수해 합병할 경우 재정적인 위기에

봉착하기도 한다. 동종 기업을 합병할 경우에는 경영 합리화를 위해 수많은 해고 노동자가 양산될 수 있고, 서로 다른 기업 간 문화 차이로 내부 융합에 어려움이 발생하기도 한다.

내용과 방식에 따라 달라지는 합병 형태   기업 합병은 방법에 따라 흡수 합병과 신설 합병으로 나뉜다. 여러 법인 가운데 하나의 법인이 존속하는 흡수 합병이 일반적이다. LG그룹이 기존 통신 3사를 통합해 LG유플러스로 출범한 것이나, 삼성SDS와 삼성네트웍스의 합병은 모두 흡수 합병이다. LG유플러스는 LG텔레콤이 LG데이콤과 LG파워콤을 흡수 합병한 뒤 기업 이름을 바꿨다. 이에 반해 신설 합병은 제3의 법인을 세워 통합하는 것으로, 2001년 주택은행과 국민은행이 지금의 국민은행(KB은행)으로 통합 출범한 것이 대표적인 예다.

기업 합병을 절차가 아닌 사업 내용에 따라 구분해 볼 수도 있다. 생산공정이 전후로 결합할 경우 수직 합병이라고 한다. 예를 들면 자동차업체가 부품업체와 결합하는 경우를 들 수 있다. 그리고 유사 산업에 속하는 기업끼리 합병하는 것을 수평 합병이라 하고, 생산 기술면에서 직접적 연관이 없는 경우를 혼합 합병이라 한다.

볼보그룹의 레이프 요한손 회장. 그는 10여 개가 넘는 기업과 사업 부문을 M&A하면서 기업 합병의 전설로 불린다. 국내 삼성중공업 건설기계부문도 그의 레이더에 포착됐다. 그러나 그 역시 1999년에 스웨덴의 국민차 볼보의 승용차 사업부문을 미국 포드사에 매각시키는 아픔을 겪기도 했다.

합병 대상 기업의 가치는 어떻게 평가할까?

두 곳 이상의 기업들을 합치려면 각 기업의 가치를 '객관적'으로 평가해야 합병비율을 결정할 수 있다. 기업가치를 평가하는 작업에는 주주와 채권자 등 여러 이해당사자들의 경제적 득실이 얽히는 만큼, 그 방법을 '자본시장통합법'이라는 법률로 정해놓고 있다.

우선 합병하려는 기업들이 상장회사일 경우에는 비율을 정하는 기준과 절차가 단순하다. 각 기업의 주식 시가총액을 비교해 결정하면 된다. 시가총액은 이사회에서 합병을 결의하기 전날 종가와 일주일 평균주가, 1개월 평균주가를 구해서 산술평균하여 정하도록 돼 있다.

비상장기업일 경우는 다소 복잡하고 전문가의 의견이 개입될 수 있다. 증권사나 회계법인이 자산가치와 수익가치를 평가해 이를 2 대 3의 비율로 합산하도록 하고 있다. 만약 비교가 가능한 유사 기업이 상장돼 있을 경우에는 상대가치도 고려해 주가를 산출하게 된다.

두 회사간 합병 계약이 주주총회에서 통과하면 주총 뒤 1개월 동안 채권자들에게는 이의제출 기간, 주권자(주식 보유자)에게는 구주권 제출 기간이 부여된다. 합병에 반대하는 주주들은 주총 이후 20일 이내에 회사 쪽에 매수 청구를 해야 하고, 합병된 회사는 앞에서 산출된 주가로 이를 사주도록 하고 있다.

다만 주주 매수 청구가 너무 많으면 자금 부담이 클 수 있으므로 일부 기업들은 매수 청구권이 일정액을 초과하면 합병을 취소한다는 조건을 붙이기도 한다.

합병merger과 비슷한 개념으로 인수acquisition가 있다. '인수'란 한 기업이 다른 기업의 주식이나 자산을 취득하면서 경영권을 획득하는 것을 말한다. 두 개 이상의 기업을 법적으로나 사실적으로 하나로 합치는 '합병'과 다르다. 현대자동차그룹은 현대건설 '인수'를 위해 현대그룹과 경쟁을 벌였으며 우여곡절 끝에 채권단으로부터 '우선협상대상자'로 결정됐다. 인수는 합병의 전 단계 절차인 경우가 많다. 예컨대 신한은행은 조흥은행을 '인수'한 뒤 3년만인 2006년에 '합병'했다.

인수와 합병을 아울러 흔히 'M&A'라고 한다. 상대 기업 대주주의 동의를 얻어 진행하는 '우호적' M&A도 있지만, 상대의 동의 없이 일방적으로 진행하는 '적대적' M&A ■117쪽■도 있다. 자본시장통합법(옛 증권거래법 포함) 규정에 따라 진행하도록 돼 있다.

기업 '결합'combination이란 개념도 있다. 둘 이상의 기업이 단일한 경영 시스템의 지배를 받는 것으로 좀 더 넓은 개념이다. 2개 기업이 합병해 1개로 합쳐지는 경우는 물론이고, 별개 기업으로 남더라도 주식 취득, 임원 파견 등을 통해 실질적으로 지배하는 경우도 여기에 해당한다. 즉 '법적'으로는 별개 회사이더라도 '경제적'으로는 사실상 하나의 회사처럼 움직이는 상태를 일컫는다. 재벌 그룹이 기업 결합의 한 예다. 기업 인수 및 합병이 경영 효율성을 높이기 위해서라면, 기업 결합은 시장 '독점력'을 키우기 위한 목적으로 추진된다. 공정거래위원회는 경쟁을 제한하는 기업 결합을 막기 위해 일정한 규제 조항을 마련해 놓고 있다.

기존 회사들이 새로 설립된 회사로 헤쳐 모이는 '신설 합병'을 세무 용어로는 기업 '통합'consolidation 이라고도 한다. 'integration'의 뜻으로 기업 '통합'도 있다. 이는 기업 내 각 사업부문들 사이의 유기적 응집력을 높이는 것을 말한다. 그밖에 기업의 이미지를 통일시키기 위해 추진하는 기업이미지 '통합'corporate identity 도 있다.

기업 합병

└ 두개 이상의 기업을 하나의 기업으로 합치는 것. 합병 방법에 따라 흡수 합병과 신설 합병으로 구분할 수 있으며, 합병 내용별로 보면 수직 합병, 수평 합병, 혼합 합병으로 구별하기도 한다.

패자부활전 혹은 패자보호전

워크아웃이란

'일을 해서 빚을 갚는다'는 뜻의 기업 재무구조 개선

매일경제   2011년 1월 5일

민유성 KDB산은금융 회장 겸 산업은행장은 5일 금호아시아나 워크아웃과 관련 "금호아시아나그룹이 흑자전환하고 있는 상황에서 시간을 더 끌 필요 없다. 충분히 (워크아웃 졸업) 조건이 돼가고 있어 기간에 구애받지 않겠다" 고 말했다.

"빠른 경영 정상화로 3년 안에 워크아웃을 조기 졸업하겠습니다."

2010년 8월 금호건설의 기옥 신임 사장은 기자들을 만나 이렇게 말했다. 지난 2006년 대우건설을 인수하는 등 사세 확장을 거듭해 온 금호아시아나그룹은 경영진의 불화에 금호건설이 속해 있는 금호산업과 금호타이어 등 두 핵심 계열사의 경영난까지 겹치면서 2010년 초 워크아웃에 들어갔기 때문이다. 금호아시아나그룹은 워크아웃 절차로 대우건설과 금호생명을 매각하고 경영진 교체와 직원들의 무급 휴직 등을 진행했다.

'일을 해서 빚을 갚는다'는 뜻인 '워크아웃'workout 은 흔히 '기업개선 작업'이라고도 부른다. 기업의 사망신고 격인 '파산'을 막기 위해 경영 진과 노동조합 및 회사에 돈을 빌려준 금융회사와 채권단 등이 합의해 회사를 정상화하기 위해 진행하는 대표적인 방법이다.

기업과 관련된 이들이 서로 양보해 함께 살길을 찾는 방법이기 때문 에 은행 쪽은 돈을 떼이지 않기 위해서 부채 상환을 미뤄주거나 빚을 깎아주고, 필요하면 새로 돈도 빌려줘야 한다. 기업은 경영진 교체나 인원 감축 등을 진행해야 한다.

이 때문에 당시 금호아시아나그룹은 높은 임금을 받는 부사장급 임 원 210명 가운데 30%인 26명을 내보냈다. "몇 년까지 부채 비율을 얼 마큼 줄이겠다"는 식으로 워크아웃 방안을 짜기 때문에 언론에서는 '워크아웃 졸업'이라는 표현을 자주 쓴다.

빌린 자와 빌려준 자가 상생할 길 찾는 해법? 워크아웃은 크게 자율적인 방식과 법적인 방식으로 나눌 수 있다. 법적 방식은 '기업회생절차'가 대표적이다. 지 난 2006년 4월 '통합도산법'(정식 명칭은 '채무자 회생 및 파산에 관한 법률') 을 시행하면서 그동안 '법정관리'라고 써 오던 용어를 바꾼 것이다. 워 크아웃 방법을 두고 채권 금융회사와 기업이 입장 차이로 채무조정을 위한 자율적인 협약 체결이 어려울 경우 법원이 나서서 진행하는 것을 말한다. 법원이 나서기 전에 자율적으로 합의를 본다면 더욱 빠른 진행이 가능한 셈이다.

워크아웃 제도가 본격적으로 도입된 것은 1998년 외환위기 시기였다. 당시 대규모 구조조정을 진행하는 과정에서 그 여파로 10여 개의 은행들이 문을 닫을 상황이라, 정부는 2001년 '기업구조조정촉진법'을 제정해 워크아웃 절차 등을 규정하게 됐다.

이른바 '상시퇴출제도'로 주요 채권은행이 은행당 여신이 10억~100억 원 이상인 기업의 신용위험평가를 거쳐 등급을 매긴 뒤, 워크아웃 대상을 발표한다. A등급은 정상, B등급은 일시적 유동성 위기, C등급은 구조적 유동성에 문제가 있으나 회생 가능(워크

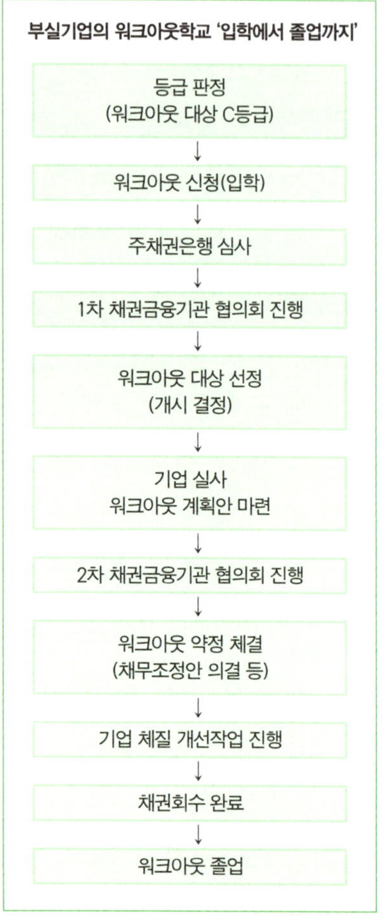

아웃), D등급은 정리 대상기업(퇴출)으로 분류한다.

실제로 2010년 6월 금융당국과 채권은행이 발표한 '워크아웃·퇴출 대상 기업'을 보면, 빚(신용공여액)이 500억 원 이상인 기업 1985곳 가운데 38곳을 워크아웃(C등급), 27곳을 퇴출(D등급) 대상으로 분류했다. 퇴출 대상 기업은 채권단 지원 없이 자체 정상화를 추진하지 못하면

법정관리나 청산 절차를 밟아야 한다.

워크아웃은 외환위기 당시 국민 세금인 공적자금을 투입하는 등 '대마불사론'(대기업은 망하지 않는다)이라는 비판을 받았던 기업 경영을 개선한 것이라 할 수 있다. 그러나 짧은 시간 안에 과도한 구조조정 등이 이뤄지기 때문에 후유증도 뒤따른다. 이는 외환위기 뒤 여러 차례 주인이 바뀐 쌍용자동차의 사례를 보면 알 수 있다.

쌍용자동차는 1954년 설립한 '하동환 자동차제작소'에 뿌리를 둔 업체로 1988년 쌍용그룹의 계열사가 됐다. 그러나 10년 뒤 계열사 정리 과정에서 대우그룹으로 주인이 바뀌게 된다. 외환위기를 거치면서 다음해 워크아웃 절차에 들어간 쌍용자동차는 당시 주채권은행이던 조흥은행 등 쌍용차채권단이 가지고 있던 채권 1300억 원을 출자 전환해주고 원금 1조6058억 원의 상환을 미뤄줬다.

체질 개선을 끝낸 쌍용자동차는 또 다시 매물로 나와 지난 2004년 상하이자동차그룹(SAIC)에 팔리게 된다. 하지만 상하이자동차그룹이 2009년 경영 포기를 선언하면서 '기업회생절차'에 들어가 대규모 구조조정 방안을 내놓으면서 평택공장의 파업 등 큰 진통을 겪었다. 그 뒤 2010년 11월 인도 자동차업체인 '마힌드라&마힌드라'가 5225억 원에 쌍용자동차를 인수했다.

**경영난 대비해
워크아웃도 미리미리 챙겨야**　워크아웃은 기업 뿐 아니라 개인에게도 적용이 가능하다. 개인 워크아웃(신용회복지원)은 채무불이행자(옛

신용불량자)가 법원에 파산 신청을 내기 전에 채권 금융회사들이 공동으로 이자를 줄여주거나 상환 기간을 연장해 주는 제도다. 앞으로의 회생 가능성 등을 따져 일정한 조건을 갖춘 사람에 한해 신용회복위원회에 신청을 할 수 있다.

한편, 정부는 2009년부터 일부 은행에서 적용하고 있는 '프리 워크아웃'pre-workout (사전 채무재조정) 제도를 확대 운영하고 있다. 우량한 기업이 일시적인 자금 압박 때문에 부실화할 가능성이 있는 경우, 선제적으로 채무를 조정해주는 제도다. 이 경우도 기업뿐만 아니라 개인에게도 적용해 대출 원리금을 제때 갚지 못하는 가계에 대해 거치기간이나 대출 만기 등을 연장해 주고 있다. 다중 채무 등으로 연체를 겪고 있는 이들 가운데 연체 기간이 석 달 이상 넘지 않은 사람을 대상으로 채무재조정을 해 채무불이행자가 되는 것을 막는다는 취지다.

워크아웃

└ '일을 해서 빚을 갚는다'는 뜻의 기업 재무구조 개선 작업. 기업의 파산을 막기 위해 은행 및 채권자가 부채 상환을 미뤄주고 빚을 깎아주거나 새로 돈도 빌려주며, 기업은 경영진 교체나 인원 감축 등 구조조정을 진행한다.

역선택이 부도덕을 조장한다

도덕적 해이란

보험 가입자가 사고 방지 의무를 게을리 하는 것

매일경제　　　　　　　　　　　　　　　　　　　　2010년 9월 16일

자동차보험의 손해율 악화 배경에는 심각한 도적적 해이가 자리잡고 있다는 주장은 어제 오늘 얘기가 아니다. 그 대표적인 유형으로 보험사기 급증, 대물 할증의 악용, 과다 수리비 청구 등이 꼽힌다. 이러한 도적적 해이로 인한 손해율 상승은 결국 선의의 보험 가입자의 피해로 돌아간다는 게 업계의 주장이다.

은행들이 단기로 외화를 빌려와 장기로 대출을 하다가 2008년 미국발 금융위기가 터지자 외화유동성에 문제가 발생했다. 그러자 정부가 은행의 외화 차입금에 대해 지급보증을 해줬다. 또 건설사들이 적정 수요를 따지지 않고 높은 분양가로 아파트를 분양했다가 미분양 물량이 쌓여 도산 위기에 처하자, 정부가 미분양 아파트를 매입하기로 발표했다.

이를 두고 언론에서는 은행과 건설사의 '도덕적 해이'moral hazard를 부추길 수 있다는 지적을 했다.

2008년 미국의 투자은행 리먼 브러더스 파산 이후, 정부의 지원을 받아 목숨을 연명한 대형 보험사나 투자은행들이 위기를 넘기자마자 경영진에게 대규모 보너스를 지급한 것을 두고도 전형적인 도덕적 해이라는 비판이 나왔다.■107쪽■

예금자들이 예금자보호제도를 믿고 고금리로 유혹하는 부실은행에 돈을 맡기거나(저축은행 사태), 은행이 정부의 보증을 믿고 대출 이자를 많이 받을 수 있는 부실기업에 돈을 빌려주는 경우에도 도덕적 해이에 빠졌다는 지적을 하곤 한다.

1972년 노벨경제학상 수장자이자 미국의 대표적인 후생경제학자인 케네스 애로 교수는, 병원에서 진료 수입을 올리기 위해 공공연하게 일어나는 과잉진료 행태를 가리켜 '도덕적 해이'란 말을 처음 사용했다.

정보의 비대칭에서 오는 도덕 불감증

도덕적 해이는 '도덕적'이라는 표현 때문에 윤리적으로 나쁜 행동이라는 뜻으로 이해되기도 하지만, 경제학에서 말하는 도덕적 해이는 그 의미가 조금 다르다. 위 인용기사에서 다루고 있듯이, 도덕적 해이는 원래 보험에서 비롯된 말이다. 화재보험에 가입한 사람은 불이 나더라도 보험금으로 충분히 보상을 받을 수 있기 때문에 보험에 가입하기 전보다 화재 예방 노력을 게을리할 가능성이 크다. 또 보험 가입자가 보험금을 타기 위해 고의로 사고를 내기도 한다.

보험회사로서는 화재 예방 노력을 제대로 하지 않는 가입자에게 비싼 보험료를 물리거나 아예 보험 자체를 거부하는 방법을 통해 보험 가입자의 도덕적 해이를 막을 수 있지만, 현실적으로는 쉽지 않다. 보험회사가 보험 가입자의 행동에 관한 정보를 알 수 없기 때문이다. 이런 상황을 보험회사와 보험 가입자 간의 '정보의 비대칭'이라고 한다.

정보가 비대칭적으로 존재하는 경우, 정보를 가진 쪽(보험 가입자)이 정보를 갖지 못한 쪽(보험회사)에서 볼 때 바람직하지 않은 행동을 하는 경향이 있는데, 이를 경제학에서는 도덕적 해이라고 부른다.

도덕적 해이를 초래하는 정보의 비대칭이 만연하게 되면 '역선택' 문제가 발생한다. 거래하려는 상대방에 대한 정보가 충분치 않아 잘못된 선택을 하는 것을 역선택이라고 한다. 예를 들어 보험회사에서 평균적인 사고발생 확률을 근거로 보험료를 책정하면 사고위험이 높은 사람들이 주로 보험에 가입하는 현상이 대표적인 역선택이다.

도덕적 해이는 자원의 효율적 배분을 왜곡하고 금융시장에 혼란을 가져오는 등 경제적 피해를 일으킬 수 있다. 따라서 자본주의 경제시스템을 효율적으로 유지하려면 정보의 비대칭이라는 제약 하에서 도덕적 해이를 막을 합리적인 해법을 찾아내는 일이 매우 중요하다.

도덕적 해이

↳ 계약 당사자 중 일방이 오로지 자신의 이익을 위해 불법 또는 탈법적인 행위를 일삼아 상대방에게 손해를 끼치는 것. 보험 가입자가 보험에 가입한 뒤 사고 방지 의무를 게을리 하는 것에서 비롯했다.

환율과 수출의 관계도
J커브 효과란

환율 상승 뒤의 단기적인 수출 감소 현상 ▼

매일경제   2010년 10월 4일

환율 상승은 타국 통화로 표시된 자국의 수출품 가격을 하락시키기 때문에
대체로 수출을 증가시킨다. 다만 수출 가격을 하락시킬 수 있기 때문에 초기
에는 수출액이 오히려 줄어드는 등(J커브 효과) 수출액 증가 효과는 크지 않
을 수 있다.

환율 문제가 불거지면, 물가와 수출 문제도 거의 자동적으로 따라 나
온다. 특히 수출에 기대는 정도가 심한 우리나라의 경우 환율 하락이
예상되면 수출업체들의 비명소리가 자주 터져 나오곤 한다. 환율이 떨
어지면 국내 기업들의 수출에 불리하기 때문이다.

예를 들어 한국의 A사가 미국 B사에 1대당 1만 달러짜리 자동차를
수출한다고 하자. 원–달러 환율이 1100원일 경우 원화로 따진 수출품

값은 대당 1100만 원이다. 똑같은 조건의 수출에서 원-달러 환율이 1000원으로 떨어지면 수출품 값은 1000만 원으로 100만 원 떨어진다.

국내 수출업체는 환율의 변동만으로 가만히 앉아서 100만 원을 손해 보는 것이다. 미국 수입업체는 1만 달러를 갖고 한국에 가서 환전을 하면 1100만 원 어치를 살 수 있었지만, 이제 1000만 원 어치를 사는 데 만족해야 한다. 거꾸로 환율이 올라가면 정반대 상황이 벌어진다.

**환율 올라야
수출기업에 유리하다?** 환율과 수출의 관계가 현실에서는 교과서의 공식을 벗어나 있는 것처럼 보일 때도 있다. 환율이 오를 때 특히 그렇다. 원-달러 환율이 가파르게 오른다는 뉴스와 무역수지 적자 행신이 이어진다는 소식이 동시에 나오는 경우가 그 예이다.

이를 설명하는 말로 'J커브 효과' J-curve effect 가 있다. 한 나라 통화의 평가 절하가 해당 국가의 무역수지에 미치는 영향은 일정 시차를 두고 나타나는데, 이 영향에 따른 무역수지의 변화가 J자 모양과 비슷하다는 점에서 비롯됐다. 무역수지 개선을 위해 환율 상승을 유도하더라도 초기에는 무역수지가 오히려 악화되다가 상당 기간이 지난 다음에야 개선된다는 것이다.

J커브 효과는 환율 변동에 따른 수출입 상품의 가격 변동과 이에 따른 수출입 물량 조정 사이에 시차가 있기 때문인 것으로 풀이된다. 즉, 환율 상승 초기에는 수출입 물량에 큰 변동이 없는 반면, 수출품 가격은 하락하고 수입품 가격은 상승함으로써 무역수지가 나빠진다. 그 후

어느 정도 기간이 지난 뒤에야 수출입 상품의 가격경쟁력 변화에 맞춰 물량 조정이 이뤄짐으로써 무역수지가 개선된다는 것이다. 이런 시차가 예전에는 통상 1년~1년 6개월이라고 했지만, 요즘에는 3~6개월, 빠른 경우 1~2개월이라는 주장도 있다.

앞에서 든 자동차 수출의 사례로 다시 돌아가 원-달러 환율이 1000원에서 1100원으로 올라갔다고 하자. 국내 수출업체인 A사의 입장에서는 외화(달러)표시 자동차의 가격을 내릴 여지가 생기게 된다. 대당 자동차 값을 9091달러로 책정하더라도 환율 상승 이전(대당 1만 달러)과 같은 원화(1000만 원)를 획득할 수 있게 된다.

A사가 달러표시 가격을 이 정도로 끌어내리지는 않더라도 치열한 국제 경쟁 상황을 감안할 때 환율 상승에 맞춰 달러표시 가격을 어느 정도는 내리는 쪽으로 대응하는 게 현실이다. 이렇게 달러표시 가격이 내려가는 것과 동시에 수출 물량이 곧바로 늘어나지는 않을 경우 당분간은 달러표시 수출금액은 줄어들게 된다.

환율 상승기에는 수입 쪽에서도 무역수지 악화 요인이 발생한다. 원화표시 수입품의 가격이 환율 상승에 따라 올라가더라도 수량은 곧바로 감소되지 않기 때문에, 달러표시 수입금액은 그다지 떨어지지 않는다. 따라서 환율 상승 탓에 무역수지가 단기적으로는 오히려 나빠져 환율 상승을 더 부추긴다.

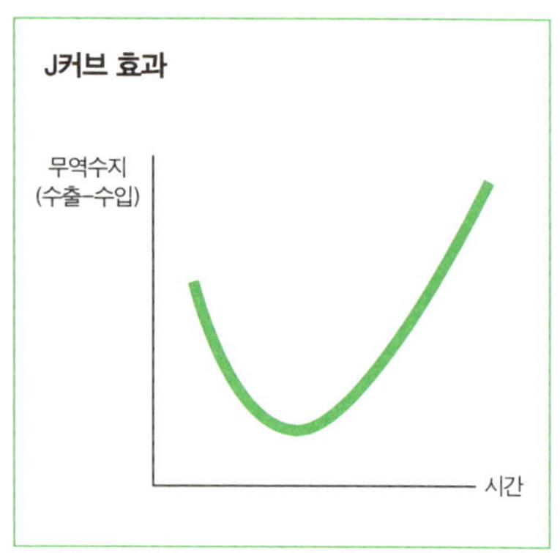

그러다가 일정한 시일이 지나면 수출 수량의 증가와 함께 수출금액은 증가세로 돌아서고, 수입 수량도 줄기 시작한다. 이에 따라 무역수지는 균형을 찾아가기 시작해 흑자로 전환되며, 이를 반영해 원화 환율은 상승세에서 하락세(원화 절상)로 반전된다.

**환율 올라도
무역수지 나아지지 않아** | 최근 들어선 J커브 효과 또한 환율과 수출의 관계를 제대로 설명해주지 못한다는 분석도 나온다. 특히 철강·석유화학 산업 등 원자재 수입 의존도가 높은 산업 위주의 경제 구조를 지닌 한국의 경우 환율 상승과 더불어 원자재 수입가격이 함께 오르게 돼, 환율 상승에 따른 무역수지 개선 효과를 보기 어려운 실정이다.

더욱이 외환위기 이후 자유변동환율제■205쪽■ 실시로 환율 변동 폭의 불확실성이 확대됐고, 주요 수출품목의 대외경쟁이 치열해져 환율과 수출의 관계가 훨씬 복잡해졌다. 우리나라의 수출입은 환율보다 국외 수요의 영향이 더 크다는 분석도 많다.

설사 환율 요인이 크다 하더라도 미 달러화보다는 일본 엔화의 움직임에 더 크게 영향을 받는 것으로 보통 알려져 있다. 여러 산업에서 한국과 경쟁 관계로 얽혀 있는 나라는 미국보다 일본 쪽이기 때문이다.

J커브 효과

ㄴ, 환율이 올라도 단기적으로 수출이 줄어드는 현상. 원－달러 환율이 오르면 통상 수출은 늘어나게 된다. 다만, 수출품의 가격과 물량 조정 사이의 시차 탓에 단기적으로는 수출이 오히려 줄어들 수도 있다.

자금 동맥이 끊어진 기업들의 통계

어음부도율이란

부도어음 발생 비율로 가늠한 기업의 자금 사정 지표

서울경제　　　　　　　　　　　　　　　　2010년 11월 18일

지난달 어음부도율이 사상 최저 수준으로 떨어졌다. 한국은행은 10월치 전국 어음부도율이 전달보다 0.01%포인트 하락한 0.02%를 기록했다고 18일 밝혔다. 이는 3월 0.02% 이후 7개월 만에 가장 낮은 수치다. 어음부도율은 경제가 호황일 경우에도 통상 0.02% 밑으로 내려가지 않는다.

어음부도율은 전체 어음교환 물량 가운데 부도를 낸 어음의 비율을 뜻한다. 기업의 자금 사정을 비롯한 실물경기 동향을 보여주는 중요한 지표로 활용된다. 부도율은 건수 기준으로 나타내기도 하나, 보통 금액 기준으로 나타낸다. 어음부도율에서 가리키는 어음에는 수표도 포함된다. 좁은 의미의 어음은 미래의 정해진 기일에 일정 금액을 지급하겠다는 것을 약속한 증권, 즉 '약속어음'을 말한다.

물건을 사는 쪽(A)에서 이 약속어음을 발행하고, 물건을 파는 쪽(B)에서는 이를 은행에서 할인받아 자금을 회수하는 방식으로 거래된다. 만일 B가 A한테서 받은 어음을 지급 기일에 은행에 들고 가 현금으로 바꿔달라는 요청을 했을 때 A의 통장(당좌대월) 잔고 부족 탓에 지급을 거절당할 경우, 이 어음은 '부도어음'이 된다.

어음과 수표는 어떻게 다를까?

어음과 수표에는 분명히 차이점이 있다. 어음은 정해진 지급일 이전에는 현금으로 못 바꾼다. 따라서 기일 이전에 물건 판 값을 거둬들이려면, 은행에서 할인받는 과정을 거쳐야 한다. 수표는 언제든 은행에 제시만 하면 현금으로 교환할 수 있다.

일반인들이 쉽게 접하는 수표는 '자기앞수표'다. 여기서 말하는 '자기'는 은행 자신을 일컫는다. 곧, 은행이 자기 자신을 지급자로 해서 이를 들고 오면 현금으로 바꿔주게 돼 있다.

사업하는 이들이 주로 활용하는 '당좌수표'는 약간 다르다. 수표 발행인은 은행에 당좌예금(보통예금처럼 언제든지 돈을 찾아 쓸 수 있는 예금)을 든 사업자이고, 지급인은 은행으로 돼 있다. 사업자는 당좌예금을 개설해 예금 한도 안에서 수표를 발행해 물품대금 지급 등에 쓴다.

당좌예금에 들어 놓았다가 수표를 발행하는 경우 예금 한도를 초과해 어음을 발행할 수도 있는데, 이를 '당좌대월'이라고 한다. 어음 중 '환어음'이 이와 유사하다. 환어음은 약속어음과 달리 어음 작성자(발행인)가 어음에 기재된 금액을 일정한 기일에 어음상의 권리자(수취인 또는 지시인)에게 지급할 것을 제3자(지급인)에 위탁하는 증권이다.

**어음부도율이
급격히 줄어든 이유는?** 한국은행에서 발표한 금융결제원 집계 자료를 보면, 2010년 어음부도율은 모두 0.03%로 외환위기가 발생했던 1997년(0.4%)보다 훨씬 낮다. 2010년 어음부도율은 그 해 어음교환액 2경7912조 원에서 부도금액 8조4319억 원을 나눠 산출된다. 어음부도율은 1997년을 정점으로 이후 조금씩 내려가 1998년 0.38%, 1999년 0.33%, 2000년 0.26%, 2001년 0.23%에서 2002년 0.06%로 급감한 데 이어 2007년에는 0.02%까지 떨어졌다.

여기서 한 가지 눈여겨볼 대목이 있다. 한국은행에서 공식 발표하는 어음부도율 자료에는 '전자결제 조정 후'라는 꼬리표가 붙어 다닌다. 한국은행은 1996년부터 '전자결제 조정 후' 수치를 도입했으며, 이를 어음부도율의 중심으로 삼고 있다. 부도금액을 교환액으로 나눠 산출한 '전자결제 조정 전' 수치를 바탕으로, 현금지급기나 은행창구를 통한 이체 같은 전자결제 방식으로 오간 자금 액수를 어음부도율 산출 때 반영하게 된다.

전자결제 조정 후 수치를 부도율 기준으로 삼게 된 것은 1990년대 들어 기업들의 자금 거래에서 전자결제 비중이 크게 높아졌기 때문이다. 전자결제 부분을 반영하지 않고는 기업의 자금거래 실태를 제대로 파악할 수 없게 됐고, 이는 어음부도율 산출 방식의 변화로 이어졌다.

단순 어음부도율에서 전자결제 거래를 고려하면(전자결제 조정) 어음부도율 산식의 분모가 엄청나게 커진다. 이렇게 분모가 비대해짐에 따라 최종 부도율 수치는 낮게 나타난다. 부도업체 수가 늘어도 부도율에 큰 변화가 없는 것은 이처럼 거대한 덩어리의 분모 때문이다. 따라서 부도율을 볼 때는 절대 수치보다 오르내리는 변화의 방향을 봐야 한다. 또 부도율 수치와 더불어 부도업체 수를 같이 살펴보는 게 좋다.

자취를 감춰 가는 어음교환소들 어음 결제는 금융결제원에서 관리하는 어음교환소를 통해 이뤄진다. 일정지역에 있는 금융기관들은 자행 타점 또는 타행을 지급장소로 하는 어음과 수표 등 유가증권을 서로 맞교환한 뒤 차액만을 정산하게 된다.

어음교환소는 2009년에만 해도 50곳에 이르렀다가 2010년 6월 현재 24곳으로 줄어있다. 전자화로 인해 실물 어음이 오가는 일이 점점 줄어들고 있어서다. 머지않아 서울어음교환소 한 곳만 남기고 모두 없어질 예정이다. '서울어음교환소'라는 간판을 단 별도 조직이 있는 건 아니며, 서울 역삼동에 자리잡고 있는 금융결제원 본부의 '어음교환실'을 통상 서울어음교환소라고 부른다.

어음부도율

┗ 금융결제원 내 어음교환소를 통해 교환된 어음 가운데 지급요청에 응하지 못한 어음의 물량. 기업들의 자금 사정 지표로 매월 한국은행에서 발표한다.

이제는 재무제표도 세계화 시대

국제회계기준은

장부상 부실채권 처리가 가능한 '유동화'를 인정치 않는다

머니투데이   2010년 12월 1일

최근 부실채권(NPL) 입찰액이 부쩍 커진 이유로 전문가들은 두 가지를 꼽는다. 첫째는 은행의 부실여신 자체가 크게 늘었다는 것이고 둘째는 국제회계기준(IFRS) 도입으로 자산유동화증권(ABS) 발행이 쉽지 않게 되자 은행들이 직접매각으로 선회했다는 것이다. …〈중략〉… 국제회계기준 도입은 은행을 유동화 시장에서 직접 매각으로 돌려 놓았다. 기존 한국회계기준(K-GAPP)과 달리 국제회계기준에서는 ABS를 발행해 부실채권을 유동화해도 장부상에서 부채로 인식되기 때문이다.

정부는 지난 2007년 3월 국제회계기준 도입 로드맵을 발표했다. 이에 따라 2011년까지 국내 모든 상장기업은 회계 장부를 작성할 때 국제회계기준에 따라야 한다. 이미 삼성전자 등 일부 대기업들은 국제회계기준을 조기 도입해 회계 장부를 작성하고 있다. 지금까지는 우리나라

세계 각국의 회계 전문가들이 모여 1973년에 영국 런던에서 설립한 민간단체인 국제회계기준이사회 회장 데이비드 트위디.

만의 독자적인 회계기준을 사용해 왔다.

국제회계기준은 국제회계기준위원회(IASC)가 기업의 회계 처리와 재무제표에 대한 국제적 통일성을 높이기 위해 마련한 것이다. 국제재무보고기준이라고 불리는 국제회계기준을 만든 국제회계기준위원회는 세계 각국의 회계 전문가들이 1973년에 영국 런던에서 설립한 민간단체로, 상임위원 12명과 비상임위원 2명으로 구성된 국제회계기준이사회(IASB)에서 실무 총괄을 맡고 있다.

국제회계기준이 세계적 권위를 얻게 된 것은 2000년 5월 국제증권감독위원회(IOSCO)에서 국제회계기준을 세계적인 단일 기준으로 채택하기로 만장일치로 의결하면서부터다. 이 때문에 세계 각국은 국제회계기준 도입 계획을 세우게 되었고, 우리나라도 2007년에 국제회계기준 도입 로드맵을 마련하기에 이르렀다. 지난 해 기준으로 현재 국제회계기준을 도입한 국가는 100여 개에 이른다.

어쩔 수 없는 세계적 흐름?
당장 상장기업과 투자자에겐 부담!

국제회계기준은 재무제표의 작성 절차와 공시 시스템, 재무정보 시스템, 경영성과 지표, 경영 의사결정 등 기업의 전반적인 재무보고 시스템과 회계 및 자본 시장의 감독 법규, 실무 등에 대한 포괄적인 내용을 담고 있다. 이 때문에 국제회계기준 도입은 그 자체가 비용을 수반할 수밖에 없다. 회계감사를 맡는

회계법인에게는 국제회계기준 도입이 새로운 수익을 창출하는 기회가 되기도 한다.

투자자들도 마찬가지다. 기업 투자를 위해서는 해당 기업의 현금 흐름과 수익 창출력 등을 꼼꼼히 따져봐야 한다. 하지만 회계기준이 바뀌면서 그동안 주목해오던 회계 항목과 숫자도 달라져 혼동을 느끼기 십상이다. 금융투자협회나 일부 회계법인에서 일반 투자자를 대상으로 국제회계기준에 대한 설명회를 종종 갖는 것도 이런 이유에서다.

실제로 국제회계기준을 조기 도입한 기업들의 지난 해 1분기 실적 발표를 보면 국제회계기준이 상당히 많은 부분을 바꾸고 있음을 실감케 한다. 한 예로 삼성전자는 연결대상 종속회사가 기존 99개에서 20개 더 늘어난 119개나 변경됐다. 기존 한국회계기준에서는 종속회사로 분류됐던 삼성카드는 도리어 빠졌다. 종속회사 변경은 모회사의 영업실적에 바로 영향을 미치는 요소다.

이런 변화 탓에 국제회계기준이 도입되면서 일반인이 해당 기업의 실적을 비교하기가 매우 어려워졌다. 물론 해당 기업은 직전 회계연도와의 비교를 위해 국제회계기준을 기준으로 재작성해 발표를 하지만 그 이전 데이터와의 비교는 언감생심焉敢生心이다.

회계기준 변경은 영업 행태에도 영향을 미친다. 2009년 은행들은 금융당국의 권고대로 부실채권 비율을 1%대로 낮추기 위해 대대적으로 부실채권 처리에 나섰다. 당시 주로 쓰던 방법은

'유동화'*였는데, 이 같은 방법은 앞으로 사용하기 힘들어진다. 국제회계기준에서는 장부상으로만 부실채권이 처리된 것으로 간주되는 유동화를 더 이상 인정하지 않기 때문이다. 따라서 은행들은 국제회계기준에 따라 부실채권을 실제 제3의 기관에 팔거나 자체적으로 상각하고 있다.

복잡하고 때로는 비용이 많이 드는 국제회계기준을 도입하는 이유는 뭘까. 그만큼 우리나라 기업 수준이 국경이라는 울타리를 넘고 있다는 것으로 볼 수 있다. 이미 국내 상장사에 대한 외국인 투자자 지분 비율은 30%에 이르고 있고, 국내 기업 중 미국이나 영국 등 외국 주식시장에 상장된 회사만 10여 개나 된다.

국제회계기준을 적용하지 않는다면, 국내 기업이 외국 주식시장에 상장할 때 일일이 국제회계기준에 따라 회계 장부를 모두 변경해야 한다. 반대로 국내 기업에 투자하려는 외국인 투자자들은 스스로 한국의 회계기준을 따로 공부해야만 한다. 결국 국제회계기준은 기업들에게는 거스를 수 없는 통과의례가 되었다.

국제회계기준

└, 말 그대로 국제적으로 통용되는 회계방식. 자본시장의 국경이 허물어지면서 회계의 통일성을 위한 노력이 전 세계적으로 지속됐다. 국제회계기준을 채택한 기업은 해외투자 유치나 외국 주식시장 상장이 수월해진다.

공정함과 위험함의 함수관계

키코란

기업의 환차손 피해를 대비한 통화파생상품

한겨레   2010년 11월 30일

'불공정 계약 논란을 일으키며 중소기업들로부터 반발을 샀던 통화옵션상품 키코로 손해를 본 일부 기업에 은행이 부당이득금을 반환해야 한다는 판결이 나왔다. 그러나 법원은 "키코 계약 자체에 구조적 하자는 없다"며 기업들이 낸 청구의 대부분을 기각했다.

위 인용기사는 2008년 하반기에 불거진 미국발 금융위기와 함께 일기 시작한 키코 사태에 대한 법원 판결을 소개한 것이다. 법원은 중소기업과 은행 간에 체결된 키코 계약이 불공정하지 않다며 은행 쪽 손을 들어줬다.

키코는 환율 하락으로 인해 발생하는 환차손 위험을 헤지^{hedge} 하기 위해 수출기업과 은행이 체결한 통화파생상품 거래의 일종이다. 키코(KIKO)라는 말은 '녹인'Knock In, '녹아웃'Knock Out 의 첫 글자에서 따왔다. 수출기업과 은행은 키코 계약을 맺으면서, 거래기간은 통상 1년으로 하고, 최초 약정시 상한환율Knock In 과 하한환율Knock Out, 행사환율, 거래금액, 거래기간 등을 결정한다.

환율이 상한환율과 하한환율 사이에서 움직일 경우 기업은 환헤지 효과는 물론 일부 구간에서는 환차익을 얻을 수 있도록 설계된 것이 바로 키코 상품이다. 하한환율 이하로 떨어질 경우에는 옵션 계약이 소멸되고Knock Out, 상한환율 이상으로 상승하면Knock In 거래금액의 2배를 행사환율로 은행에 물어야 한다.

**키코는 처음부터
불공정하게 만들어진 걸까?** 2000년대 중반 들어 원-달러 환율이 지속적으로 하락하는 기조에 있었기 때문에, 수출 기업들은 환헤지에 대한 관심이 높았다. 물론 키코 계약이 집중적으로 체결된 2007년과 2008년에도 환율 하락이 예상되었던 만큼 상당수 수출기업들이 키코 상품을 구매했다. 환헤지는 물론 환차익까지 기대할 수 있는 키코 상품이 수출기업으로서는 매우 매력적인 상품으로 보였던 셈이다.

문제는 미국발 금융위기가 불거지면서부터다. 예상과 달리 금융위기가 2008년 하반기 시작되면서 원-달러 환율은 급등하기 시작했고, 결과적으로 'Knock In' 사태가 쏟아졌다. 수출기업으로서는 거래금액의 2배를 행사환율로 은행에 물어줘야 했고, 이 부담을 이겨내지 못한 일부 수출 중소기업들은 부도 위기로 내몰렸다.

위기에 몰린 중소기업을 위해 금융감독 당국이 채무상환 연장 등의 비상조처를 내렸고, 또 2009년 이후 원-달러 환율이 점차 정상 수준으로 내려가면서 위기감은 크게 줄어들었다. 하지만 수출 중소기업들은 키코 상품이 구조적으로 불공정하게 설계됐다며 법정 소송을 제기하는 한편, 계약 과정에서 은행들이 상품 설명을 제대로 하지 않았다는 주장을 내놓기도 했다.

세계 석학들의 논쟁으로 이어진 키코 사태

키코 상품의 구조적 불공정성 논란은 세계 석학들의 논쟁으로 이어지기도 했다. 파생상품 연구의 권위자로 평가받는 메사추세츠공과대(MIT)의 스티븐 로스 교수는 "키코는 수출기업의 환헤지를 위해 적합한 상품이며, 은행과 기업 어느 한쪽에 유리하거나 불리한 구조가 아니다"라는 법정 증언을 내놨다.

반면 노벨경제학상 수상자인 로버트 앵글 뉴욕대 교수는 "키코는 환율이 하향안정화 추세였던 당시 상황에 맞춘 단순 선물환의 변형 상품으로, 기업보다 은행의 기대이익이 훨씬 크게 설계된 불공정 상품"이라고 주장했다.

이 논쟁에 대해 금융당국과 공정

키코에 대해 스티븐 로스 MIT대 교수(왼쪽)는 "수출기업의 환헤지에 적합한 하자 없는 상품"이라는 의견을 내놓은 데 대해, 노벨경제학상 수상자인 로버트 앵글 뉴욕대 교수(오른쪽)는 "기업보다 은행의 기대이익이 훨씬 크게 설계된 불공정 상품"이라고 맞섰다.

거래위원회 등 정부는 별다른 입장을 내놓지 않았다. 그 대신 법원이 키코 계약을 맺은 기업들이 제기한 소송에 대해 "키코 계약 자체는 공정하지만, 일부 계약 과정에서 은행들이 계약 상대방인 기업들에게 상품의 위험성 등을 충실히 설명하지 않은 경우도 있다"는 모호한 판결을 내렸다.

키코

┗ 중소기업의 환차손 피해를 대비해 나온 통화파생상품. 환율이 정상적일 때는 환헤지는 물론 환차익도 기대할 수 있지만, 환율이 이상 급등하면 기업이 은행에 거래금액의 두 배를 물어주도록 설계되었다.

한 줄의 경제학 ▼

머지않아 국내에 닥칠
세계경제이슈
한·줄·로·대·비·하·기

찍어도 찍어도 부족한 돈

양적완화란

중앙은행이 돈을 더 찍어 시중에 푸는 조처

한겨레　　　　　　　　　　　　　　　　2010년 11월 5일

미국 연방준비제도가 3일(현지시각) 6000억 달러 규모의 2차 양적완화 정책을 발표하면서, 이 조처가 지난 달 경주 G20 재무장관회의에서 간신히 봉합해놓은 환율 갈등에 다시 기름을 부을 수 있다는 관측이 나오고 있다. 중국, 인도, 타이 등 신흥국들은 미국의 조처에 강력 반발하며 자본유출입 규제 등 대응책 마련에 나서겠다고 공언했다.

경제가 침체에 빠졌을 때 중앙은행은 정책금리를 내려 경기를 조절한다. 일반적으로 중앙은행이 정책금리를 인하하면 시중은행의 대출금리 등에 간접적으로 영향을 미쳐 시중에 돈이 많이 풀리게 되고, 투자와 소비가 늘어나면서 경기가 상승하고 물가도 오른다. 그런데 대공황에 버금가는 큰 경제위기가 일어나 중앙은행이 정책금리를 0% 수준까

지 낮췄는데도 추가로 경기부양이 필요할 경우에는 더 이상 금리 인하 정책을 펼 수가 없다.

양적완화quantitative easing 란 이처럼 정책금리가 0%에 가깝게 유지되는 상황이라 금리를 추가로 인하해 시중에 돈을 풀 여지가 없을 때 중앙은행이 발권력을 동원해 화폐를 찍어 시중에 직접 공급하는 것을 말한다. 양적완화 정책은 보통 중앙은행이 국채나 회사채, 금융기관의 부실자산 등을 매입하는 방식으로 이뤄진다.

더블딥 우려한 미국의 조처, 그 후유증은 어디로?

양적완화 정책을 가장 먼저 편 나라는 일본이다. 일본은 1990년대에 거품경제가 붕괴한 뒤 정책금리를 0% 수준까지 낮췄음에도 극심한 디플레이션■375쪽■ 상태에서 벗어나지 못했다. 그러자 일본 중앙은행은 2001년부터 5년 동안 은행들이 보유한 장기국채를 매입하는 방식으로 양적완화 정책을 폈다. 하지만 일본의 양적완화 정책은 그리 성공적이지 못했다. 중앙은행이 직접 돈을 풀었지만 경제주체들이 경기회복을 확신하지 못하면서 기업 대출과 투자, 소비촉진으로 이어지지 못했기 때문이다.

2008년 9월 리먼 브러더스의 파산이 1929년 대공황 이후 최악의 글로벌 금융위기로 번지자, 미국도 양적완화 카드를 꺼내들었다. 2002년 IT버블 붕괴 이후 "불황을 막기 위해서는 헬리콥터로 돈을 뿌리는 것도 불사하겠다"고 말해 '헬리콥터 벤'이라는 별명이 붙은 벤 버냉키 의장이 이끄는 미국 연방준비제도(연준)는 2008년 12월 1조7000억 달러의 돈을 시중에 푸는 1차 양적완화 정책을 발표했다. 당시 풀린 돈은 부실화된 금융자산을 메워 주는 데 주로 쓰였고, 2009년 하반기 경기회복세에 일정 부분 기여했다는 평가를 받고 있다.

2010년 들어 더블딥 우려가 커지자 미국 연준은 위 기사 내용대로 6000억 달러 규모의 국채를 사들여 시중에 유동성을 공급하는 2차 양적완화를 결정했다. 연준이 2011년 2분기 말까지 매달 750억 달러 규모의 장기 국채를 매입하고 만기가 도래한 기존 보유 채권도 재투자하기로 해, 2차 양적완화의 실제 규모는 9000억 달러에 달한다.

2002년 IT버블 붕괴 이후 "불황을 막기 위해서는 헬리콥터로 돈을 뿌리는 것도 불사하겠다"고 말해 '헬리콥터 벤'이라는 별명이 붙은 미국 연방준비제도이사회 벤 버냉키 의장. 달러에 그려진 링컨 대통령 사진과 오버랩된 모습이 이채롭다.

연준이 2차 양적완화에 나선 것은 인플레이션 기대심리■377쪽■를 자극해 수요를 늘리기 위해서다. 수요가 살아나면 미국 경제가 본격적으로 회복 국면에 들어서고 실업문제도 해결할 수 있다. 또 달러를 많이 풀면 달러 가치가 떨어져 미국의 수출 활성화에 도움이 될 수 있다.

**잘못하다간 거품과
환율 갈등만 일으킬 수도** 기축통화인 달러를 푸는 미국의 양적완화 정책은 부작용도 만만찮다. 자국 경제 뿐 아니라 전 세계 경제가 미국의 양적완화로 인한 후유증에 시달릴 수 있다.

우선 미국 경제는 경기회복에는 실패한 채 물가만 오르는 상황을 맞을 수 있다. 또 대거 풀린 달러가 상대적으로 금리가 높은 신흥국 시장으로 유입되면서 신흥국 금융시장에 거품이 발생할 수 있다. 양적완화로 달러화 가치가 떨어지면 상대적으로 중국이나 일본, 신흥국 통화가 강세를 띄게 돼 환율을 둘러싼 국제적인 갈등도 고조될 수밖에 없다.

실제로 연준이 2차 양적완화 계획을 발표하자마자, 중국은 양적완화를 해명할 필요가 있다면서 미국의 책임 있는 태도를 촉구했고, 일본은 자신들도 국채 매입에 나서기로 하는 등 맞불 작전으로 대응했다.

이런 이유로 노벨경제학상 수상자인 조지프 스티글리츠 미국 콜럼비아대 교수는 "연준의 양적완화 정책으로 인한 유동성 홍수가 세계 경제에 불안을 주고 있다"고 비판했다. 연준 의장을 역임한 폴 볼커 백악관 경제회복자문위원장도 "미국은 이미 저금리 상태여서 양적완화로 인한 경기부양 효과는 제한적이고 인플레이션 기대심리만 자극하는 데 그칠 것"이라며, "오히려 다른 국가들이 (미국 유동성 팽창의) 영향을 받을 것"이라고 지적했다.

양적완화

ㄴ 정책금리가 0%에 가까워 추가 금리 인하가 곤란할 경우, 중앙은행이 발권력을 동원해 화폐를 찍어 시중에 직접 공급하는 것. 미국이 양적완화 정책을 펴면 대거 풀린 달러가 상대적으로 금리가 높은 신흥국 시장으로 들어가 거품을 조장한다.

Tora!
Tora!
Tora!
Ben Bernanke
FRB
$
WALL ST
BANK
FR

중국식 신자유주의 경제모델?

베이징 컨센서스란

중국식 시장경제 모델 ▾

한겨레　　　　　　　　　　　　　　　　　　　2009년 4월 14일

G20 정상회의 이후, 베이징 컨센서스의 영향력이 확대되고 있다. 기획재정부가 13일 발표한 '베이징 컨센서스의 개념과 영향 분석' 보고서를 보면, 중국이 금융위기 직후 아시아·중남미 국가들과의 통화 맞교환(스와프) 협정을 체결하고 대외 원조를 확대하는 등 중국식 발전 모델을 확산하려는 움직임을 보이고 있다고 분석했다.

2008년 9월에 절정으로 치달았던 글로벌 금융위기 이후 유행한 '베이징 컨센서스'라는 용어가 이듬해엔 정부의 공식 발표 자료에까지 등장했다. 중국의 경제적 위세를 감안하면 앞으로도 오랫동안 관심과 논란의 중심에 서 있을 것으로 보인다.

베이징 컨센서스는 지난 2004년 골드만삭스 고문이던 중국 칭화대

조슈아 쿠퍼 레이모 Joshua Cooper Ramo 교수가 논문 제목에서 언급한 데서 비롯된 용어로 알려져 있다. 워싱턴 컨센서스*의 상대적 개념으로 언급되기도 한다.

금융위기 촉발시킨 미국식 경제모델을 극복하는 새로운 대안?

베이징 컨센서스는 정부 주도의 점진적 경제개혁과 균형발전 등의 내용을 강조하는 중국식 시장경제 발전 모델로, 각국이 독자적 가치를 유지하면서 세계경제 체제에 편입돼야 한다는 대외정책까지 담고 있다.

베이징 컨센서스는 글로벌 금융위기 이후 집중 조명을 받았다. 미국식 발전 전략인 워싱턴 컨센서스가 탈규제를 강조하는 신자유주의 모델을 강화시킴에 따라 금융위기를 촉발시켰다는 반성적 분석이 쏟아져 나왔기 때문이다.

여기에 금융위기 이후에도 중국은 지속적인 경제 발전을 이룬 것도 베이징 컨센서스에 대한 관심을 높인 계기가 됐다.「워싱턴 포스트」는 2009년 4월 23일자에서 중국의 영향력을 열거하면서 베이징 컨센서스가 워싱턴 컨센서스를 대체하고 있다고 보도하기도 했다.

중국의 정치적 후진성을 합리화 하는 구실

일각에서는 중국이 정치적 민주화의 취약점을 합리화하는데 베이징 컨센서스를 동원한다고 보기도 한다. 눈부신 경제 발전에 대한 자신감을 바탕에 깔고, 안팎에서 제기되는 정치적 민주화에 대한 반박으로 베이징 컨센서스를 활용하고 있다는 것이다.

아울러 베이징 컨센서스는 세계에 중국의 영향력을 키우는 전략으로도 활용된다. 우리 기획재정부에서 분석했듯이 중국은 금융위기 뒤인 2009년 말부터 말레이시아·인도네시아 등 6개국과 6500억 위안 규모의 통화 스와프 ■242쪽■ 협정을 맺는 등 위안화를 지렛대로 한 베이징 컨센서스 확산을 시도하고 있다.

또 베네수엘라, 에콰도르 등 좌파 성향의 국가들이나 아프리카 국가들이 체제 유지와 경제 발전을 동시에 이룰 대안으로 베이징 컨센서스를 적극 수용하고 있다는 분석도 나온다.

**베이징 컨센서스에 대한
경제학계의 논쟁**

베이징 컨센서스에 대한 학계의 평가는 극과 극으로 갈린다. 2007년 『베이징의 애덤 스미스』란 책을 펴낸 세계체제론자 조반니 아리기 존스홉킨스대 교수는 오늘날의 중국이야말로 '진정한 시장경제를 구현한 나라'라고 평가한다. 착취와 불평등, 강탈에 의한 축적을 특징으로 하는 자본주의와 달리 중국의 '비자본주의적 시장경제'는 호혜와 평등, 소유에 대한 축적을 작동 원리로 삼고 있다는 것이다.

반면, 진보적 학자로 꼽히는 데이비드 하비 뉴욕시립대 교수는 중국의 경제성장을 "극단적으로 낮은 임금과 산업혁명 초기 국면을 무색하게 하는 냉혹한 착취"의 산물로 본다. 그는 성장의 혜택이 주로 도시 주민 및 정부와 당 간부들에게 돌아간다는 점, 대규모 농촌 인구가 도시 프롤레타리아트로 전환되고, 민영화와 노동시장 유연화가 꾸준히 확대되고 있다는 점에 주목한다. 비록 '중국식'이긴 하지만 명백히 신자유주의적인 경제로 규정될 수 있다고 하비는 단언한다.

베이징 컨센서스가 결국 중국식 신자유주의 경제 모델에 지나지 않는다고 비판하는 미국 뉴욕시립대 데이비드 하비 교수.

베이징 컨센서스

└, 정부가 주도하는 중국식 시장경제 모델. 금융위기를 자초한 미국식 시장경제 모델의 대안으로 언급되기도 하지만, 중국의 정치적 민주화 요구를 반박하는 대응 카드이자 중국판 신자유주의 모델일 뿐이라는 상반된 평가를 동시에 받는다.

아시아 외환위기의 직격탄
역플라자 합의란

1995년 G7의 달러가치 부양책 ▼

한겨레	2010년 9월 13일

일본의 엔화가 고공행진을 거듭하고 있다. 최근 엔 – 달러 환율은 83엔대까지 떨어졌다. 서브프라임 사태 직전인 2007년 6월만 해도 124엔을 넘었던 엔 – 달러 환율이 무려 3분의 1이나 하락한 것이다. 그만큼 달러화 대비 엔화 가치가 강세를 보였다. 이런 엔 – 달러 환율은 1995년 이른바 역플라자 합의 직전 엔 – 달러 환율의 저점인 79엔 이후 15년 만의 최저치다.

엔화 가치가 치솟게 되면 위 인용기사에서처럼 '역플라자 합의'란 말도 솔솔 흘러나온다. 얘기인즉슨 엔화 초강세 문제를 풀기 위해서는 1995년 5월에 맺은 역플라자 합의와 같은 특단의 조처가 지금도 여전히 유효한가이다.

환율이 곧 주권?

역플라자 합의 이전에 '플라자 합의'가 있었음은 말할 것도 없다. 역플라자 합의를 이해하기에 앞서 플라자 합의를 알아야 한다는 얘기다. 1985년 9월 22일 미국 뉴욕 '플라자' 호텔에서 선진 5개국(G5) 재무장관과 중앙은행 총재들이 모여 20분 만에 달러화 약세를 유도한다는 데 합의했다.

즉 달러 가치를 내리고 엔화 가치를 높인다는 것으로, 달러 강세로 무역수지 적자에 허덕이는 미국이 일본을 압박해 내놓은 카드였다. 당시 협상이 벌어진 호텔 이름을 따서 '플라자 합의'라고 불리게 되었다.

플라자 합의가 발표되자 엔화의 대(對)미달러 환율은 곧바로 강세로 반전했다. 1달러에 235엔 하던 환율이 이듬해 절반 수준인 120엔으로 주저앉아, 일본은 수출이 급속도로 위축됐다. 일본의 달러 대외 자산이 반 토막에 이른 것이다.

결국 일본 정부는 엔고에 따른 불황을 막기 위해 저금리 정책을 썼다. 이 저금리 정책이 부동산 투기로 이어지고 거품이 경제 전반에 형성되면서, 일본은 '잃어버린 10년*'을 맞게 된다.

플라자 합의는 강만수 전 기획재정부 장관이 "환율은 주권"이라며, 이명박 정부 초기 고환율(원화약세) 정책을 편 배경이 되기도 했다. 강 전 장관은 플라자 합의 당시 뉴욕 재무관으로 있으면서 바로 플라자호텔 옆 호텔에서 합의과정을 지켜봤다. 그 뒤 강 전 장관의 고환율 정책

잃어버린 10년(The Lost Decade) 저금리 정책 이후인 1991년부터 2002년까지 일본의 극심한 장기침체 기간을 일컫는 말이다. 1990년 주식과 부동산 가격 급락으로 수많은 기업과 은행이 도산하며 일본은 10년 넘게 0%의 성장률을 기록했다. 잃어버린 10년은 거품경제 후유증의 대표적인 예로 거론된다.

은 신념처럼 굳어졌다. 하지만 2008년 상반기 고환율 정책은 물가폭등으로 이어져 한동안 서민들을 시름에 빠트렸다.

**역플라자 합의의
후폭풍이 다시 올까?**

플라자 합의가 있은 뒤로 10년이 지난 1995년 4월 18일, 도쿄외환시장에서 엔-달러 환율 80엔이 붕괴되자 다음 달 세계경제 안정을 위해 선진 7개국(G7)이 달러가치 부양을 목적으로 합의를 한 것이 바로 '역플라자 합의'다. 역플라자 합의로 엔-달러 환율은 148엔대까지 오르면서 엔고 문제가 시정됐다.

역플라자 합의 배경은 이렇다. 미국은 플라자 합의로 달러 약세 기조를 유지하면 경상적자가 어느 정도 해소될 것으로 기대했다. 그러나 계속된 달러 약세에도 경상적자가 줄어들지 않자, 미국은 단기적으로 경상수지 균형이라는 목표를 포기해 버린다. 대신 자본수지 흑자를 통해 경상적자를 보전하는 정책으로 돌아서 약한 달러에서 강한 달러로 정책을 변경하게 된다.

역플라자 합의의 후폭풍은 만만치 않았다. 타이를 시작으로 인도네시아·필리핀·한국 등 아시아 국가들이 외환위기를 겪게 되는 직접적인 계기가 됐기 때문이다.

2010년 하반기 들어 엔화가 기록적인 강세를 보이자 역플라자 합의가 또 다시 수면 위로 떠올랐다. 2010년 9월 15일 오전 한때 달러당 엔화 환

일본이 6년 6개월만에 비교적 큰 규모로 시장개입에 나섰지만, 전문가들의 반응은 회의적이다. 사진은 간 나오토 일본 총리.

율이 82.80엔까지 치솟자, 일본 정부가 6년 6개월 만에 시장 개입에 나선 것이다.

그러나 이번에는 합의가 힘들 것으로 전문가들은 내다봤다. 역플라자 합의의 키를 쥐고 있는 미국이 인위적인 달러가치 부양을 수용할 만큼 여유롭지 못하기 때문이다. 미국 경제는 주택과 고용, 소비 등 내수시장에서 부진을 면치 못해 수출로 경기를 부양할 수밖에 없는 상황에 놓여 있다. 결국 달러 강세로 환율정책을 선회할 가능성은 매우 낮을 수밖에 없게 되었다.

글로벌 달러화의 방향을 바꾸었던 플라자 합의나 역플라자 합의는 결국 미국과 유럽, 일본의 공조 하에 가능했다는 분석이 설득력이 있다. 즉, 이러한 글로벌 공조 없이 한 국가의 단독 개입으로 글로벌 달러화의 방향을 바꾸는 것은 실현불가능하다.

역플라자 합의

ㄴ 1995년 G7이 결정한 달러가치 부양책. 당시 도쿄외환시장에서 엔-달러 환율 80엔이 붕괴되자 전격적으로 이루어졌다. 그러나 역플라자 합의는 1990년대 후반 한국을 비롯한 아시아 국가들에게 외환위기라는 직격탄을 날리는 계기가 됐다.

많을수록 좋은 것일까?
외환보유액이란

국가부도를 대비한 최후 비상금 ▾

연합뉴스	2010년 5월 23일

적정 수준의 외환보유액 확충을 중요 과제로 추진해야 한다는 의견이 나왔다. 신현송 청와대 국제경제보좌관과 신관호 고려대 교수는 오는 31일부터 이틀 동안 한국은행 창립 60주년을 기념해 열리는 국제 컨퍼런스 발표 논문에서 이러한 주장을 폈다. 이들은 논문에서 "신흥국의 금융회사들은 과도한 외화 차입으로 자산을 늘리려는 경향이 있다"며 "따라서 급격한 자본 유출에 대비해 중앙은행이 충분한 외환보유액을 확충해야 한다"고 주문했다. 다만 "외환보유액 규모가 지나치면 큰 비용을 수반할 뿐 아니라 금융회사의 도덕적 해이를 유발해 궁극적으로 거시 건전성을 해칠 우려가 있다"고 덧붙였다.

외환보유액은 외환위기와 같은 급격한 자본유출과 국내 은행 및 기업의 차입여건 악화 등으로 외환이 부족할 경우 대외지급에 대비해, 한국은행이 달러화 등 외화로 보유하는 최종 대외지급 준비자산이다.

국내 금융회사나 기업이 외국에서 빌린 돈을 못 갚을 때 외환보유액으로 대신 지급해줌으로써 국가경제의 대외신용을 지킬 수 있다. 또 유사시 외환시장에 개입해 원화 시세를 안정시키거나 경상수지 적자를 메우는데 쓰기 때문에 외환보유액은 국가부도 사태를 막는 최후 보루로 통한다.

만약 경상수지 적자가 계속되고 외채 만기가 돌아오고 있는데도 외환보유액이 충분히 쌓여 있지 않다면 국가가 부도 위기에 처하게 된다. 1997년 말 우리나라의 외환위기가 전형적인 실례이다. 위기 직전인 1997년 8월에 월평균 수입액이 120억 달러였는데, 당시 한국은행이 동원 가능한 외환 규모는 100억 달러에도 채 못 미쳤다. 연말로 갈수록 외환보유액은 점점 더 줄어들었고, 더 이상 버틸 수 없었던 정부는 국제통화기금(IMF)으로부터 강력한 긴축정책과 구조조정을 실시한다는 조건으로 200억 달러 안팎의 자금을 빌려와 국가부도 위기를 겨우 넘길 수 있었다.

한국은 외환보유액 규모 세계 6위   1997년 우리나라를 비롯한 아시아 여러 나라에서 외환위기를 겪은 뒤 국제통화기금은, 외환보유액 통계의 투명성을 높이기 위해 외환보유액의 범위에 대한 구체적 기준을 설정해 각 나라가 지키도록 권고한 바 있다.

이 기준에 따르면 외환보유액의 범위는 '유동성이 있거나 시장성이 높은 자산으로 통화당국이 언제든지 사용 가능한 대외자산'으로 규정된다. 즉 위기 상황에서 즉시 현금화가 가능한 가용 외화자산만이 외환보유액에 포함되는 것이다. 따라서 국외부동산이나 투자부적격 채권에 투자한 외화자산은 외환보유액으로 인정되지 않는다. 우리나라의 외환보유액은 매달 한국은행에서 발표한다.

외환보유액 증감은 국제수지의 흑자, 적자 여부에 가장 크게 영향을 받는다. 국제수지를 구성하는 경상수지와 자본계정이 흑자이면 외환보유액이 증가하고 적자이면 감소한다. 외환시장 안정 등의 목적으로 통화당국이 개입할 경우에도 외환보유액이 변동한다. 예를 들어 통화당국이 원-달러 환율 하락을 막기 위해 시장에서 달러를 사들이면 외환보유액이 늘어나게 된다. 또 보유 중인 외환보유액의 운용수익 및 환율 변동에 따라서도 외환보유액이 늘거나 줄 수 있다.

우리나라의 외환보유액은 외환위기를 맞았던 1997년 말 약 89억 달러에 불과했지만, 이후 10년간 이어진 경상수지 흑자와 외국인의 주식과 채권 투자자금 유입으로 2008년 3월 말 2642억 달러까지 늘어났다. 하지만 2008년 4월부터 경상수지 적자가 발생하고, 미국발 금융위기로 외국인 투자자금이 대거 빠져나가면서 그해 말까지 무려 630억 달러가 급감했다. 2009년 들어서는 글로벌 금융시장이 안정되면서 외국인의 주식과 채권 투자자금이 다시 들어왔고, 경상수지 흑자 규모도 확대돼 외환보유액은 다시 증가세를 이어갔다(2010년 우리나라의 외환보유액은 2916억 달러로 사상 최고치를 기록하며 중국(2조6483억 달러), 일본(1조962억 달러), 러시아(4794억 달러), 대만(3820억 달러), 인도(2973억 달러)에 이어 세계 6위에 올랐다).

 한편, 외환보유액이 급증하면서 외환보유액의 적정

규모에 관한 논란이 일고 있다. 사실 국제적으로도 외환보유액의 규모

를 놓고 다양한 지표가 거론된다. 우선 3개월치 상품·서비스 수입대

금이 적정한 외환보유액 규모라는 주장이 있다. 이 정도 외화를 갖고

있으면 비상시에도 정상적으로 수입을 하면서 경제를 이끌어나갈 수

있을 것이라고 보는 견해다.

하지만 국가간 자본거래가 늘어나면서 상품 거래보다는 금융부문

에서의 급격한 자본 유출에 의해 외환위기가 발생하기 때문에, 단순히

3개월치 수입대금만으로는 갑작스러운 외화자금 이탈에 속수무책일

수 있다.

따라서 금융위기의 원인이 될 수 있는 유동외채(만기가 1년 미만인 단

기외채와 1년 안에 만기가 도래하는 장기외채의 합)보다 외환보유액이 더 많

아야 한다는 견해가 더 설득력을 얻고 있다. 외채의 만기 연장이 어려

워지고 국외로부터 외화 차입이 막히는 최악의 경우에도 1년 안에 만

기가 돌아오는 외채를 갚을 정도로 외화를 갖고 있으면 지급불능 상태

를 면할 수 있다고 보기 때문이다.

더 보수적으로는 3개월 수입액과 유동외채에다가 외국인 주식투자

자금의 3분의 1을 합친 금액을 적정 수준의 외환보유액으로 보는 견해

도 있다. 글로벌 금융위기가 발생하면 주식시장에서 외국인 투자자금

이 대거 빠져 나가기 때문에 이에 대한 대비도 필요하다는 것이다.

이런 사정들을 감안해 우리나라 외환보유액 규모를 3000억 달러 이

통화안정증권 한국은행이 시중 통화량을 조절하기 위해 금융기관이나 일반인을 대상으로 발행하는 특별유통증권이다. 한국은행은 공개시장에서 통화안정증권을 발행해 시중 통화량을 줄이거나, 이미 발행된 통화안정증권을 매입해 통화량을 증가시킨다.

환율조작국 정부가 인위적으로 외환시장에 개입해 자국의 통화가치를 조작하는 나라를 뜻한다. 보통 수출을 늘려 경상수지 흑자를 유지하기 위해 자국의 통화가치를 낮게 유지하는 쪽으로 개입하는 경우가 많다.

상으로 늘려야 한다는 주장이 나온다. 특히 외환보유액이 2400억 달러에 이르렀음에도 불구하고 미국발 금융위기 과정에서 우리 외환시장이 큰 혼란을 겪게 되자, 외환보유액 확충의 필요성이 일부에서 설득력을 얻고 있다.

하지만 외환보유액이 늘어날 경우 발생하는 문제점도 만만치 않다. 한국은행이 외환보유액을 늘리기 위해 시장에서 달러를 사들이면 시중에 그만큼 원화가 풀려 통화량이 늘어나게 된다. 한국은행은 이렇게 풀려나간 통화를 흡수하기 위해 통화안정증권(통안증권)*을 발행해야 하고 이에 따른 이자 부담을 떠안아야 한다. 또 인위적으로 외환보유액을 늘리면 외환시장에 개입하는 것으로 비춰 환율조작국*이라는 오명을 쓸 수도 있다.

외환보유액

└, 경제위기와 대외 충격에 대비해 한국은행이 달러화나 유로화 등으로 보유한 외화 비상금. 국제통화기금(IMF)은 외환보유액을 "유동성이 있거나 시장성이 높은 자산으로 통화당국이 언제든지 사용 가능한 대외자산"으로 정하고 있다.

네 이웃을 거지로 만들어라

근린궁핍화정책이란

이웃 나라의 희생으로 ▼
자국 경제를 살리는 정책

2010년 여름부터 미국, 중국, 일본, 유럽연합 등 강대국들 사이에 이른바 '환율전쟁'▪16쪽▪이 벌어질 조짐을 보였다. 환율전쟁은 자국의 통화가치를 떨어뜨리는 반면 상대국의 통화가치를 높이려는 시도를 말한다. 그렇다면 강대국들은 왜 이런 일들을 벌이는 걸까?

경제학에서는 이를 '근린近隣(이웃)궁핍화정책'beggar-my-neighbor policy이라는 용어로 설명한다. 이는 다른 나라의 경제를 희생시키면서 자국의 경기회복을 도모하려는 정책을 일컫는다. 즉, 무역상대국으로부터의 수입 물량을 줄이는 대신 자국의 수출을 늘림으로써 자국의 경기를 회복시키고 일자리를 늘리려는 것이다. 영국의 여성 경제학자 J.V. 로빈슨이 이름 붙인 'beggar-my-neighbor'란 상대방의 카드를 전부 빼앗아 온다는 뜻으로 트럼프에서 사용되는 말에서 유래됐다.

정글의 세계에서 벌어지는 강대국의 약육강식 본능

근린궁핍화정책의 대표적인 수단으로는, 수출 측면에서 환율 인상과 수출보조금 지급이 있고, 수입 측면에서는 관세율 인상과 비관세 수입장벽들이 있다.

환율을 예로 들어보자. 미국이 자국 통화인 달러가치를 떨어뜨리면 무역상대국의 통화가치는 상대적으로 오르게 된다. 이는 미국 기업들의 가격 경쟁력을 높여 수출을 늘리게 되고, 미국 내 일자리도 증가시키는 효과가 있다. 반면, 무역상대국의 가격경쟁력은 약화돼 수출이 감소하고 일자리가 줄어들게 된다. 최근 환율전쟁은 미국이 주도하고 있는데, 2008년 글로벌 금융위기 이후 미국 경제가 자국 내의 투자·소비·정부지출만으로는 회복하기 어려운 처지에 빠지자 이 방법까지 동원하게 됐다.

그러나 경제학자들은 근린궁핍화정책이 처음에만 반짝효과를 낼 수 있을 뿐이라고 말한다. 그 이유는 이 정책의 시행 결과로 통화가치가 절상

대공황 당시 2만여 수입제품에 대한 관세를 1828년 이후 가장 높은 수준으로 인상하는 내용을 담은 관세법을 주도한 허버트 후버 대통령.

된 무역상대국의 수출이 감소하면 그 나라의 소득이 줄고, 결국은 수입 감소로 연결되기 때문이다. 무역상대국의 수입 감소는 근린궁핍화정책을 편 국가의 수출 감소로 이어진다. 특히, 무역상대국은 인위적인 통화가치 절상이 부당하다며 수입을 규제하는 보복정책을 취하게 되는데, 이는 상황을 더 악화시킨다.

스무트 홀리 관세법(Smoot-Hawley Tariff Act) 대공황 시기인 1930년 6월 미국이 자국의 불황을 타개하고자 제정한 관세법으로, 이 법안을 주도한 스무트 홀리 의원의 이름을 붙였다. 이 법에는 미국 내 수산업 육성을 위해 수입관세율을 최고 400%까지 올릴 수 있도록 하는 내용이 포함됐다.

최악의 사례는 1930년 6월 대공황 초기에 미국 허버트 후버 대통령이 서명한 '스무트-홀리 관세법'*이다. 미국은 이를 통해 2만여 수입 제품에 대한 관세를 1828년 이후 가장 높은 수준으로 인상했다. 유럽을 포함한 무역상대국들은 이에 대해 보복조처를 취했다. 이는 미국과 무역상대국 모두에게 무역 급감을 초래했다. 미국의 수출입 규모는 60% 이상 줄어들었고, 무역상대국들의 무역 규모도 급감했다.

당시 미국의 이러한 조처는 대공황을 더 악화시킨 주요 요인으로 평가되고 있다. 찰스 킨들버거 같은 경제사가들은 이를 '세계사의 전환점'이라고까지 얘기한다. 중국을 타깃으로 한 '공정무역을 위한 환율개혁법안'은 자칫 '제2의 스무트-홀리 관세법'이 되지 않을까 우려가 높다.

근린궁핍화정책

ㄴ 다른 나라의 희생으로 자국 경제를 회복시키는 정책. 대표적인 수단이 자국 통화가치를 떨어뜨리는 것이다. 이는 자국 기업들의 수출 경쟁력을 높이고 투자와 일자리를 늘리는 대신, 무역상대국은 통화가치가 절상돼 수출 경쟁력이 떨어지게 된다.

beggar-in-neighbor

재정 정상화를 위한 비상구

출구전략이란

금리 인상 등 통화환수 정책 ▼

연합뉴스　　2010년 10월 20일

19일 중국의 전격적인 기준금리 인상에 미국 증시와 국제유가, 금값이 급락하는 등 '슈퍼차이나'의 파워가 기세를 부리고 있다. 이처럼 세계경제는 중국의 눈치를 보는 신세가 됐다. 한국 경제에도 중국이 가장 큰 변수로 떠올랐다. 중국이 성장 엔진의 과열을 식히기 위한 출구전략을 본격화함에 따라 대외의존도가 높은 우리 경제에도 부정적인 영향을 미칠 수 있다는 우려가 제기되고 있다.

2008년 10월 글로벌 금융위기 이후 유행을 탔던 '출구전략'exit strategy 이란 말의 뿌리는 군사전략 용어에서 비롯됐다는 게 통설이다. 작전지역이나 전쟁터에서 인명과 장비의 피해를 최소화하면서 철수하는 전투전략을 의미한다. 1960년대 베트남전쟁에 발이 묶인 미국이 승산 없는 싸움에서 피해를 최소로 줄이고 군대를 철수할 방안을 모색할 때 제기된 용어로 알려져 있다. 이후 출구전략은 위기상황을 극복하기 위해 취했던 이례적 조처들을 부작용이나 후유증을 최소화하면서 정상으로 되돌리는 것을 포괄적으로 지칭해 왔다.

1993년 미국 클린턴 행정부가 보스니아 내전 개입을 논의하는 과정에서도 출구전략이라는 표현이 나왔다. 당시 워런 크리스토퍼 국무장관은 상원 청문회에 나와 "보스니아 내 세르비아계를 공습하려면 미군이 발칸반도 전쟁에 휘말리지 않도록 하는 출구전략을 먼저 세워야 한다"고 말했다. 그 뒤 부시 행정부에서도 미군의 이라크 철군을 논의하면서 출구전략이라는 말을 종종 사용했다. 미군의 성공적인 철군·철수를 확보한다는 뜻으로 '출구'exit라는 단어를 사용한 것이다.

언제 비상구로 나갈 것인가?

출구전략은 경제에서도 일맥상통하게 적용된다. 즉, 경기를 부양하기 위해 취했던 각종 비정상적인 정책들을 정상화하는 것을 뜻한다. 경기 침체기에는 기준금리 인하나 재정지출 확대 같은 정책들을 통해 시중에 유동성 공급을 늘리게 된다.

이렇게 공급된 유동성이 경기회복기에는 인플레이션(물가 급등)▪373쪽▪이라는 부작용을 초래해 경제 주체들을 고통스럽게 하기도 한다. 이에 대비해 경제에 끼칠 후유증을 최소화하면서 각종 비상조치를 정상화해 재정 건전성을 강화해나가는 의미로 출구전략이란 표현이 활용되는 것이다.

2008년 글로벌 금융위기와 관련해서는 중앙은행의 통화환수 정책

(금리를 올려 빌려간 돈을 빨리 갚도록 하는 유동성
회수책)과 같은 뜻으로 사용돼 왔다. 위기 이후
인 2009년 4월 미국 워싱턴에서 열린 G20 재
무장관·중앙은행 총재 회의에서 금융위기 진
정 이후의 출구전략과 관련한 논의가 있었다.

호주는 2009년 11월 기준금리를 3.0%에서
3.25% 올리면서 글로벌 금융위기 이후 G20
회원국 가운데 가장 먼저 출구전략 시동을 건
나라로 꼽힌다. 광물 자원 수출 비중이 높은
호주 경제는 당시 광물 가격이 오르다보니 자
국의 통화가 팽창하면서 부동산 가격마저 들
썩였다. 이에 대한 선제적 대응으로 호주 중

금융위기 이후 G20 회원국 가운데 가장
먼저 출구전략에 나선 호주는, 지난 해
터진 사이클론과 대홍수 등의 영향으로
마이너스 성장이 우려되고 있다. 사진은
2013년까지 국가 재정을 흑자로 전환
하겠다던 줄리아 길러드 호주 총리.

앙은행이 기준금리 인상이라는 출구전략 카드를 뽑아든 것이다.

한편, 기업경영 차원에서 출구전략은 벤처기업의 창업자(경영자)가
과거 투자했던 자금을 회수하는 전략을 뜻하기도 한다. 또 다른 기업
을 인수·합병했다가 가장 적절한 시기에 매각함으로써 이익을 실현하
는 전략도 출구전략이라 불린다.

출구전략

└ 비상시기에 취했던 조처들을 정상으로 되돌리는 것. 금융위기 이후 제
기되는 출구전략으로는 시중 유동성을 줄이는 것이다. 질서 있는 퇴각 전
략을 뜻하는 군사용어에서 비롯돼 경제 영역에서도 자주 쓰인다.

고삐 풀린 단기자금 꽁꽁 묶기

자본통제란

**외국자본의 국내 유출입을
제한하는 정책**

한겨레   2010년 11월 2일

국제금융센터가 1일 내놓은 동향분석 보고서 '신흥국, 자본유입 규제 조치 잇따라 고려'를 보면, 인도네시아는 외국인의 투기성 단기자금 유입을 막기 위해 추가적인 자본통제 조처를 검토하고 있다. 브라질은 일본은행이 지난 달 5일 양적완화를 단행하자 외국인 투자에 부과하는 금융거래세를 4%로 올렸다.

'자본통제'란 국내로 유입되는 외국자본과 국외로 유출되는 국내자본의 이동을 세금이나 한도설정, 허가제 등 다양한 수단을 통해 규제하는 정책을 말한다. 국가간 자본이동은 크게 직접투자, 포트폴리오투자, 공적개발원조 등으로 나뉘는데, 주로 문제가 되는 것은 주식·채권에 투자하는 포트폴리오투자다. 공장이나 설비를 짓는 직접투자는 장기적이고 안정적인 자금이 들어오므로 오히려 선호 대상이다.

**자본자유화는
신자유주의의 다른 말**　단기자금의 국가간 이동은 달러를 기축통화
로 한 브레튼우즈체제*에서는 제약이 많았다. 당시에는 각국의 환율이
미세하게만 움직이는 고정환율제도가 유지돼 단기자금이 국제금융시
장에서 차익을 얻는 기회가 적었다. 따라서 오히려 자본통제가 각국의
금융 안정을 도모해 경제성장에 도움이 된다고 여겼다.

　그러나 1974년 미국이 '자본자유화가 국제 무역을 증가시킨다'는 논
리를 내세워 자본통제 정책을 폐지하면서 상황이 급반전됐다. 1980년
대에는 영국, 일본 등도 미국의 뒤를 따라 자본통제 정책들을 없앴다.
이른바 신자유주의 시대가 도래하면서 선진국 주도의 자본자유화 정
책이 대세가 됐다. 우리나라도 1995년 경제협력개발기구(OECD) 가입
을 계기로 자본통제의 빗장을 풀기 시작했고, 1997~1998년 국제통화
기금(IMF)의 구제금융을 받는 대가로 자본시장을 완전 개방했다.

　자본자유화는 금융시장이 발전하지 못한 개도국에게 얼마간 이점
도 있다. 외국자본을 끌어들여 생산적인 투자에 활용할 수 있기 때문
이다. 또 적정 수준의 외국자본 유입은 국내
주식시장을 활성화시켜 소비를 진작하고 기
업의 자본조달 비용을 낮추는 효과를 낼 수도
있다.

　그러나 단기자금의 과도한 유입은 역효과

브레튼우즈체제(Bretton Woods)
1944년 7월 미국 뉴햄프셔주 브레튼우
즈에서 44개 연합국 대표가 모여서 만
든 국제통화질서를 말한다. 세계 각국의
통화가치를 금 대신 달러를 기준(1온스
=35달러)으로 일정하게 유지하는 달러
본위 고정환율제를 채택했고, 국제통화
기금과 세계은행(IBRD)도 설립했다.

를 낼 가능성이 높다. 우선, 신흥·개도국의 통화를 절상시켜 이들 국가의 수출경쟁력을 약화시킨다. 또 주식과 채권, 부동산 시장을 과열시켜 자산 거품을 초래함으로써 경제안정을 해칠 수 있다. 여기에다 선진국이 금리를 인상하기 시작하거나 국제 금융시장에 격변이 일어나면 이들 단기자금들은 신흥·개도국에서 썰물처럼 빠져나가 자산거품의 급속한 붕괴를 야기하고 통화를 폭락시킨다.

2008년 글로벌 금융위기 전까지만 해도 자본 유출입을 규제해야 한다는 목소리는 그리 크지 않았다. 하지만 금융위기 이후 '시장근본주의'가 퇴조하고, 투기자본의 방만한 움직임에 대한 비판의 목소리가 커지면서 분위기는 180도 바뀌었다. 2010년 초에는 국제통화기금조차 신흥국들에 자본통제를 권고하고 나섰다. 물론 일시적으로 활용할 수 있다는 단서를 달았지만 과거에는 생각할 수 없는 태도 변화다.

마침내 2010년 11월 G20 서울 정상회의에서는 신흥국들이 과도한 자본 유출입을 제한할 수 있다는 데 합의했다. 우리나라도 G20 정상회의 직후 외국인들의 국내 채권투자에 대한 이자소득세를 부활하는 조처를 내놨다. 즉, 외국인이 국내 채권에 투자해서 얻은 이익에 대해 14%의 세금을 물리는 것으로, 자본통제의 한 예라 하겠다.

자본통제

ㄴ 국내로 유입되는 외국자본과 국외로 유출되는 국내자본의 이동을 세금이나 한도설정, 허가제 등을 통해 규제하는 정책. 글로벌 금융위기 이후 선진국의 단기자금이 신흥시장에 과도하게 밀려들었다가 썰물처럼 빠져나가 문제를 일으키자 신흥국들이 자본통제 정책을 도입하거나 강화했다.

국가간 균형 있는 성장은 가능한가

경상수지 목표제란

경상수지의 흑자와 적자 폭을 일정 규모 내로 유지하자는 제안

한겨레　　　　　　　　　　　　　　　　　　2010년 10월 23일

G20 재무장관·중앙은행 총재 회의가 22일 경북 경주에서 열려, 이른바 '환율전쟁' 해법 마련을 위한 조율에 들어갔다. 특히 미국이 경상수지 흑자를 일정 규모로 제한하는 경상수지 목표제를 제안하면서 이번 회의의 최대 쟁점으로 떠올랐다.

'경상수지'란 한 나라가 대외거래에서 일정기간 동안 벌어들인 금액과 지급한 금액을 비교한 결과를 말한다. 가계로 치면 수입과 지출을 비교한 결과다. 상품과 서비스 교역이 가장 큰 비중을 차지하고, 외국인 노동자에게 지급한 임금과 해외교포가 외국에서 번 임금, 대외 금융자산과 부채로부터 발생하는 이자·배당 등의 투자소득, 기부금과 무상원조 같은 '이전거래'도 경상수지의 계산 항목에 포함된다. 이 네 가지

항목에서 한 나라가 벌어들인 금액이 지급한 금액보다 많으면 경상수지 흑자, 반대이면 경상수지 적자를 본다고 한다.

경상수지는 흔히 대외거래의 건전성을 평가하는 기준으로 인식되고 있는데, 주로 문제가 되는 것은 경상수지가 만성적으로 적자를 보이는 경우다. 상품 수출로 벌어들인 외화보다 수입으로 지급되는 외화가 많다는 것은 그 차액을 외국에서 빌려 충당해야 하는 것을 의미하기 때문이다. 그래서 경상수지 적자가 계속 누적되면 최악의 경우 심각한 외환위기로까지 이어지게 되고, 그 나라의 통화가치는 폭락하게 된다.

미국의 경상수지 흑자를 위해 한국이 내놓은 아이디어

지금 세계경제에서 문제가 되고 있는 것은 이른바 '글로벌 불균형'이다. 이는 미국과 유럽 등 일부 선진국은 경상수지 적자가 누적되는 반면, 중국과 한국 및 브라질 등 신흥국들은 경상수지 흑자가 넘치는 현상을 말한다. 특히 세계 최대 경상수지 적자국인 미국과 세계 최대 흑자국인 중국 간 불균형이 매우 심각한 수준에 이르렀다.

미국의 경상수지 적자폭은 2007년 국내총생산(GDP)의 5.2%까지 커졌다가, 위기를 겪으면서 2009년에는 2.7% 수준으로 줄었으나 2010년 들어 다시 적자폭이 확대됐다. 반면, 중국의 흑자폭은 2007년 국내총생산의 11%까지 올라갔다가 2009년 6%로 축소됐으나 2010년 다시 늘어났다.

경상수지 목표제는 이런 경상수지 흑자와 적자폭에 일정한 목표치를 정하자는 것이다. 즉, 과도한 흑자국은 흑자비율을 낮추고, 적자국은 적자폭을 줄이자는 것이다. 예컨대, 중국의 흑자폭이 국내총생산의 4% 이내로 줄어들면 주요 무역 상대국인 미국은 경상수지 적자가 줄어드는 효과를 보게 된다.

이에 따라 2010년 9월 22~23일 경주에서 열린 G20 재무장관·중앙은행 총재 회의에서 미국이 경상

1944년 브레튼우즈체제 협상 당시 영국 대표였던 경제학자 케인즈가 경상수지 목표제를 제안했으나 당시 세계 최대 흑자국이었던 미국이 이를 거부해 무산됐다. 그림은 영국 런던 National Portrait Gallery에 소장된 케인즈의 초상화.

수지를 국내총생산의 4% 이내로 줄이는 안을 채택하자고 다른 회원국들을 압박했다. 애초 이 아이디어를 낸 나라는 의장국인 한국이었다. 미국이 경상수지 목표제를 밀어붙이려 한 것은, 중국이 기대한 만큼 위안화를 평가절상시키지 않자 환율을 직접적으로 언급하지 않으면서 목적을 달성하려는 데 있다.

그러나 대표적인 경상수지 흑자국인 중국과 독일이 여기에 강력히 반발했고, 브라질 같은 신흥대국도 반대 입장을 분명히 밝혀 눈길을 끌었다. 이에 따라 이 안은 G20 서울 정상회의에서 선언문으로 채택되지 못했다. 대신 G20 정상들은 경상수지, 환율, 노동비용 등을 지표로 삼아 각국의 경상수지를 평가하는 '가이드라인'을 2011년까지 만들기로 합의했다.

속 보이는 미국의 제안

경상수지 목표제가 공식적으로 채택되지 않았지만 가이드라인 설정에 합의할 경우 경제사적으로도 의미가 있다. 과거 경제사를 살펴보더라도 떠오르는 경제대국(당시 미국과 일본)이 발전 초기단계에서 경상수지 흑자를 줄이라는 선진국의 요구에 응한 예는 없었다.

1944년 브레튼우즈체제■186쪽■ 협상 때도 영국 대표였던 경제학자 존 메이너드 케인즈가 경상수지 흑자·적자국에 벌칙을 매기는 방식으로 불균형을 줄이자고 제안했으나 당시 세계 최대 흑자국이었던 미국이 이를 거부해 무산됐다.

당시 브레튼우즈체제에서는 국제통화기금(IMF)이 경상수지 적자국에 긴축과 구조개혁을 요구하는 방식으로 제재하는 경우는 많았지만, 경상수지 흑자국을 제재할 수단은 지금과 마찬가지로 없었던 것이다.

경상수지 목표제

∟ 경상수지 흑자와 적자 폭을 국내총생산의 일정 규모 내로 유지하자는 제안. 미국과 유럽 등 일부 선진국은 경상수지 적자가 누적되는 반면, 중국과 한국 및 브라질 등 신흥국들은 경상수지 흑자가 넘치는 이른바 '글로벌 불균형'을 극복하자는 취지다.

아시아판 국제통화기금(IMF)?

치앙마이 이니셔티브란

> **외환위기에 처한 아시아 국가에 ▾
> 달러를 빌려 주는 기구**

한겨레	2010년 3월 24일

치앙마이 이니셔티브(CMI) 다자화 협정이 24일 공식 발효한다. 협정의 회원 국은 앞으로 달러가 일시적으로 부족할 경우 'CMI 다자화기금'에서 달러를 빌릴 수 있다. 기획재정부는 "앞으로 한 회원국이 단기적인 달러 유동성 부족 으로 지원을 요청할 경우, 나머지 회원국들이 'CMI 다자화기금'을 구성해 달 러를 빌려주게 된다"고 밝혔다.

대부분의 나라들은 다른 나라와 상품이나 금융 거래를 할 때 달러를 결제통화로 사용한다. 하지만 미국을 제외한 어떤 나라도 달러를 찍어 낼 수는 없다. 그래서 미국이 아닌 모든 나라, 특히 신흥국들은 잠재적 인 외환위기 위험에 노출돼 있는 것이다.

외환위기가 발생한 나라에 달러를 빌려주는 기구로 국제통화기금

(IMF)이 있다. 우리나라도 1997년 말 IMF에서 구제금융을 받은 아픈 과거가 있다. IMF는 전 세계 187개 회원국들이 평소에 재원을 마련해놓은 뒤, 회원국 가운데 긴급자금 신청을 하면 심사를 거쳐 돈을 빌려준다. 하지만 IMF는 미국과 유럽 중심으로 운영되며 가혹한 대출조건으로 신흥국들에게 큰 불만을 사고 있다.

IMF로부터의 자유?

아시아 신흥국들은 1997년 발생한 아시아 외환위기로 홍역을 치른 뒤 IMF와 별개로 서로 자금을 지원해주는 방안을 논의하기 시작했다. 이들 국가는 2000년 타이 치앙마이에서 열린 아세안+3[*] 재무장관회의에서 '치앙마이 이니셔티브'에 합의하게 된다.

아세안+3은 자금지원규모, 자금분담비율, 의사결정방식 등에 관한 논의를 거쳐 2010년 3월 24일 CMI 다자화 협정을 공식 발효했다. 협정의 기본 내용은, 참가국들(홍콩까지 포함해 14개국)이 분담비율에 따라 최대 1200억 달러 규모의 공동기금을 조성한다는 것이다. 참가국들의 경제 규모에 따라 분담비율을 정했는데, 한국 192억 달러(16%), 중국(홍콩 포함) 384억 달러(32%), 일본 384억 달러로 한·중·일 세 나라가 기금 전체의 80%를 내고 나머지 아세안 10개 나라가 20%를 부담한다.

위기가 발생했을 때 빌릴 수 있는 돈은 분담금에 비례하지만 꼭 일치하지는 않는다. 예를 들어 우리나라의 최대 인출규모

아세안+3 아세안 10개 나라(타이·말레이시아·인도네시아·싱가포르·필리핀·베트남·캄보디아·라오스·미얀마·브루나이)와 한국·중국·일본 세 나라를 말한다.

는 분담금과 똑같은 192억 달러이지만, 중국과 일본은 분담금의 절반 수준인 각 192억 달러씩을, 인도네시아는 분담금의 2.5배인 119억 2500만 달러를 빌릴 수 있다. 분담금 비율이 낮은 나라일수록 좀 더 유리한 셈이다.

예컨대, A나라가 외환위기에 처해 100억 달러가 필요하다고 하자. CMI에 100억 달러의 자금지원을 요청하면 나머지 13개 나라의 중앙은행이 분담비율에 따라 달러를 낸다. A나라는 100억 달러에 해당하는 자국의 돈을 내놓고 달러를 가져간다.

엄밀하게 말하면 대출이 아니라 통화 스와프 ▪242쪽▪를 하는 셈인데, 이는 IMF도 마찬가지다. 하지만 A나라 통화는 다른 나라에서 별 쓸모가 없기 때문에 사실상 달러를 대출해주는 것이나 마찬가지다. 최대 2년까지 빌릴 수 있고, 이자는 국제금융거래의 기본이 되는 리보금리 ▪224쪽▪에 가산금리를 더해 결정된다.

결국 IMF에 종속되는 형태

CMI를 보통 '아시아판 IMF'라고도 하지만, 그렇게 부르기에는 몇 가지 부족한 점이 있다. IMF는 회원국들이 이미 돈을 내서 기금이 조성돼 있는 상태이고 상설 사무국도 있다. 이 사무국에서 자금신청을 한 나라를 심사해서 돈을 빌려줄지 말지, 빌려줄 때는 어떤 조건을 붙일지를 결정하고, 빌려준 다음에는 약속한 조건을 제대로 이행하는지도 감시한다.

하지만 CMI는 자금신청이 들어오면 그때 그때 돈을 모으고, 감시기능을 하는 상설 사무국이 아직 없다. 감시기능이 부실하니 돈을 빌려준 쪽에서는 돈을 떼일까봐 불안하다. 그래서 찾은 해법이 IMF 지원과 연계하는 것이다.

즉, A나라가 CMI에 100억 달러를 신청하면 먼저 20%(20억 달러)만 빌려준다. A가 IMF에 가서 자금지원을 신청해 IMF에서 돈을 받으면, 나머지 80%(80억 달러)를 마저 대출해주는 방식이다.

가장 큰 물주인 일본이 이 방식을 주장한 것으로 알려져 있다. 중국과 아세안 국가들은 결국 IMF에 종속되는 것이라 반대했고, 우리나라는 중립적인 입장을 취했다는 후문이다.

치앙마이 이니셔티브(CMI)

ㄴ 아세안＋3 회원국이 1200억 달러 규모의 기금을 조성해, 외환위기에 빠진 회원국에게 달러를 빌려주는 기구. CMI는 자금신청이 들어오면 회원국으로부터 분담비율에 따라 그때 그때 돈을 모아 신청국을 지원한다.

투기 일삼는 은행 바로 잡기

바젤위원회란

은행의 건전성 기준을 정하는 국제기구 ▼

한겨레   2010년 9월 14일

2008년 미국발 금융위기 이후, 위기 재발을 막기 위해 주요국 중앙은행과 금융감독기구가 머리를 맞대고 추진해온 은행 건전성 규제 강화 방안이 열매를 맺었다. 바젤위원회(BCBS)는 9월 12일(현지시각) 스위스 바젤에서 중앙은행 총재 및 금융감독기관장 회의를 열어 새로운 은행 건전성 기준인 '바젤Ⅲ' 최종안에 합의했다.

위 인용기사는 바젤은행감독위원회(바젤위원회)가 새로운 은행 건전성 기준을 마련함에 따라 앞으로 은행 규제에 대한 국제기준이 상당부분 바뀐다는 내용을 담고 있다. 그 배경에는 지난 2008년 미국발 금융위기가 자리 잡고 있다. 도대체 바젤위원회가 어떤 기구이기에 나라마다 제각각인 은행 규제에 영향을 미치는 것일까.

**글로벌 은행들의
연쇄 도산 우려 대비책** | 스위스에 본부가 있는 바젤위원회는 설립 뿌리부터 세계 금융 안정과 긴밀히 맞닿아 있다. 이 조직이 만들어진 계기도 한 독일계 은행의 파산에 따른 세계 금융 불안 사태 때문이다. 1973년 독일의 헤르슈타트 은행은 주요국들이 고정환율제를 버리고 변동환율제 ▪205쪽▪ 로 갈아타는 국제 금융질서 변화를 간과한 채 투기적 외환거래를 반복하다 결국 큰 손실을 입고 파산했다.

그 여파로 각국의 글로벌 은행들의 연쇄 도산 우려가 커지자, 주요국마다 사태 재발을 막기 위한 협의기구 도입을 제안했다. 이로써 1974년 12월 주요 10개국(G10)과 스위스 등 11개 국가의 금융감독기구 인사들이 참여하는 바젤위원회가 탄생했다.

바젤위원회는 설립 이후 모두 세 차례에 걸쳐 은행 규제를 마련했다. 현재 적용되고 있는 은행 규제는 바젤II이고, 2010년 만든 바젤III는 서울에서 열린 G20 정상회담에 제출된 이후 각국의 승인 절차를 거쳐 단계적으로 적용될 예정이다. 지난 2004년부터 적용된 바젤II 이전에는 바젤I을 각국 감독기구가 은행 규제의 토대로 삼았다.

**은행은 평소 얼마나 돈을
가지고 있어야 할까** | 바젤위원회가 마련한 은행 규제의 핵심은 위기 상황시 은행이 버텨낼 수 있는 최소 자본요건을 정하는 것이다. 바젤III가 마련된 것도 은행 자본요건에 관한 바젤II의 허점을 보완하기 위함이다. 실제로 2008년 미국발 금융위기를 야기한 리먼 브

러더스나 그 이후 위기의 소용돌이에 휘말렸던 씨티그룹, 메릴린치 등
은 모두 바젤Ⅱ 기준으로는 안전한 금융기관이었다.

바젤Ⅲ에서는 은행의 자본요건을 대폭 강화했다. 은행자본은 크게
기본자본과 보완자본으로 나뉜다. 기본자본은 다시 보통주자본과 우
선주자본으로 나뉘는데, 바젤Ⅲ에서는 기본자본과 보통주자본의 비
율을 각각 상향 조정했다.

바젤Ⅱ에서 은행자본을 세분화하지 않고 기본자본과 보완자본의 합
인 총자기자본비율을 강조했다면, 바젤Ⅲ는 자기자본 중에서도 기본
자본과 보통주자본에 더 무게를 둔 것이다. 그간 자본으로 인정해 준
보완자본을 보통주자본 등 기본자본과 동급으로 인정해 줄 수 없다는
바젤위원회의 판단이 밑바탕에 깔린 것이기도 하다. 보완자본은 부채
이지만 만기가 5년 이상이나 된다는 이유로 자본 대열에 끼게 해준(바
젤Ⅱ) 후순위채 등을 가리키는데, 위기시에는 자본의 성격보다 부채의

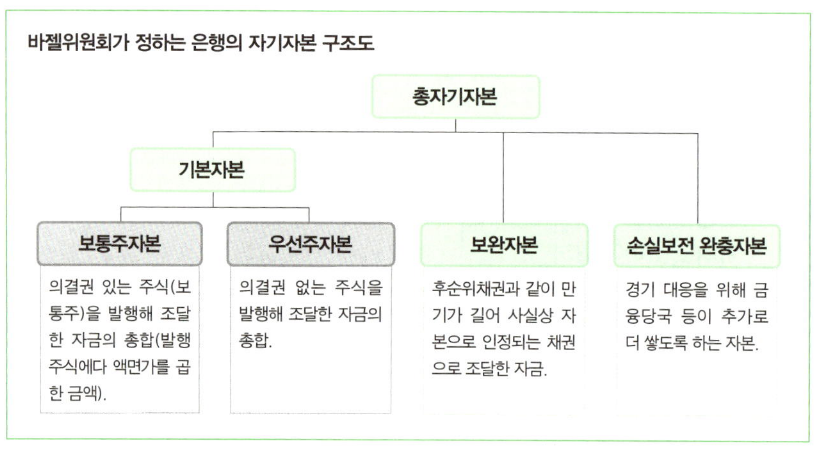

성격이 더 짙어진다(바젤Ⅲ)는 것이다.

이밖에도 같은 맥락에서 바젤Ⅱ에는 없던 '손실보전 완충자본'이 신설됐다. 손실보전 완충자본이란 은행이 미래의 위기발생 가능성에 대비해 자기자본비율 기준과는 별도로 2.5%의 보통주자본을 추가로 비축하도록 한 것이다.

이에 따라 은행들은 2016년부터 매년 0.625%씩 손실보전 완충자본을 쌓아 2019년에 2.5%까지 맞춰야 한다. 신용이 과도하게 팽창할 경우 감독당국이 최대 2.5%까지 추가 자본을 '경기대응 완충자본'으로 쌓을 수 있도록 한 것이다.

결과적으로 은행들은 보통주자본비율을 2% 이상에서 7~9.5% 이상으로, 기본자본비율을 4% 이상에서 8.5~11% 이상으로, 총자기자본비율을 8% 이상에서 10.5~13% 이상으로 올려야 한다.

한편 바젤Ⅲ가 나오는 과정에서 우리나라의 목소리도 반영됐다. 애초 바젤위원회는 G10과 스위스, 스페인, 룩셈부르크 등 13개국만 회원국으로 두고 있었지만, 2009년 3월 한국과 호주, 브라질, 중국, 인도, 멕시코, 러시아 등 7개국이 추가로 회원국 명단에 이름을 올렸다.

바젤위원회

ㄴ 한 은행의 위기가 글로벌 금융망을 타고 다른 은행으로 이어지지 않도록 은행 건전성 기준을 만드는 국제기구. 바젤위원회가 만드는 규제기준의 핵심은 위기 상황시 은행이 버터낼 수 있는 최소 자본요건을 정하는 것이다.

와타나베 여사 외환시장에 가다

캐리 트레이드란

저금리 나라의 통화를 빌려
고금리 나라 자산에 투자하는 거래

연합인포맥스   2010년 11월 5일

미국 연방준비제도의 2차 양적완화가 캐리 트레이드를 더욱 매력적으로 만들어 신흥국으로의 자금 유입이 증가할 것으로 올리비에 블랑샤르 국제통화기금(IMF) 수석 이코노미스트가 진단했다. 블랑샤르 이코노미스트는 4일(미국시각) 런던 정경대학에서 열린 행사에 참석해 "양적완화가 캐리 트레이드에 수반되는 위험을 훨씬 줄인다"며 "이는 미국에서 자금이 빠져나가고 달러가 약세를 나타낼 것임을 의미한다"라고 설명했다.

만약 A나라의 금리가 1%이고, B나라의 금리가 3%라면 발 빠른 투자자들은 어떤 행동을 할까? 당연히 A나라에서 싼 금리로 돈을 빌린 뒤, B나라로 가져가서 금리차를 활용해 쉽게 돈을 벌 것이다.

금융의 세계화가 급속히 일어나면서 세계 각국에 투자하는 것이 자

유로워짐에 따라, 나라별 금리차를 이용해 수익을 내는 투자 자금의 규모도 커지고 있다. 이처럼 금리가 낮은 나라에서 자금을 차입해 이를 환전한 뒤 상대적으로 금리가 높은 나라에 투자해 수익을 올리는 거래를 '캐리 트레이드'carry trade 라고 한다.

**금리차와 환율 변동으로
엄청난 수익 낼 수도** | 캐리 트레이드의 수익은 기본적으로 자금을 조달하는 나라와 투자하는 나라 사이의 금리차에 좌우되지만, 중간에 환전 과정을 거치기 때문에 환율 변화에도 큰 영향을 받는다.

예를 들어, 미국에서 달러화를 빌려 한국에 투자할 경우를 생각해 보자. 원-달러 환율이 달러당 1500원일 때 미국 은행에서 연 1%의 금리로 1달러를 빌린 뒤, 이를 원화 1500원으로 바꿔 한국에서 연 3%의 금리로 투자를 했다. 그런데 1년 지나 미국 은행에 돈을 갚아야 할 시점에 원-달러 환율이 하락(원화 가치 상승, 달러화 가치 하락)해 달러당 1000원이 됐을 경우 투자자의 수익은 얼마나 될까?

투자자는 한국에서 원금 1500원에 이자 45원(1500원의 3%)을 더해 1545원을 받는다. 이를 외환시장에서 달러당 1000원 기준으로 환전하면 1.545달러로 바꿀 수 있다. 그런데 이 투자자가 미국 은행에 갚을 돈은 대출 원금 1달러에 이자 0.01달러(1달러의 1%)를 더한 1.01달러다. 따라서 차액(1.545달러-1.01달러) 0.535달러가 투자자의 수익이 된다.

자기 돈 한 푼 안 들이고 단지 돈만 빌려 투자했을 뿐인데, 금리차와 환율 변동에 따라 엄청난 수익을 거둔 셈이다. 하지만 위의 예와 달리 돈을 갚을 시점에 원-달러 환율이 달러당 1000원이 아니라 2000원으로 급등한다면, 투자자는 금리차로 이득을 보고도 환차손 때문에 결과적으로는 큰 손실을 입게 된다.

캐리 트레이드의 거래 방식은 두 가지다. 저금리 나라에 거주하지 않는 외국인이 저금리 나라에서 자금을 빌려 고금리 나라에 투자하는 방식과, 저금리 나라 국민들이 보유하고 있는 자국통화를 외화로 바꿔 고금리 나라에 투자하는 방식이 있다.

신흥국에게는 환율 폭등과 주가 폭락을 가져다 줄 수도 | 캐리 트레이드는 빌린 돈에 따라 명칭이 달라지는데, 일본 엔화를 빌려 투자하는 '엔 캐리 트레이드'가 캐리 트레이드의 가장 대표적인 사례다. 1990년대 초 부동산 버블 붕괴로 장기 침체에 빠진 일본이 오랫동안 제로금리 수준의 초저금리 기조를 유지하자, 다른 선진국이나 신흥국과의 금리 차이가 크게 벌어졌고, 그 결과 엔화를 빌려 전 세계에 투자하는 엔 캐리 트레이드가 손쉽게 수익을 얻을 수 있는 투자 수단으로 부상했다.

더욱이 일본의 초저금리 정책으로 엔화가 약세를 지속하면서 해외 투자에 따른 환차익까지 기대할 수 있어 엔 캐리 트레이드는 더욱 활성화됐다. 엔 캐리 트레이드가 유행처럼 번지자 해외 기관투자자뿐 아니라 일본의 개인투자자도 투자에 나섰는데, 일본의 낮은 금리에 만족하지 못해 적극적으로 해외 투자에 나서는 일본 주부들을 가리켜 흔히 '와타나베 부인'이라고 한다(와타나베는 우리나라의 김씨나 이씨와 같은 흔한 성^姓으로, 누구나 엔 캐리 트레이드를 한다는 뜻이다).

글로벌 금융위기 이후에는 달러를 빌려 신흥국에 투자하는 '달러 캐리 트레이드'가 크게 늘고 있다. 미국이 경기 침체를 막기 위해 정책금리를 연 0.25% 수준까지 인하하면서, 상대적으로 경기회복 속도가 빠른 신흥국들과의 금리차가 커졌기 때문이다. 또 미국의 양적완화 정책 ■160쪽■ 등으로 달러가 지속적으로 약세를 보일 것으로 전망되는 것도 달러 캐리 트레이드를 부추기는 배경이다.

캐리 트레이드가 급증하면 금리가 높은 나라, 특히 신흥국 금융시장에 외국인 투자자금이 엄청나게 몰리게 되고, 이는 결국 경제의 펀더멘털에 비해 금융시장의 자산가치가 과도하게 상승하는 거품을 일으키게 된다. 특히 캐리 트레이드 자금은 기본적으로 고수익을 좇아 이동하는 핫머니(단기성 자금)의 성격을 띠고 있어, 투자 유인이 사라지면 즉각 투자 자금을 회수하는 게 보통이다.

국제금융시장의 상황이 변해 캐리 트레이드로 들어온 외국인 자금이 갑자기 빠져나가면, 해당 신흥국의 금융시장은 환율 폭등과 주가 폭락 등으로 엄청난 충격을 받게 된다. 따라서 신흥국들은 캐리 트레이드 자금의 동향을 면밀히 검토하는 한편, 과도한 외국인 투자 자금의 유입을 막을 수 있는 제도적 장치를 마련해 놓을 필요가 있다.

캐리 트레이드

└ 금리가 낮은 나라의 통화를 빌려 금리가 높은 나라의 자산에 투자하는 거래. 캐리 트레이드로 들어온 외국인 자금이 갑자기 빠져나가면, 해당 국가의 금융시장은 환율 폭등과 주가 폭락 등으로 엄청난 충격을 받게 된다.

포스트 달러시대는 과연 오는가

국제통화체제란

세계경제를 움직이는
주요국들의 환율관리제도

한겨레   2010년 11월 15일

미국 달러를 기축통화로 한 현행 국제통화체제를 바꾸자는 논의가 급물살을 타고 있다. G20 정상회의 다음 의장국인 프랑스가 중국과 공동으로 기축통화 문제를 의제로 다루겠다고 이미 천명한데다 이번 서울 정상회의에서도 국제통화체제의 개선 작업에 나서기로 합의했기 때문이다.

국제통화체제는 19세기 말부터 지금까지 세계경제 상황에 따라 고정환율제와 변동환율제*를 오락가락했다. 20세기 초반까지 유지됐던 금본위제는 각국의 금 보유량에 따라 통화 공급 규모가 결정되도록 하는 준칙을 말하는데, 각국 정부가 균형 재정과 통화의 금 태환성*을 지킬 것이라는 신뢰를 바탕으로 안정적인 질서를 유지할 수 있었다. 금본위제는 통화증발을 통한 정부의 민간 '수탈'을 막을 수 있다는 점에서

18~19세기 군주제에 대한 자유주의의 승리의 산물이기도 했다.

세계대전까지 부른 통화전쟁

1914년 1차 세계대전으로 각국이 전비 마련을 위해 통화증발을 하자 금본위제가 종말을 고하고 변동환율제로 바뀌었다. 1925년 한때 기축통화국이었던 영국이 금본위제로 복귀하면서 금본위제 시대가 다시 열렸으나 대공황을 계기로 변동환율제로 전환됐다. 영국은 1931년 확장적 재정·통화 정책을 펴야 할 시기에 금 부족으로 이를 실행할 수 없게 되자 금본위제를 포기했다.

1930년대 각국의 경쟁적 통화절하 조처로 무역전쟁이 벌어지고 급기야 2차대전으로까지 이어지자 1944년 연합국을 중심으로 브레튼우즈체제 ■186쪽■ 를 출범시켰다. 이 체제는 '1온스=35달러' 비율로 달러의 금 태환을 보장하고, 영국·독일·일본 등 주요국 통화는 달러를 매개로 금 태환을 보장받는 '조정 가능한 고정환율제'이다. 달러가 매개가 된다는 점에서 달러를 '기축통화'key currency로 했다.

그러나 미국의 금 보유고가 1940년대 전 세계의 70% 이상에서 1960년대 후반 50% 이하로 떨어지자 각국이 달러의 금 태환성을 의심하기 시작했다. 1967년 프랑스가 달러를 방어하기로 한 협약gold pool (골드풀)에서 탈퇴하면

고정환율제와 변동환율제 고정환율제는 환율의 변동을 인정하지 않거나 소폭의 변동만을 인정하는 제도를 말한다. 대표적인 고정환율제가 금에 자국의 통화가치를 고정시키는 금본위제이다. 반면, 변동환율제는 각국 통화의 가치를 고정하지 않고 시장의 추세에 따라 변동하도록 허용하는 제도를 말한다.

금 태환 금본위제는 각국의 금 보유량에 따라 통화공급 규모를 일정 한도로 제한하는 방식으로 운용된다. 한때 금화를 시중에 유통시키기도 했지만 운반이 불편하고 도난의 위험성이 있어 금화 대신 은행권을 발행하게 됐는데, 이 은행권을 금으로 교환해주는 것을 금 태환이라 한다.

서 이른바 '달러 위기'가 본격화했고, 1971년 미국은 금 유출을 더 이상 방어하지 못하게 되자 달러의 금 태환을 정지시켰다.

미국 경제가 흔들리면서 기축통화인 달러의 약세가 가속화되고 있다. 누리엘 루비니 뉴욕대 교수는 "달러의 시대가 수십년이 아니라 수년 안에 끝날 수도 있다"고 경고하기도 한다.

달러가 금을 완전히 대체하면서 실물화폐 시대가 막을 내리고 불환지폐(종이지폐) 시대를 열었다. 미국은 1973년까지 각국의 환율 변동 폭을 조금 높이는 선에서 고정환율제(스미소니언체제)를 유지하고자 했으나 실패하고, 1973년 변동환율제로 이행했다.

현행 체제는 달러를 기축통화(국제결제나 금융거래의 기본이 되는 통화)로 한 변동환율제라 할 수 있다. 달러를 여전히 기축통화로 하고 있다는 점에서 현행 체제는 '브레튼우즈체제 II' 또는 '달러 본위제'로 불리기도 한다.

**달러 독재 저물고,
기축통화 '백가쟁명' 시대로**

2008년 글로벌 금융위기는 현행 국제통화체제의 안정성을 다시 한 번 의심하는 계기가 되었다. 미국 경제가 흔들리면서 기축통화인 달러의 약세가 가속화되고 있기 때문이다. 2010년 11월 초 유로지역, 일본, 영국 등 주요국 통화의 가중평균치에 대한 달러 가치는 70.98로 2002년 1월 대비 37%나 폭락했다.

달러가 추락하면 달러나 달러표시 채권을 보유한 투자자들이 달러를 매도하고 다른 통화나 상품자산으로 자금을 옮기게 된다. 미국 국채 수익률이 2.7%(10년물)~4.2%(30년물) 수준인데 달러 약세가 지속되면 손실이 불가피한 탓이다.

주요국들의 대외준비금에서 달러가 차지하는 비중도 2001년 70% 이상에서 2008년에는 63%로 떨어진 상태다. 중국 등 주요국 중앙은행의 달러 매도가 시작되면 국제금융시장은 대혼란에 빠지게 된다. 이런 이유로 누리엘 루비니 뉴욕대 교수는 "달러의 시대가 수십년이 아니라 수년 안에 끝날 수도 있다"고 경고하기도 했다.

국제통화체제

ㄴ 세계경제를 움직이는 주요국들이 채택한 환율관리제도. 미국, 영국 등 주요 선진국들이 1944년 사실상 고정환율제인 브레튼우즈체제를 출범시켰으나 1971년 미국이 달러의 금 태환을 정지시키면서 변동환율제로 전환돼 현재까지 이르고 있다.

FTA의 사촌형제들

ECFA란

경제협력기본협정 ▼

한겨레   2010년 6월 30일

29일 오후 중국 충칭의 소피텔 호텔에서 천윈린 중국 해협양안관계협회 회장과 장빙쿤 대만 해협교류기금회 이사장이 양안간 자유무역협정인 경제협력기본협정(ECFA)에 서명하는 순간 전 세계에서 몰려든 취재진의 플래시가 잇따라 터졌다. 분단 61년 만에 중국과 대만이 이뤄낸 양안 경제 통합은 '차이완(차이나+타이완) 시대'로 나아가는 첫 발걸음인 동시에 거대한 중화경제권 완성을 전 세계에 알리는 계기가 되었다.

중국과 대만이 맺은 ECFA Economic Cooperation Framework Agreement 는 자유무역협정FTA, Free Trade Agreement 의 '사촌격'이라 할 수 있는 경제협정의 하나다. 두 나라 사이의 경제협력을 꾀하는 협정이라는 점에서 비슷하지만, 차이점도 있다. ECFA에서는 더 높은 단계인 FTA 체결 등에 앞서 협상을 위한 큰 틀을 정하고 세부적인 논의는 나중에 한다. 우리나

라는 아세안(ASEAN)과 FTA를 체결할 때 FA^{Framework Agreement} 라는 이니셜을 사용했다. 당시 아세안과 FA, 분쟁해결제도 협정문, 상품무역 협정문, 서비스 무역협정문, 투자협정문을 체결했고 이를 모두 합한 것이 '한·아세안 FTA'였다. 중국과 대만도 앞으로 추가 협상을 벌여 FTA 단계로 나아가게 된다.

국가마다 'FTA'라는 불편함 대신 사용되는 경제협정 이름들

ECFA보다 높은 단계로, 실질적인 내용면에서는 FTA와 다를 바 없다는 평가를 받는 것으로, '포괄적 경제동반자 협정'^{CEPA, Comprehensive Economic Partnership Agreement} 이 있다. ECFA 가 FTA의 사촌이라면, CEPA는 FTA의 '형제'로 여겨진다. 우리나라가 2009년 9월 인도와 맺었던 게 CEPA다. FTA와 별로 다를 게 없었는데도 굳이 이런 이름을 붙인 건 인도 쪽의 요청 때문이다. 구조적인 무역 적자국인 인도에서는 상품 교류를 강조하는 'FTA'라는 말에 여론의 반감이 커 협정 명칭을 바꾼 것이다. 인도가 2005년 싱가포르와 CEPA 라는 이름으로 무역협정을 체결한 것도 같은 이유다. 중국이 홍콩 및 마카오와 각각 체결한 협정도 CEPA다.

CEPA 외에도 FTA의 형제들은 더 있다. 유럽연합(EU)은 이스라엘·이집트·칠레 등과 무역 이외에 사회·문화·정치적 발전을 돕는 '제휴 협약'^{AA, Association Agreement}을 맺은 바 있고, 캐나다와는 '경제통합협정'^{EIA, Economic Integration Agreement}을 추진하고 있다. 세계무역기구(WTO) 가 국가 간 무역협정에 관해 '지역무역협정^{RTA, Regional Trade Agreement} 구

체결 현황	상대국
체결 완료(발효 단계)	칠레, 싱가포르, 인도(CEPA)*, 아세안, EFTA*
협상 타결(국회 심의, 통과 전)	미국, 유럽연합(EU), 페루
협상 진행 중	캐나다, 멕시코, 호주, 뉴질랜드, 콜롬비아, 터키, GCC*
협정 위해 공동 연구 및 여건 조성 중	일본, 중국, 중-일*, 메르코수르, 러시아, 이스라엘, SACU*, 베트남, 중미(멕시코, 파나마 등)

* **인도(CEPA)** : 통상교섭본부는 인도와 맺은 CEPA도 넓은 의미의 자유무역협정으로 분류
* **EFTA** : 스웨덴 등 7개국의 유럽자유무역연합
* **GCC** : 사우디아라비아 등 6개 아랍 산유국의 경제협력기구인 걸프협력회의
* **중-일** : 한-일, 한-중 FTA와 별개의 한-중-일 FTA
* **SACU** : 남아공 등 5개국의 남아프리카관세동맹

축'을 전제하고 있을 뿐, 협정 명칭을 따로 규정하고 있지 않은 데 따른 것이다.

'FTA'에 별 거부감 없는 한국?

우리 정부는 자유무역협정 이외에 다른 용어를 고집하고 있지는 않다. 별다른 문제가 없는 경우에는 상대국에서 요구하는 용어를 수용하고 있다. 우리나라에서는 '한국-일본 FTA'라고 부르는 협정을 일본에서는 '일본-한국 경제연휴협정'EPA, Economic Partnership Agreement 이라고 하는 것도 이 때문이다. 한-일 FTA는 아직 체결되지 않았다.

메르코수르(MERCOSUR) 브라질, 아르헨티나, 우루과이, 파라과이 등 남미 4개국이 1995년 1월부터 관세 등 무역장벽을 철폐함에 따라 출범한 남미 공동 시장. 북미자유무역협정(NAFTA)과 함께 아메리카 대륙을 대표하는 경제공동체로 꼽힌다.

우리나라는 2007년부터 시작한 한국-러시아의 무역협정을 러시아의 요청으로 '양자 간 경제동반자 협정'BEPA, Bilateral Economic Partnership Agreement 으로, 아르헨티나·브라질 등 메르코수르*와는 '무역협정'TA, Trade Agreement 이라는 이름으로 협상을 진행하고 있다.

ECFA

↳ 경제협력기본협정. 양국간 경제협력을 꾀한다는 점에서 자유무역협정(FTA)과 비슷하지만, 개방과 통합의 폭이 상대적으로 좁은 전 단계 조처이다. 이를테면 FTA의 사촌격에 해당된다.

한국은 선진국인가, 개도국인가

도하개발어젠더란

무역장벽 철폐 위해 ▼
카타르 도하에서 열린
다자간 무역 협상

연합뉴스   2010년 11월 25일

세계무역기구(WTO)는 작년 11월부터 올해 10월까지 1년간 각국이 취한 무역조치와 경기부양 조치를 정리한 '모니터링 6차 보고서'를 통해 G20 서울 정상회의에서 보호주의 저지를 위한 회원국의 약속을 평가하면서, 도하개발어젠더(DDA) 협상의 조기 타결 필요성을 재차 강조했다.

미국과 중국 등 주요 선진국, 그리고 개발도상국 사이에서의 이견이 좁혀지지 못한 탓에 도하개발어젠더 협상은 최근 몇 년 동안 별다른 진전 없이 2012년 효력 정지 기간을 기다리고 있다. 이 때문에 세계무역기구(WTO) 등은 2011년 11월까지 모든 협상을 마무리하는 것을 목표로 하고 있다.

세계무역기구 도하개발어젠더 협상^{DDA, Doha Development Agenda}이란 무역장벽 제거를 목적으로 2001년 11월 카타르 도하에서 열린 제4차 세계무역기구 각료회의에서 처음 나온 다자간 무역 협상(라운드^{round})을 말한다.

이에 앞서 미국·영국 등 23개 국가들은 제2차 세계대전이 끝난 뒤인 1947년 스위스 제네바에서 각료회의를 열고, 관세장벽과 수출입 제한을 없애고 국제 무역 등을 활성화하기 위해 '관세 및 무역에 관한 일반 협정'(가트, GATT)을 맺은 바 있다.

'가트 체제'로 불리는 이 협정에는 1995년 세계무역기구가 출범하기 전까지 모두 120개국이 참여했다. 그 뒤 제네바 라운드, 안시 라운드, 토키 라운드, 딜런 라운드, 케네디 라운드, 도쿄 라운드, 우루과이 라운드 등 여러 가지 관세 철폐 등의 개방안을 담은 다자간 무역 협상이 나올 수 있는 바탕이 됐다.

**개발도상국 이익을 위한
이례적인 무역 협상**　　도하개발어젠더는 세계무역기구 출범 이후 가입국들이 첫 번째로 내놓은 다자간 무역 협상으로, 그동안의 협상과는 달리 개발도상국들의 이익을 증진하는 내용을 중점적으로 다루고 있다.

도하개발어젠더의 협상 의제는, 농산물과 비농산물(공산품·임수산물) 및 서비스 시장 개방 및 무역 원활화와 지식재산권 등이다. 여기에 국가 간 무역 과정에서의 반덤핑, 보조금, 지역협정, 분쟁해결에 대해 세계무역기구가 만들어 놓은 협정을 개선하는 내용도 추가로 다루고 있다.

세계무역기구 출범 당시 가입국들은 2005년까지 모든 분야에 걸쳐 동시에 합의를 하는 '일괄 타결 방식'으로 진행하기로 했다. 농산물이나 공산품 등의 무역에 대해 가입국 모두의 합의가 있어야 발효가 되는 방식이다.

하지만 선진국과 개발도상국 사이의 입장 차이가 큰 나머지, 논의의 기본 뼈대를 만드는 '기본골격합의'FA, Framework Agreement 만 타결한 상태다. 그 뒤로 여러 차례 세계무역기구 각료회의를 열어 논의를 진행했으나 큰 진전을 보지 못했다.

**미국, 보호무역주의로
선회하나** | 우리나라의 경우, 농산물 분야에서는 개발도상국 입장에서 방어 전략을 취하는 한편, 비농산물 분야에서는 선진국과 보조를 맞춰 개발도상국의 시장 개방을 촉구하고 있다. 즉, 우리나라의 실정에 맞는 협상 전략을 구사하고 있는 것이다.

이로 인해 자국의 이익만을 고려해 선진국과 개발도상국의 지위에서 줄타기를 한다는 비판을 받기도 한다. 경제협력개발기구(OECD) 산하 개발원조위원회(DAC)에 가입해 이른바 '선진국 클럽'에 들어갔으나, 농산물 무역 등의 부분에서는 개발도상국 그룹을 자처하고 있기 때문이다. G20 서울 정상회의를 마친 뒤부터는 이 같은 실리추구 전략 탓에 국제적 입지가 더욱 좁아졌다는 평가도 나온다.

도하개발어젠더의 성공 가능성에 대해서는 의견이 갈린다. 국제 무역 협상의 흐름이 그동안 여러 국가가 그룹을 만들어 논의하는 전통적인 다자간 무역 협상에서 국가 대 국가 형식의 자유무역협정(FTA) 등 양자간 무역 협상으로 흐르는 분위기도 있기 때문이다.

미국의 경우, "세계무역기구 각료회의가 그동안 걸어온 길을 답습한다면 성공적인 결론을 도출하는 데 실패할 것"이라며 도하개발어젠더에 대해 어두운 전망을 내놓고 있다. 각국의 실리 추구와 도하개발어젠더의 지루한 협상 과정 속에서 최근 각료회의의 협상이 결렬되는 상황이 이를 대변해 준다. 오바마 민주당 정부가 들어선 미국이 자유무역협정에 공을 들이면서 보호무역주의 입장으로 선회할 것이라는 전망이 나오는 것도 이 때문이다.

도하개발어젠더

ㄴ 무역장벽 제거를 목적으로 세계무역기구 출범 이후 가입국들이 첫 번째로 내놓은 다자간 무역 협상. 그동안의 협상과 달리 개발도상국 보호에 중점을 둬야 한다는 내용을 반영하고 있다.

은행들도 돈 빌리고 이자 문다

재할인율이란

미국에서 연준이 은행들에게
돈을 빌려줄 때 적용하는 금리

한겨레   2010년 2월 20일

미국 연방준비제도(Fed)가 재할인율을 현행 연 0.5%에서 연 0.75%로 0.25%포인트 올린다고 밝혔다. 19일부터 적용되는 연준의 이번 재할인율 인상은 경기의 급격한 후퇴를 막으려고 시행했던 유동성 확대 정책을 단계적으로 철회하는 이른바 출구전략이 시작됐음을 뜻한다.

위 인용기사는 미국의 중앙은행 격인 연방준비제도(연준)의 재할인율 rediscount rate 인상 소식을 전하면서 출구전략이▪182쪽▪ 시작됐다는 해석을 하고 있다. 2008년 터진 미국발 금융위기를 극복하기 위해 기준금리(연방기금금리)를 제로 수준까지 끌어내렸던 미국 연방준비제도의 유동성 확대 방침이 긴축 기조로 전환하는 신호로서 재할인율 인상 조처를 본 것이다.

재할인율은 연준에 가입된 은행들이 보유한 진성어음을 담보로 연준이 은행들에 돈을 빌려줄 때 적용하는 금리다. 더 정확하게는 우리나라의 콜 시장과 유사한 초단기자금시장에서 형성되는 연방기금금리에 덧붙이는 가산금리를 말한다. 미국의 은행들 가운데 초단기자금시장에서 돈을 구하기 여의치 않을 때 재할인율을 감수하고 연준을 찾아가 돈을 빌리게 된다.

우리나라의 '총액한도대출'과는 어떻게 다를까?

일부에서는 미국의 재할인율을 한국은행의 총액한도대출과 비교하기도 한다. 총액한도대출은 형식 논리상 은행들이 기업에 돈을 빌려주는 대가로 받은 어음을 담보로 한국은행에 돈을 빌린다는 의미에서 미국의 재할인율 제도와 유사하다.

하지만 제도가 추구하는 목적은 크게 다르다. 미국의 재할인율 제도가 돈이 궁한 은행에 조금 비싼 이자로 돈을 빌려줘 유동성에 도움을 주기 위해 운영된다면, 우리나라의 총액한도대출 제도는 은행들의 중소기업 대출을 독려하기 위해 운영된다.

좀 더 자세히 들여다보면 한국은행은 은행들에게 싼 이자로 돈을 빌려주는 대신, 은행들은 중소기업에 낮은 금리로 대출을 해준다. 이 때문에 재할인율은 연방기금금리보다 높지만, 총액한도대출 금리는 기준금리보다 낮다.

물론 큰 틀에서 보면, 미국의 재할인율이나 우리나라의 총액한도대출 모두 통화정책의 한 수단이라는 점에서는 같다. 재할인율과 총액한도대출 금리를 인상하게 되면 결과적으로 은행과 기업들의 대출 수요가 줄어들어 시중 유동성이 축소되고 시중 금리도 오르게 된다. 비싸게 돈을 빌린 은행들이 비싸게 대출을 해주게 되고, 그 반대로 싸게 돈을 빌리게 되면 낮은 금리로 대출을 해줘 돈이 풀리는 효과가 나타난다는 것이다.

그렇다면 통화정책 영향력을 따져보면 어떨까. 결론부터 말하면 또 다른 통화정책 수단인 지급준비율 인상에 견줘 재할인율 인상의 파급 효과는 낮은 것으로 평가된다. 은행에 들어온 예금 가운데 중앙은행에 예치해야 하는 돈의 비율인 지급준비율을 인상하는 것은, 은행이 들고 있는 유동성을 중앙은행이 직접 흡수한다는 것을 의미한다. 이에 반해 재할인율은 은행에 대출 유인을 줄이는 간접적인 방식으로 시중 유동성을 관리하는 구조이기 때문이다.

한편 국내에서 쓰이는 재할인율이란 용어는 사뭇 다른 의미를 지니고 있다. 국내에서 재할인율이란 은행들이 기업들로부터 할인매입한 어음을 다시 한국은행이 할인매입할 때 적용하는 금리를 뜻한다.

재할인율

ㄴ 미국 통화정책의 한 수단으로, 연준이 은행들에게 돈을 빌려줄 때 적용하는 금리. 우리나라에서 중소기업에 저리로 대출해 주도록 한국은행이 은행들에게 돈을 빌려주는 '총액한도대출'과는 다르다.

나라경제 내신성적표

국가신용등급이란

한 나라의 외채 상환능력을 ▼ 측정하는 지표

한겨레   2010년 7월 14일

국제 신용평가회사인 무디스가 13일 포르투갈의 국가신용등급을 AA2에서 두 계단 하락한 A1로 조정했다. 심각한 재정적자와 성장잠재력 약화가 배경이 됐다. 무디스는 "포르투갈의 재정상태가 앞으로도 최소 2~3년간은 계속 악화되고, 국내총생산(GDP) 및 세입 대비 공공부채 비율도 각각 90%와 210%에 근접할 것"이라며 "최근의 구조개혁이 중장기적 결실을 맺지 못한다면 경제성장 전망은 취약한 상태에 머물 것"이라고 내다봤다. 그러나 무디스는 포르투갈의 신용등급 전망은 '안정적'이란 평가를 유지했다. 현재로선 향후 12개월 안에 신용등급을 재조정할 계획이 없다는 뜻이다.

2010년 11월 23일, 북한의 연평도 포격으로 한반도에 군사적 긴장이 최고조에 이르던 무렵, 세계 3대 신용평가기관인 무디스Moody's와 스탠더드앤푸어스S&P. Standard&Poors, 피치Fitch 등은 우리나라의 국가신용등

급이 종전대로 유지될 것이란 태도를 보였다. S&P는 "이번 사태가 한국에 대한 투자나 여타 신용측정 지표를 훼손시키지 않을 것"이며 "현 신용등급에는 연평도 포격과 같은 북한의 군사적 공격 위험이 포함돼 있다"고 언급했다.

북한의 연평도 포격 이튿날, 기획재정부 1차관 주재로 경제금융상황 점검회의를 연 정부는 안도의 한숨을 내쉴 수 있었다. S&P와 무디스, 피치 등 3대 신용평가기관의 동향은 이날 회의 안건 가운데 주요 논의 사항 가운데 하나였다.

지난 해 상반기에 천안함 사태가 터졌을 때도 정부는 자칫 국가신용등급에 영향을 줄까 노심초사해왔다. 이처럼 대북 리스크가 불거져 나올 때마다 정부와 금융시장에서 국가신용등급의 변동 여부에 촉각을 곤두세우는 이유는 뭘까?

**대북 리스크는
우리나라 신용평가의 중대 변수** | 국가신용등급은 곧 한 나라의 외채 상환능력을 측정하는 지표다. 다시 말해, 해당 국가가 채무를 이행할 능력과 의사가 얼마나 있는지를 'AAA', 'BB+' 등과 같은 등급으로 매기는 것이다. 현실적으로는 외화표시 장기국채의 신용등급을 의미하며, 국제금융시장에서 차입금리나 투자여건을 판단하는 기준이 된다.

기업과 금융기관 등 민간기관의 신용등급 판정의 기준이 되기 때문에, 등급 상향은 국가의 대외신인도를 높여줄 뿐 아니라 민간의 해외 차입비용을 줄이는 데도 기여하는 바가 적잖다. 쉽게 말해 국가신용등급이 하락하면 국외 투자자들은 대출을 꺼리고 대출금리도 올린다.

국가신용등급은 앞서 거론한 S&P와 무디스, 피치 등 3대 신용평가기관이 해당 국가의 경제 및 정치 상황 등을 고려해서 평가한다. 외환보유액과 외채구조 등 대외부문 건전성이 가장 중요하지만 거시경제 여건과 재정 건전성, 금융 및 기업 부문 경쟁력, 노동시장 유연성, 안보 위험 등을 종합적으로 고려해 평가한다. 한반도라는 지정학적 리스크를 안고 있는 우리나라의 경우는 대북관계가 매우 중요한 고려 요인이 된다.

1984년까지만 하더라도 세계 3대 신용평가기관으로부터 신용등급을 받는 나라는 12곳에 불과했다. 주로 신용등급이 우수한 선진국이었다. 지금처럼 국가신용등급을 받는 나라가 늘어난 것은 1980년대 후반 중남미와 아시아 개발도상국들이 국제금융시장에 진출해 적극적으로 자금조달을 받기 시작하면서부터다.

우리나라는 1980년대 중후반부터 비교적 우수한 신용등급을 받아 왔지만 1997년 말 외환위기를 거치면서 A등급에서 B등급으로 신용등급이 크게 하락하기도 했다. 이후 점차 신용등급이 회복되면서 2002년 이후에 다시 A등급을 받았다.

그렇지만 외환위기 이전 등급을 회복시켜준 신용평가기관은 무디스 한 곳 밖에 없다. 지난 해 4월 무디스는 한국의 국가신용등급을 A2에서 A1으로 올려, 3대 신용평가사 가운데 처음으로 1997년 외환위기 이전 수준으로 되돌렸다. A1 등급은 투자적격 등급 10개 가운데 다섯 번째다.

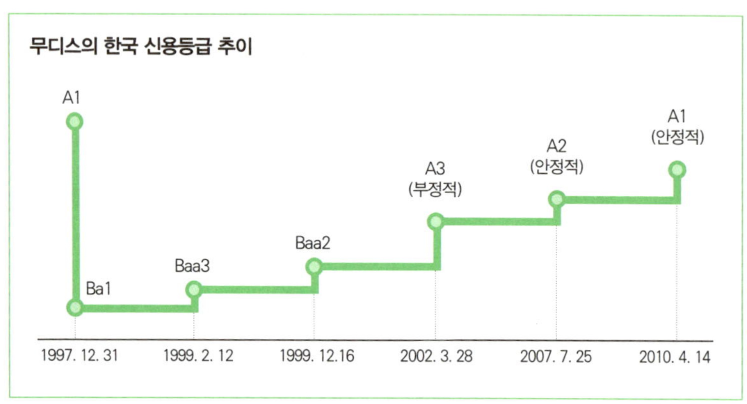

무디스는 한국의 신용등급을 상향 조정하면서, 글로벌 금융위기 이후 빠른 경제회복과 정부의 신속한 대응, 재정과 금융기관의 건전성 개선 등을 근거로 제시했다. 아울러 경상수지 흑자와 단기외채 감소, 2700억 달러 이상의 외환보유액 확충 등으로 외채를 갚지 못할 우려가 현저하게 개선됐다는 점도 덧붙였다.

앞서 무디스는 외환위기가 발생한 1997년 12월에 한국의 등급을 A1에서 Ba1으로 6단계나 내렸었다.

국제 신용평가기관들, 글로벌 금융위기의 '공범'?

정부는 국가신용등급이 상향 조정됨에 따라, 국내 금융기관 및 기업의 해외자금조달 여건이 개선되고 해외투자자의 투자심리를 개선해 주식 및 채권 시장에도 긍정적으로 작용할 것이란 전망을 내놓으며, 큰 의미를 부여했다.

그러나 일부에서는 한 나라를 쥐락펴락하며 '무소불위의 권력'을 행사하는 국제 신용평가기관들에 대한 불신감이 팽배해 있기도 하다. 미국 상원은 2008년 글로벌 금융위기를 야기한 투자은행들의 '공범'으로 이들에게 투자적격 등급을 내렸던 신용평가기관들을 지목한 보고서를 제출한 바 있다.

또 신용평가기관들이 높은 신용평가를 주는 대신에 고액의 수수료를 지급하는 투자은행들을 만족시키기 위해 노력해왔다는 전직 평가기관들의 폭로가 이어지기도 했다.

국가신용등급

└, 한 나라가 외채를 갚을 능력이 얼마나 되는지를 등급으로 매긴 것. 현실적으로는 국채의 신용등급을 의미하며, 국제금융시장에서 차입금리나 투자여건을 판단하는 기준이 된다.

금리로 신용도를 잰다

리보금리란

> **런던 은행간 자금거래에 적용되는 금리** ▼

서울경제　　　　　　　　　　　　　　　　　2008년 9월 26일

글로벌 시장의 자금사정이 급격하게 냉각되고 있다. 돈 가뭄이 진정되기는 커녕 오히려 악화되고 국제금융시장의 표준금리인 리보는 0.26%나 폭등했다. 이 같은 현상은 극심한 자금난에 시달리는 월가의 금융기관들이 시장에서 경쟁적으로 자금을 조달하는 과정에서 발생했다. 이에 따라 세계적인 달러 가뭄 현상은 심화되고 달러를 구하지 못한 이머징 마켓의 통화는 하락을 면치 못할 것으로 우려된다. 미국 정부가 사상 최대 규모의 공적자금 투입을 약속했음에도 글로벌 자금시장의 단기금리는 구제금융 발표 이전보다 더 치솟고 안전자산으로의 투자자 엑소더스는 심화하고 있다.

돈을 빌리거나 빌려줄 때는 그에 대한 대가로 이자를 지불해야 한다. 국내에서 돈을 빌릴 때는 국내 금융기관이 자체적으로 정한 대출금리를 활용하면 되지만, 국제금융시장에서 자금을 융통할 때는 어떤 금리

를 기준으로 삼아야 할까.

　국제금리라는 별도로 정해진 지표는 없고, 다만 '리보금리'가 국제 금융시장의 자금 융통에서 기준금리 역할을 하고 있다. 리보(LIBOR)는 'London InterBank Offered Rate'의 약자로 영국 런던에서 우량 은행간 단기자금을 거래할 때 적용하는 금리를 뜻한다.

**국가나 금융기관의
신용도를 재는 척도**　리보금리가 국제금융거래에서 기준금리로 활용되고 있는 것은 영국 런던이 세계에서 가장 오래되고 규모가 큰 금융시장이었기 때문이다. 리보금리는 영국은행연합회가 8개 이상의 은행으로부터 취합한 자료를 토대로 미 달러를 비롯한 10개 통화에 대해 매일 오전 11시에 발표한다. 파생상품 거래에 적용되는 기준금리의 필요성에 따라 1986년부터 고시되고 있다.

　각국의 금융기관이 외화자금을 들여올 때 리보금리에 일정한 가산금리(스프레드 spread)를 붙여 금리를 결정한다. 통상 외화를 빌릴 때 금리 조건에 대해 '리보 + ○○%' 식으로 얘기한다. 당연히 외화를 빌리는 기관의 신용도가 낮을수록 리보금리에 더 높은 가산금리가 붙는다. 따라서 리보금리는 자금을 빌리는 해당 국가나 금융기관 등의 국제신용도를 가늠하는 척도가 된다.

　아울러 국제금융시장의 자금 상황에 따라 리보금리가 변동하기 때문에, 리보금리 동향을 통해 국제금융시장의 자금 조달 여건을 파악할 수도 있다.

국제금융거래의 상황을 가늠하는 기준이 되는 다른 가산금리들

국제금융시장의 자금 조달 여건을 보여주는 지표로 'TED 스프레드'라는 것도 눈여겨 볼 필요가 있다. TED는 미국 국채$^{\text{T-Bill}}$와 유로 달러$^{\text{Euro Dollar}}$의 머리글자를 따서 만든 용어다. TED 스프레드는 신용위험이 없는 안전자산으로 간주되는 미국 국채 3개월물의 수익률과 리보금리 간의 차이를 말한다. 3개월물 리보금리에서 미국 국채 3개월물의 수익률을 빼면 TED 스프레드가 산출된다.

국제금융시장의 신용경색이 심해지면 안전자산으로 자금 유입이 확대돼 미국 국채 수익률이 낮아지고(국채 수요가 많으면 국채 가격은 올라가고 국채 수익률은 하락), 신용 위험을 반영하는 리보금리는 높아져 TED 스프레드가 확대된다.

반면 국제금융시장 상황이 좋아지면 위험자산 선호 현상이 커지면서 미국 국채 수익률은 높아지고, 리보금리는 낮아져 TED 스프레드는 축소된다.

실제로 TED 스프레드는 미국발 금융위기가 터진 직후 전 세계적인 신용경색 현상이 발생하자 지난 2008년 10월 사상 최고 수준인 425bp까지 상승했다. 바로 그 직전에 나온 위 인용기사는 당시의 급박한 상황을 그대로 묘사하고 있다.

하지만 미국을 중심으로 중앙은행들이 정책금리를 대폭 내려 공격적인 통화완화정책을 펴자 글로벌 유동성이 개선되면서, 2009년 들어 TED 스프레드도 금융위기 이전 수준인 100bp 이하로 축소됐다.

TED 스프레드와 함께 '리보 OIS 스프레드'도 자금시장에서 신용위험 정도와 유동성 상황을 보여주는 지표로, 주로 미국에서 사용된다. 리보 OIS 스프레드는 3개월물 리보금리에서 OIS Overnight Indexed Swap 를 뺀 값이다.

OIS는 1일물 변동금리(콜금리 1일물 가중평균금리나 연방기금 1일물 가중평균금리)를 고정금리와 일정 기간 교환하는 금리 스와프를 말한다. OIS는 원금교환 없이 이자율만 교환하기 때문에 신용 위험이 낮은 것으로 평가된다. 리보 OIS 스프레드의 확대는 은행간 자금시장에서의 신용 위험 증가를 의미한다. 리보 OIS 스프레드는 평상시에는 0~25bp 수준이지만, 글로벌 금융위기가 최고조에 달했던 2008년 10월 364bp까지 치솟았다.

리보금리

┗, 영국 런던에서 우량 은행간 단기자금을 거래할 때 적용되는 금리. 국제금융시장의 자금 상황에 따라 리보금리가 변하므로, 리보금리는 국제금융거래의 자금 여건을 가늠하는 지표가 된다.

미국의 중앙은행 혹은 세계의 중앙은행?

연방준비제도란

미국의 중앙은행 ▼

| 한겨레 | 2010년 11월 5일 |

미국 연방준비제도가 3일(현지시각) 연방공개시장위원회를 열고 내년 상반기까지 6000억 달러 규모의 국채를 사들여 시중에 유동성을 공급하기로 결정했다. 미국 경제를 살리기 위한 조처지만, 전 세계 환율갈등 재발 가능성, 신흥국 통화의 평가절상 및 물가 상승압력 우려가 커지고 있다.

우리나라의 중앙은행은 한국은행Bank of Korea이고 영국과 일본의 중앙은행은 각각 영란은행Bank of England과 일본은행Bank of Japan이다. 하지만 미국의 중앙은행은 미국은행Bank of the United States이 아니다. 미국 중앙은행의 정확한 명칭은 'Federal Reserve System'이다. 우리말로 옮기면 '연방준비제도' 정도가 될 것이다.

한국은행, 영란은행, 일본은행과 달리 미국 중앙은행의 명칭에 은행이라는 단어가 들어가지 않는 것은, 미국 중앙은행이 하나의 단일한 은행이 아니라 다소 복잡하고 독특한 구조로 되어 있기 때문이다.

'미국은행' 대신 '연방준비제도'라 불리게 된 연유

연방준비제도의 구조를 이해하기 위해서는 미국 중앙은행의 역사를 알아야 한다. 미국은 1783년 독립 이후 여러 차례 금융위기와 공황을 겪었는데, 이로 인해 미국인들은 월스트리트의 대형 은행과 금융자본에 대해 큰 반감을 갖게 되었다. 특히 권력의 중앙 집중에 대한 두려움으로 중앙은행 설립에 대한 반대가 극심했다.

이 때문에 두 차례 중앙은행이 설립됐지만, 1836년 두 번째 중앙은행이 해산된 뒤 미국에는 77년 동안 중앙은행이 존재하지 않았다. 지금의 중앙은행인 연방준비제도는 연방준비법 Federal Reserve Act 이 제정된 1913년 탄생했다. 이 과정에서 중앙집권적인 단일한 중앙은행을 원하는 쪽과 반대하는 쪽 사이에 팽팽한 의견 대립이 있었고, 중앙은행을 정부조직으로 할지 민간조직으로 할지를 놓고도 갈등이 심했다.

이런 논쟁과 갈등을 거쳐 나온 타협의 산물이 특이하고 복잡한 구조를 가진 연방준비제도라는 미국식 중앙은행이다. 연방준비제도는 하나의 단일 은행이 아니라, 12개의 지역 연방준비은행과 연방준비제도 이사회, 연방공개시장위원회, 연방자문위원회 등으로 구성된 시스템이다.

우선 연방준비법에 따라 미국 전역을 12개의 지역으로 나누고 각 지역마다 연방준비은행 Federal Reserve Banks 을 두었다(지도 참조). 연방준비은행은 해당 지역의 민간 상업은행이 주주로 참여해 설립했기 때문에 민간 소유다. 자산기준으로 보면 뉴욕, 시카고, 샌프란시스코 연방준비은행이 연방준비제도 총 자산의 50% 이상을 보유하고 있다. 그 가운데서도 뉴욕 연방준비은행이 단독으로 총 자산의 4분의 1을 차지하고 있어 가장 중요한 역할을 맡고 있다. 세인트루이스 연방준비은행은 미국 경제 전반에 관한 통계관리 업무를 담당한다.

연방준비제도이사회, 연준 내 최고 의결기구

연방준비제도이사회 Board of Governors of the Federal Reserve System 는 연방준비제도의 최고 의결기구로, 재할인율과 지급준비율 정책을 담당하고 일반 상업은행에 대한 각종 규제와 감독 권한을 가지고 있다. 연방준비제도이사회는 모두 7명의 이사로 구성되는데, 이들은 상원의 승인을 받아 대통령이 임명한다.

연방준비은행은 민간 상업은행이 출자해 만들었기 때문에 민간기구라고 할 수 있고, 연방준비제도이사회의 이사진은 대통령이 임명하기 때문에 정부기구의 성격을 갖는다. 따라서 연방준비제도는 민간기구와 정부기구의 성격을 함께 지니고 있는 셈이다.

연방준비제도이사회 이사의 임기는 독립성 확보를 위해 14년 단임제다. 의장은 7명의 이사 중에서 선택되고 임기는 4년이다. 우리에게도 잘 알려진 벤 버냉키가 바로 연방준비제도이사회 의장이다. 연방준비제도이사회는 지역 연방준비은행의 총재와 모든 임원의 연봉을 결

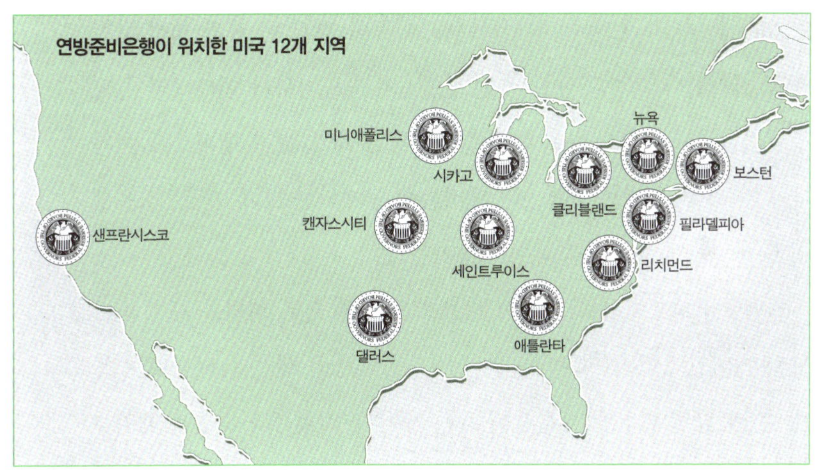

정하고, 지역 연방준비은행의 전체 예산에 대한 검토권을 갖는다. 이와 같은 구조를 통해 연방준비제도이사회는 지역 연방준비은행들에 대한 통제력을 발휘한다.

연방공개시장위원회, 연준 정책 결정의 핵심기관

미국의 정책금리는 연방공개시장위원회FOMC, Federal Open Market Committee에서 결정한다. FOMC는 1년에 8번 회의를 하는데, 이때 정책금리를 결정하고 본원통화의 공급을 조절하는 공개시장조작*에 관한 의사결정을 한다. 따라서 FOMC는 연방준비제도 내에서 정책결정의 핵심기관이다.

우리나라와 비교하자면 FOMC는 한국은행의 금융통화위원회와 비슷한 역할을 한다.

공개시장조작 중앙은행이 시중 통화량과 금리 수준을 조정하기 위해 은행 등 금융기관을 상대로 유가증권을 매매하는 것을 말한다. 시중에 통화량이 지나치게 많으면 중앙은행이 보유증권을 매각해서 시장에서 자금을 거둬들이고, 돈의 유통이 어려울 때는 증권을 사들여서 자금을 내보낸다.

FOMC에는 모두 12명이 참석하는데, 이들이 각각 한 표씩 행사해 정책을 결정한다. FOMC에는 우선 연방준비제도이사회 이사 7명이 모두 참석한다. 그리고 뉴욕 연방준비은행 총재가 고정 멤버로 들어가고, 나머지 네 자리는 뉴욕 연방준비은행을 제외한 11개 연방준비은행의 총재들에게 매년 순차적으로 돌아간다.

연방준비제도이사회 의장이 FOMC의 의장으로 회의를 주재하고, 고정 멤버인 뉴욕 연방준비은행 총재가 부의장을 맡는다. FOMC는 공개시장조작에 관한 의사결정을 하는 것이지, 직접 유가증권을 매입하거나 매각하지는 않는다. 공개시장조작과 관련한 실제 집행은 뉴욕 연방준비은행의 거래부서에서 대신한다.

연방준비제도

┗, 하나의 단일 은행이 아니라 12개 지역 연방준비은행과 연방준비제도이사회, 연방공개시장위원회로 구성된 미국의 중앙은행. 우리가 '한국은행'이란 명칭을 쓰는 것과는 달리 미국은 '미국은행'이란 명칭을 쓰지 않는다.

연방준비제도의 영문 약자는 FRB가 맞나요? ■ 국내 언론에서는 미국 중앙은행을 '미국 연방준비제도' 또는 '미 연준' 등으로 쓰고 영문 약자를 병기하는데, 'Fed'라고 쓰기도 하고 'FRB'로 쓰기도 한다. 하지만 FRB보다는 Fed가 더 정확한 표현이다.

한국은행은 2009년 8월 '미국 중앙은행의 영문 약자가 FRB인가 Fed인가에 대해서'라는 자료를 내 "미국 중앙은행의 영문 약자는 자체 홈페이지에서 사용하는 'Fed'를 따르는 것이 바람직하다"고 밝힌 바 있다. 미국 언론에서는 미국 중앙은행의 영문 약자를 'the Fed', 'Fed', 'the Federal Reserve' 등으로 표기하고 있다.

'파산'과 '파산위기'는 엄연히 다르다!

디폴트, 모라토리엄이란

빚을 못 갚는 사태 ▼

매일경제	2010년 6월 5일

헝가리의 재정위기가 불거지면서 유럽발 재정위기에 대한 우려가 증폭되고 있다. 빅토르 오르반 총리의 대변인을 맡고 있는 페테르 스지자르토는 이날 기자회견에서 자국 경제가 매우 심각한 상황에 처해 있다면서 국가 디폴트가 과장된 말이 아니라고 강조했다. 이 여파로 헝가리 통화, 주식, 채권 값이 일제히 급락하며 유럽발 재정위기를 고조시켰다. 헝가리가 유로존 회원국(유로화 사용 16개국)은 아니지만 그리스 재정위기 우려가 남유럽을 넘어 유럽 전역으로 확산될 것이란 공포가 엄습했다. 달러화에 대한 유로 환율은 장중 1.1991달러까지 하락하며 최근 4년 만에 최저치를 다시 경신했다. 유로·달러 환율이 1.20달러를 밑돈 것은 2006년 3월 이후 처음이다.

그리스를 비롯한 남유럽 지역 국가들이 금융 불안을 겪고 있던 와중인 2010년 6월 4일(현지 시각), 헝가리 빅토르 오르반 총리 대변인의 '디폴트' 발언은 일시적으로나마 국제 금융계를 발칵 뒤집어놓았다.

문제의 발언이 불거진 날 미국의 종합주가지수격인 다우존스지수는 전날보다 324.06포인트(3.16%)나 떨어진 9931.22로 마감하면서 1만선 아래로 추락했다. 다우존스지수와 더불어 미국의 3대 주가 지표로 꼽히는 S&P500지수는 37.95포인트(3.44%) 하락한 1064.88, 나스닥지수 역시 83.86포인트(3.64%) 내린 2219.17포인트에 각각 거래를 마쳤다.

영국, 프랑스, 독일 등 유럽 국가들의 증시 또한 전반적으로 하락세를 면치 못했다. 남유럽발 위기가 저변에 깔려 있는데 따른 것이었다 해도 결정타는 헝가리 쪽의 디폴트 발언이었다.

이날은 마침 한국 시각으로 토요일이라 국내에서는 주식시장이 열리지 않아 즉각 영향을 받지 않았지만, 주말을 지낸 월요일(7일)의 시장 상황은 어두웠다. 이날 한국의 종합주가지수인 코스피지수는 전 거래일보다 26.16(1.57%) 내린 1637.97로 마감하며, 지난 2주일 동안의 반등세가 꺾였다. 원-달러 환율은 34.10원(2.84%) 급등한 1235.90원에 거래를 마쳤다. 일본, 대만, 홍콩, 중국의 주식시장 모두 예외없이 하락했다.

1998년 한국의 외환위기는 디폴트였을까, 모라토리엄이었을까?

디폴트 default 는 '채무불이행'이란 뜻의 영어 단어다. 돈을 꾸어 쓴 쪽(채무자)이 빚의 원금이나 이자를 애초 계약대로 이행할 수 없는 처지에 빠진 상황을 일컫는다. 민간기업인 경우 경영부진 등으로 디폴트 상태에 빠진다. 채무자가 국가인 때는 전쟁, 혁명, 내란, 보유외환 고갈 등에 따라 대외채무를 갚지 못하는 지경에 처하곤 한다.

그리스, 헝가리 등이 디폴트 소문에 휩싸인 것은 ‘나라 곳간’(재정)의 부실 탓이다. 한국도 1997년 디폴트 위험에 빠져 국제통화기금(IMF)으로부터 구제금융을 받아 위기를 넘겨야 했다.

채무자가 디폴트 상황을 맞았다는 판단에 따라 채권자나 제3자에게 알려주는 것을 ‘디폴트 선언’이라고 하는데, 실제 사례는 드물다. 2006년 중남미의 벨리즈*Belize라는 나라가 디폴트를 선언한 유일한 나라로 기록돼 있다. 한 나라가 디폴트를 선언하는 것은 국가 파산을 인정하는 것과 마찬가지다.

‘모라토리엄’moratorium이란 응급처치 절차가 있기 때문에 현실적으로 디폴트 선언을 하는 일은 거의 없다. 디폴트와 비슷한 개념으로 잘 알려진 모라토리엄은 빚을 제 때 갚기 어려운 처지에 빠져 미루는 일(채무상

벨리즈의 디폴트 선언 중앙아메리카의 유카탄 반도 남쪽에 있는 벨리즈가 디폴트를 선언한 것은 2006년이었다. 사탕수수, 바나나, 감귤 등 농산물에 의존하는 취약한 농업경제인데다 경제 개방을 추진하는 과정에서 급격하게 누적된 외채 탓에 디폴트를 선언할 정도로 어려움을 겪었다. 미국, 영국 등에 대한 과도한 수출 의존도 또한 문제점으로 꼽힌다.

환유예)이다. 라틴어 'morari'(지체하다, 늦추다)에서 파생된 말로 알려져 있다.

한국이 외환위기를 겪고 있던 1998년 러시아가 경제위기로 모라토리엄을 선언한 바 있다. 앞서 1980년대 멕시코와 브라질도 모라토리엄을 선언하는 굴욕을 당해 대외적인 국가신인도 추락이라는 아픔을 맛봤다. 1차 세계대전 후인 1930년대 독일도 모라토리엄을 선언한 사례로 기록돼 있다. 국가가 모라토리엄을 선언하면 법정관리를 받는 기업처럼 채무재조정 절차를 밟게 된다.

디폴트

└ 개인이나 기업, 국가가 빚을 제 때 갚지 못하고 상환을 포기하는 것. 이보다 약한 뜻인 '모라토리엄'은 채무 상환을 미루는 것이다. 1998년 한국 역시 디폴트 위험에 처해 IMF로부터 구제금융을 받은 것이지 아예 디폴트 선언을 한 것은 아니다.

이산화탄소 감축도 국가경쟁력

교토의정서란

온실가스 배출을 줄이기 위한 국제사회의 약속

연합뉴스   2010년 12월 11일

멕시코 칸쿤에서 열린 제16차 유엔기후변화협약(UNFCCC) 당사국 총회는 2020년까지 연간 1000억 달러 규모의 녹색기후기금 조성 등을 담은 합의안을 내고 11일(현지시각) 폐막했다. …〈중략〉… 그러나 공약기간이 1년여 남은 교토의정서 이후의 체제에 대한 논의는 구체적으로 이뤄지지 않아 교토의정서의 운명이 내년 남아프리카공화국에서 열리는 총회에서 결정되는 과제를 남겼다.

이른바 '칸쿤 합의'라고 부르는 2010년 12월 멕시코 칸쿤에서 열린 '유엔 기후변화협약 제16차 당사국 총회'(COP16) 결과는 전 세계의 온실가스 감축 움직임 가운데 '중대한 결정'이라는 평가를 받는다. 그동안 지지부진하던 '유엔을 통한 전 지구적인 기후변화 관련 논의'를 계속 이어갈 수 있는 길을 텄기 때문이다.

칸쿤 회의에서 볼리비아를 제외한 194개 참가국들은 "선진 산업국들이 앞으로 10년 안에 온실가스 배출량을 1990년 대비 25~40% 줄여야 한다"는 내용에 동의했다. 이 내용은 앞서 지난 2009년 덴마크 코펜하겐에서 열린 '유엔 기후변화협약 제15차 당사국 총회'(COP15)에도 언급됐지만, 거의 모든 참가국이 동의를 한 것은 칸쿤 회의가 처음이다.

그러나 칸쿤 회의는 2012년 말 만료를 앞두고 있는 '교토의정서'를 대체할 만한 법적 구속력 있는 국제협약을 논의하는 데에는 별다른 진전을 보지 못했다. 교토의정서는 1997년 12월 11일 일본 교토 국제회관에서 탄생했다. 당시 유엔 소속 165개국 대표들이 모여 열흘 넘게 진행한 '유엔 기후변화협약 제3차 당사국 총회'가 막을 내리면서, 각국 대표단이 온실효과를 일으키는 가스를 언제까지 얼마큼 줄이겠다고 합의한 구체적인 내용의 결과물이 바로 교토의정서다.

교토의정서의 정식 명칭은 '기후변화에 관한 국제연합 규약의 교토의정서'Kyoto Protocol to the United Nations Framework Convention on Climate Change다. 앞서 1990년 지구 온난화를 막기 위해 전 세계 192개국이 모여 맺은 국제협약인 '기후변화협약'의 수정안이다.

1970년대 후반 학계에서 지구 온난화의 위험성에 대한 경고를 내놓기 시작하면서 이에 대한 대비책으로 나오게 된 것이 기후변화협약이다. 1990년 스위스 제네바에서 열린 '제2차 세계기후회의'에서 기본적인 협약을 맺었으며, 2년 뒤인 1992년 5월 브라질 리우데자네이루에서 열린 '유엔 환경개발회의'에서 정식으로 채택됐다. 이 때문에 '리우 환경협약'이라고도 부른다.

**탄소배출권 거래도
교토의정서에서 처음 도입** | 교토의정서가 기후변화협약보다 진일보한 점은, 국제법으로 온실가스 배출을 좀 더 구체화 해 규제하고 있다는 것이다. 기후변화협약의 경우, 협약 체결국인 192개국이 염화플루오린화탄소(CFC)를 제외한 모든 온실가스의 배출량과 제거량을 조사해 협상위원회에 보고하도록 했으며, 기후변화 방지를 위한 국가 계획도 작성해야 한다는 내용을 뼈대로 하고 있다.

그러나 교토의정서에서는 인준 국가를 대상으로 대표적인 온실가스인 이산화탄소와 메테인, 아산화질소, 과불화탄소, 수소화불화탄소, 육플루오린화황(육불화황) 등 모두 여섯 가지(각국 사정에 따라 과불화탄소, 수소화불화탄소, 육플루오린화황의 기준년도는 1995년 배출량으로 할 수 있음)의 온실가스의 배출량을 감축하며, 배출량을 줄이지 않는 국가에 대해서는 비관세 장벽을 적용한다는 내용을 담고 있다.

교토의정서에서는 또 온실가스를 줄여야 하는 국가가 의무 감축량보다 더 줄였을 경우, '탄소배출권'을 줘 일반 상품처럼 거래를 할 수 있는 '배출권 거래제도'ET, Emissions Trading도 도입했다. 반대로 의무 감축량을 못 지킨 국가가 다른 국가로부터 탄소배출권을 살 수도 있다. 즉, 산업이 발달해 의무 감축량이 부담되는 선진국이 개발도상국으로부터

탄소배출권을 구입해 개발도상국도 동반 성장할 수 있도록 유도하기 위한 정책이기도 하다.

교토의정서가 실제 발효된 것은 2005년 2월 16일이다. 발효 요건에 55개 협약 당사국의 비준을 얻어야 하며, '부속서Annex I'에 비준한 국가의 이산화탄소 배출량의 합이 1990년 기준으로 전체 배출량의 55% 이상을 차지해야 한다고 명시하고 있다. 전체 이산화탄소 배출량의 대부분을 차지하는 주요 선진국의 참여로 협약의 실질적인 효과를 내기 위한 것이다.

'부속서 I' 국가의 1990년 기준 이산화탄소 배출량은 미국(36.1%), 유럽연합(24.2%), 러시아(17.4%), 일본(8.5%), 캐나다(3.3%), 호주(2.1%) 순서다. 그러나 2004년 말까지 미국과 러시아가 비준을 미뤄오다 전체 배출량의 17.4%를 차지하는 러시아가 비준을 결정하면서 발효가 될 수 있었다.

'세계의 공장' 중국의 온실가스 배출에 대한 일본의 항의 거세

우리나라의 경우, 2002년 11월 국회가 조약에 비준했지만, 개발도상국으로 분류돼 지난 2008년부터 조약 이행 의무를 지기 시작했다. 의무 이행의 내용은 2008년에서 2012년까지 우리나라의 온실가스 배출 총량을 1990년 대비 평균 5.2% 감축하는 것이다.

1997년 교토의정서를 추진할 때부터 미국은 중국과 일본 등 잠재적인 경쟁 국가들에게는 온실가스 배출 규제가 없다는 점에서 자국의 산업 발전에 방해가 된다는 이유로 비준을 꾸준히 반대해 왔다. 이에 대해 미국의 환경단체와 민주당에서는 세계적인 환경 보호 흐름을 막는 것이라 강하게 비판했다. 결국 오바마 대통령은 대선 공약으로 '교토의정서의 조속한 비준'을 내세운 바 있다.

그러나 전 세계는 아직도 교토의정서의 후속안에 대한 논의로 진통을 겪고 있다. 교토의정서가 2012년이면 효력을 잃기 때문이다. 교토의정서를 이어갈 새로운 합의가 2012년 전까지 나오지 않는다면, 20년 가까이 유지해 온 국제사회의 온난화 방지체제가 사실상 무너질 것이라는 전망이 지배적이다.

2009년 말 덴마크 코펜하겐 기후회의(COP15)에서도 미국을 추월해 세계 최대 배출국이 된 '세계의 공장' 중국이 의무 배출국에 포함되는 데 강력히 저항하면서 합의를 도출하지 못한 점도 앞으로의 논의가 쉽지 않다는 점을 암시한다. 이 때문에 교토의정서의 운명을 지켜볼 수 있는 2011년 말 남아프리카공화국 더반에서 열리는 제17차 유엔기후변화협약 당사국 총회(COP17)에 전 세계의 관심이 더욱 높아질 것으로 보인다.

교토의정서

┗, 지구 온난화를 막기 위해 온실가스 배출을 줄이려는 국제사회의 약속. 회원국에 온난화 주범인 이산화탄소 등 여섯 가지 온실가스의 배출량 감축 의무를 강제하고, 이를 어길 경우 비관세 장벽을 적용한다는 내용을 뼈대로 한다.

화폐들의 로맨스 혹은 스캔들?

통화 스와프란

서로 다른 통화를 미리 정한 환율과 기간으로 교환하는 외환거래

머니투데이 　　　　　　　　　　　　　　　　　　　2010년 12월 2일

금융위기 과정에서 한국은행과 미국 연방준비제도이사회(FRB)간에 통화 스와프가 2008년 12월 2일부터 2009년 9월 22일까지 총 19차례에 걸쳐 414억 달러 규모로 이뤄진 것으로 나타났다. …〈중략〉… 이 같은 결과는 연준이 '금융규제개혁법안'(도드 – 프랭크법안)에 따라 금융위기 기간 중 국내외 금융사에 긴급융자를 제공한 내역을 1일(현지시간) 홈페이지에 공개한 데이터에서 나타났다.

'물물교환'을 뜻하는 '스와프'swap 는 두 쌍 이상의 부부가 배우자를 바꿔 가며 성행위를 하는 속어로 쓰이다가 지금은 경제에서도 심심찮게 등장하는 말이 되었다. 번역상 흔히 '스왑'이라고도 한다.

즉, '스와프 거래'라 함은 미래의 특정한 날짜나 기간을 정해 어떤

상품이나 금융자산을 상대방의 것과 일정비율로 바꾸는 것을 뜻한다. 따라서 통화 스와프는 두개 이상의 거래기관이 미리 정해진 기간과 환율에 따라 다른 통화로 차입한 자금의 원리금 상환을 상호 교환하는 것이라고 보면 된다.

통화 스와프 계약은 보통 만기가 1년 이상이며, 금융시장에서 환위험을 피하고 필요 통화의 자금을 조달하는 수단으로 이용된다. 환율변동에 따른 위험을 줄이려는 개인이나 기업들이 있기 때문이다.

예를 들어 A는 달러화 자금을, B는 엔화 자금을 각각 유리한 조건으로 차입할 수 있는데, A는 엔화 자금이 B는 달러화 자금이 필요하다고 생각해보자. 이럴 경우에 A는 달러화 자금을, B는 엔화 자금을 각각 차입한 뒤 이를 상호 교환하는 식이다. 차입자금에 대한 이자는 각각의 자금 이용자가 지급하고 만기가 되면 최초 차입자가 차입원금을 상환할 수 있도록 달러화 자금과 엔화 자금을 재교환함으로써 통화 스와프가 종료된다.

**원화 담보로
달러 대출받기** | 통화 스와프는 사실 글로벌 금융위기가 닥치기 전만해도 생소한 개념이었다. 개인이 복잡한 파생상품에 일일이 관심을 갖기는 어려운 일이다. 그러나 금융위기 직후 맺어진 국가 간 통화 스와프 협정으로 일반인들에게도 주목받기 시작했다.

위 인용기사에서 다룬 것 이전인 2008년 10월 30일 한국과 미국이 체결한 300억 달러 규모의 한-미 통화 스와프가 바로 그 것이다. 쉽게 말해 한국은행이 미국 중앙은행인 연방준비제도에 원화를 담보로 맡기고 300억 달러 대출 한도의 '마이너스 통장'을 만든 것이다. 당시 한-미 통화 스와프는 달러 부족에 시달리던 국내 외화자금 시장이 원활하게 돌아가도록 지원하면서 금융시장을 안정시키는 역할을 했다.

이후 한-미 통화 스와프 협정에 따른 외환대출의 최종 만기일은 당초 2009년 4월에서 2010년 2월까지로 연장되었다(일반적인 통화 스와프 협정기간은 3~6개월이다). 이 기간 동안 우리나라는 모두 160억 달러가 넘는 돈을 미국에서 빌려다 썼다.

국가 간 통화 스와프는 안정적인 상대국 통화를 이용해 협약을 맺은 국가의 통화가치를 안정시키는 데 주된 목적이 있다. 우리나라의 한국은행(한은)과 미국의 연방준비제도(연준) 사이에 통화 스와프 거래가 이루어지면, 우리나라에 달러가 부족할 경우 한은이 연준에 원화를 맡기고 미리 정한 한도 내에서 달러를 빌려다 쓸 수가 있다. 이를 통해 외화 유동성 위기를 넘길 수 있고 환율 안정을 꾀할 수 있는 셈이다.

물론 달러를 공짜로 빌려 쓰는 건 아니다. 미국 연준은 달러에 대한 이자로 런던은행간 금리인 '리보'■224쪽■를 적용하고, 한국은행은 또 다른 국제환시장 금리인 '통화 스와프 금리(CRS)'를 받는 식이다.

통화 스와프 금리란 통화 스와프 시장에서 달러 변동금리(리보)와 교환되는 원화 고정금리로, 국내 은행이 외국 은행에 원화를 담보로 달러를 빌려오면 달러 리보금리를 지급하고 원화 고정이자를 받는 것이다.

2008년 10월 당시 국내 은행들이 외환시장에서 받는 통화 스와프 금리는 0%에 가까웠다. 국내 은행들은 달러를 빌리면서 리보금리만큼

이자를 지급하고, 반대로 원화를 빌려주는 데 대한 이자는 거의 받지 못한 셈이다.

1920년대 미국의 금과 영국의 파운드 간의 거래에서 비롯

통화 스와프의 효시는 1920년대로 거슬러 올라간다. 1925년에 미국 뉴욕연방준비은행과 영국의 중앙은행인 영란은행은 미국의 금과 영국 파운드화 간에 2억 달러 어치의 스와프 협정을 맺었다.

현재와 같은 형태의 스와프 협정은 1961년 미국 뉴욕연방준비은행과 독일 연방은행이 미국 달러화와 독일 마르크화 간에 맺은 바 있다. 당시 독일연방은행은 마르크화 평가절상으로 투기자본이 유입되면서 미국에 이를 제안했다.

통화 스와프

┗, 2 이상의 거래기관이 정해진 환율과 기간에 따라 서로 다른 통화를 교환하는 외환거래. 환리스크 헤지 및 필요 통화의 자금조달 수단으로 주로 이용된다. 국가 간에는 외화 유동성이 부족할 때 자국 통화를 상대국에 맡기고 외화를 빌리는 계약을 맺는다.

한 줄의 경제학 ▼

말로만 친서민 떠드는
정부정책
한·줄·로·폭·로·하·기

서민의 돈은 눈먼 돈?
죄악세란

주세와 담뱃세의 별칭 ▼

매일경제   2010년 10월 4일

기획재정부는 국회 기획재정위원회에 제출한 국정감사 답변 자료에서 "담배에 부과되는 세부담 수준이 외국에 비해 매우 낮은 데다 상대적으로 서민의 세부담 증가를 가져올 수 있다"며, "종합적으로 고려해 담뱃세 인상 문제를 신중히 검토해야 한다"고 밝혔다. …〈중략〉… 정부는 재정 건전성 강화를 위한 세수 확보 차원에서 담뱃세와 주세 등 이른바 죄악세의 세율 인상을 추진해왔지만, 친서민 정책 기조로 인해 당분간 인상 방침을 보류한 상태다.

술이나 담배에 붙는 세금을 묶어 이른 바 '죄악세'$^{Sin\ Tax}$로 규정해 세율을 올리려는 시도가 본격적으로 이뤄진 것은 지난 2009년 7월의 일이다. 서울 충무로 2가 세종호텔에서 열린 '소비세제 개편에 관한 정책 토론회'에서 세금 인상을 통해 술값과 담뱃값을 올려야 한다는 주장이 제기됐다. 이 토론회는 조세연구원이 정부의 의뢰를 받아 담뱃세, 주

세 등 개별소비세제 정책과제를 연구한 내용을 발표한 자리였다. 사실상 정부의 구상을 내놓은 것으로 볼 수 있었다.

당시 조세연구원 쪽은 담뱃값 인상의 명분으로, "매년 물가상승에도 불구하고 담배에 붙는 명목세액이 고정되어 있기 때문에 물가 변동을 감안한 실질 세액은 물가에 반비례해 감소하므로 실질적인 감소 효과를 나타낸다"는 점을 들었다. 또 "음주 폐해를 축소·정상화하기 위해서는 주세를 현행 72%에서 100% 이상으로 올리는 것이 바람직하다"고도 했다.

여기에 덧붙여 보건사회연구원 쪽은 "진료비, 간병비, 작업손실액 등 흡연과 음주 때문에 생기는 사회경제적 비용을 모두 합하면 해마다 24조6235억 원이 든다"는 점을 들었다.

흡연과 음주가 국민 건강에 나쁜 영향을 끼치고, 질병과 사고 등으로 생기는 사회경제적인 비용이 크니 세금 인상을 통해 수요를 억제해야 한다는 것이다. 이른 바 죄악세 논란의 실마리였다. 이렇게 불거진 죄악세 도입 방안은 이듬해 6월의 지방선거 등 고비 때마다 쟁점으로 떠올랐지만, '부자 감세'의 역풍 탓에 세율 인상은 쉽사리 이뤄지지 못했다.

**턱수염에도
부과되었던 세금** | 죄악세의 역사를 되짚어 보면, 꽤 먼 옛날로 거슬러 올라가며 꼭 주세와 담뱃세만 가리키는 것도 아니었다. 죄악세는 16세기에 처음 등장한 것으로 알려져 있다. 교황청을 중심으로 사치와 향락, 음모, 매매춘, 성직 매매가 횡행하던 때였다.

당시의 추악한 유행을 앞장서 이끌었던 교황 레오 10세는 기발한 상술을 동원해 사치스러운 생활 자금을 끌어들였던 것으로 유명했다. '면죄부' 판매가 그 한 예이다. 여기에 수입원을 하나 더 보탠 것이 창녀들에게 물린 세금이었다. 보통 이 세금을 '죄악세'의 효시로 본다.

그 뒤에 이어지는 죄악세의 역사도 가관이었다. 제정 러시아의 표트르 대제는 낙후된 러시아의 상징으로 턱수염을 지목하고, 아예 턱수염을 기른 사람들에게 세금을 물리기도 했다.

궁정화가 이반 니키탄이 그린 표트르 대제의 초상화. 턱수염을 기른 사람들에게마저 세금을 부과해서인지 초상화 속 그는 턱수염 대신 콧수염을 길렀다.

미국의 초대 재무장관인 알렉산더 해밀턴은 1791년 세수 확충을 위해 주세 부과안을 마련한 바 있다. '농민들이 술을 많이 마셔서'라는 게 증세 방안의 이유였다고 한다. 분노한 농민들이 일으킨 이른바 '위스키 반란'에 밀려 해밀턴의 구상은 결국 실현되지 못했다.

우리나라에서는 구한말인 1909년 일제의 영향 아래 '주세'와 '연초세'(담뱃세)가 동시에 도입됐다. 주세는 수량 기준으로 매겨지다가 1968년 가격 기준으로 바뀌었다. 담뱃세는 전매제도 도입, 외국과 벌인 통상협상, 담배인삼공사의 민영화를 거치면서 변모해왔으며 지금은 담배소비세와 지방교육세 등으로 나뉘어져 있다.

**생활고에 술·담배만 느는 서민들,
세금마저도……**

술 한 병, 담배 한 갑에 붙는 세금은 얼마나 될까? 맥주를 기준으로 삼으면, 생산 원가가 100일 때, 주세 72, 교육세가 24씩 따라붙는다. 이를 모두 합하면 196이며, 이 수치의 10%(19.6)인 부가가치세가 붙어서 맥주의 출고가격이 정해진다.

2011년 1월말 기준 하이트 병맥주 $500ml$ 짜리 원가는 478.58원인데, 여기에 주세 등이 붙어 공장 출고가는 1019.17원에 이른다. 출고가의 53%가 세금인 셈이다. 담배의 경우 세금 비중은 더 커 62%에 이른다. KT&G 담배인 '원' 2500원짜리에 붙어 있는 세금은 담배소비세 641원, 국민건강증진기금 354원, 지방교육세 321원, 부가가치세 227원, 폐기물부담금 7원 등 1550원이다.

재정 확충의 절실함을 안고 있는 나라들에서는 죄악세 도입의 유혹이 강할 수밖에 없다. 간접세라 조세 저항이 약하고, '국민 건강' 등의 명분도 분명할 뿐더러 조세 확충 효과도 확실하기 때문이다.

술·담배는 '외부불경제'external economy, 外部不經濟를 초래한다는 다소 고상한 경제적 논리가 여기에 가세한다. 외부불경제는 개인의 특정 행위가 외부의 다른 사람들에게 나쁜 영향을 끼치는데도 이에 합당한 비용을 물리지 못하는 상황을 뜻한다. 자동차를 타고 다니는 사람은 편안함을 즐기지만 다른 사람들은 매연으로 피해를 보게 되는 경우가 이에 해당한다.

술·담배도 마찬가지다. 우리나라에서 음주와 흡연에 따른 연간 사회적 비용이 24조 원에 이른다는 조사 결과가 있을 정도로 대표적인 외부불경제 요인이다. 이런 막대한 비용은 술·담배를 즐기지 않는 사람도 보험료와 부담금 따위의 형태로 일정 부분 부담하게 된다. 따라서 사회적 비용을 최소화하려면 외부불경제 품목인 술·담배의 소비를 강제로라도 줄여야 하고, 이를 위해 세금을 올릴 수 있다는 논리가 성립한다.

하지만 죄악세에는 치명적인 약점이 있다. 조세 부담이 상대적으로 저소득층에 집중돼 부의 재분배 효과를 거두지 못하는 사실상의 역진세*라는 사실이다. 더욱이 국내에서는 부자들한테 대규모 감세를 해준 여운이 진하게 남아 있어 주세와 담뱃세 인상에 대한 거부감은 더욱 큰 실정이다. 죄악세 논란이 불거질 때마다 정부 쪽에서 슬그머니 한발을 빼고, 여당 내부에서마저 비판적인 목소리가 자주 터져 나오는 배경이 바로 여기에 있다.

죄악세

└ 술이나 담배 등 사회적 비용을 초래하는 품목에 매기는 징벌적 성격의 세금. 주세나 담뱃세의 별칭이다. 죄악세는 조세 부담이 상대적으로 저소득층에 집중돼 있어 부의 재분배 효과에 취약하다.

서민을 위해 돈을 쓴다는 것은?

복지예산이란

한 나라의 복지수준 지표

한겨레　　　　　　　　　　　　　　　　　2010년 12월 24일

"정부의 복지예산은 매년 늘어나고 있으며, 내년 복지예산은 역대 최대다. 우리가 복지국가라고 해도 과언이 아닐 정도의 수준에 들어가고 있다."(이명박 대통령) "내년도 복지예산 증가율이 급감했는데도, 정부는 자화자찬을 하고 있다."(민주당 전현희 대변인) 여당이 강행처리한 내년 예산안과 관련해 '복지예산 삭감' 논란이 벌어진 데 이어, 대통령까지 복지예산을 '역대 최대'라고 자평하고 나서면서 논란이 더욱 가열되고 있다.

'복지국가' 논란이 뜨겁다. 정치권과 시민단체, 언론, 학계까지 모두 나서 과연 우리나라가 어떤 형태의 복지국가를 지향해야 하는지를 놓고 논쟁을 벌이고 있는 것이다. 복지 논쟁에는 여러 쟁점이 있지만 정부의 복지지출 수준이 어느 정도인가 하는 것도 의견이 엇갈리는 부분 가운데 하나다.

뜨거워지는 '복지' 논쟁

정부의 복지지출 수준을 측정하는 지표는 매우 다양하다. 가장 대표적으로 쓰이는 지표 가운데 하나는 이른바 '복지예산'이다.

정부는 예산을 성격에 따라 통일·외교, 국방, 교육, 사회복지, 보건 등 16개 분야로 묶어 관리한다. 이 중 '사회복지'와 '보건' 분야를 합쳐 흔히 '복지예산'이라 한다. 여기에는 보건복지부, 여성가족부, 노동부 등 9~10개 부처에서 담당하는 각종 복지 관련 250여 개 사업의 예산이 들어간다. 기초생활급여, 기초노령연금, 장애수당, 보육지원, 4대 공적연금(국민연금, 사학연금, 공무원연금, 군인연금), 실업급여, 보훈연금, 국민임대주택 건설융자, 저소득층 의료급여 등이 대표적인 항목들이다.

가난의 원인은 단지 개인의 게으름 때문이 아니라 국가의 책임이기도 하다는 인식이 법률에 반영된 '엘리자베스 빈민법'이 1601년 영국에서 처음으로 제정되었다. 그림은 당시 영국의 국왕인 엘리자베스 1세의 초상화.

위 기사에서 대통령과 야당이 논란을 벌인 대상도 바로 '복지예산'이다. 그럼 양쪽의 주장은 왜 엇갈리는 것일까? 그것은 서로 강조하는 부분이 다르기 때문이다. 국회를 통과해 최종 확정된 2011년 복지예산은 86조4000억 원으로 2010년보다 6.3% 증가했다. 전체 정부예산에서 차지하는 비중은 28%다. 예산규모와 전체 예산에서 차지하는 비중 모두 역대 최고다. 대통령이 주장하는 근거가 되는 부분이다.

반면, 야당 쪽 주장은 '증가' 자체가 아니라 '증가율'에 주목해야 한다는 것이다. 우리나라 경제 규모가 해마다 커지기 때문에, 매년 정부 전체 예산 규모도 따라서 증가하고, 당연히 복지예산 뿐 아니라 다른 예산들도 사상 최고를 기록한다. 전체 예산 대비 복지예산 비중이 늘어나는 것 역시 각종 복지제도가 초입단계에 있고 고령화가 진행되고 있는 우리나라로서는 당연한 결과라는 지적이다. 비교가능한 통계가 작성된 참여정부 시절 이후 이 비중이 줄어든 적은 없다.

하지만 복지예산 규모 자체가 아니라 증가율(본예산 기준)은 2006년~2008년 10.2%, 9.6%, 10.2%로 10% 안팎이었으나, 현 정부가 예산안을 짜기 시작한 2009년~2011년에는 10.2%, 8.8%, 6.3%로 점점 낮아지고 있다. 더구나 정부는 2012년 7.6%, 2013년 5.7%, 2014년 4.3%로 복지예산 증가율을 점점 낮추겠다는 재정계획을 짜놓은 상태다.

한국의 복지수준은 OECD 회원국 중 최하위권 | 복지예산도 나름 우리 정부의 복지지출 수준을 가늠할 수 있는 지표지만 큰 단점이 있다. 바로 국제 비교를 하기 어렵다는 점이다. 과연 우리나라가 경제력에 걸맞은 복지지출을 하고 있는지 제대로 평가하려면 다른 나라들, 특히 경제개발협력기구(OECD) 회원국들과의 비교가 중요하다.

OECD에서 각 나라간 복지수준 비교를 위해 사용하는 대표 지표는 '공공복지지출'public social expenditure 이다. 좀 더 정확하게 말하면 이 공공복지지출이 전체 국내총생산(GDP)에서 차지하는 비중이다. 언론에서 우리나라 복지를 OECD와 비교하면서 사용하는 수치는 대부분 이 지표라고 보면 된다. 이 공공복지지출은 위에서 설명한 복지예산과 대부분 겹치지만 몇 가지 점에서 다르다.

우선 복지예산에는 중앙정부의 복지지출만 포함되지만 공공복지지출에는 지방자치단체가 자체적으로 집행하는 복지지출도 포함된다. 또 복지예산에는 건강보험기금 지출이 빠지지만, 공공복지지출에는 들어간다. 반면 복지예산에는 국민주택기금 융자사업 등 국토해양부의 주택부문 지출이 포함되지만, OECD 기준에서는 빠진다.

이런 차이를 감안해 우리 정부는 매년 국책연구기관인 보건사회연구원에 OECD 기준에 맞춰 복지지출을 재산정하도록 연구 의뢰하고, 그 결과를 OECD에 보고한다. 이렇게 재산정한 우리나라의 공공복지지출 규모는 복지예산보다 일반적으로 소폭 상승하는 것으로 나타난다.

보건사회연구원의 2010년 초 보고서를 보면 2008년 기준 우리나라 GDP 대비 공공복지지출 규모는 8.3%로 OECD 국가 가운데 7.6%인 멕시코를 제외하고는 가장 낮은 수준이다. 또 OECD 평균 23.7%의 절반에도 못 미친다. 결국 경제 규모로는 선진국에 가까운 우리나라의 복지수준은 국제기준으로 평가하면 여전히 후진국인 셈이다.

복지예산

ㄴ 국민에게 최소한의 건강하고 문화적인 삶의 질을 보장하기 위해 정부 재정과 사회보험에서 지출하는 돈의 총액. OECD 기준 우리나라 공공복지지출 수준은 국내총생산 대비 8.3%로, OECD 회원국 가운데 최하위권에 속한다.

고용이 소비를 이끈다

잡 셰어링이란

1명의 풀타임 일자리를 2명 이상의 파트타임 일자리로 나누는 것

연합뉴스   2009년 1월 15일

이명박 대통령은 15일 경제위기 극복방안과 관련, "고통을 분담하는 차원에서 임금을 낮춰 고용을 늘리는 잡 셰어링 방법을 강구해 보는 것이 어떠냐"라고 말했다. 이 대통령은 이날 제2차 비상경제대책회의를 주재한 자리에서 "청년실업 대책도 중요하지만 무엇보다 일자리가 없는 가장에 대한 대책이 시급하다"면서 이 같이 제안했다.

지난 2009년 연초부터 글로벌 경기침체에 따른 본격적인 고용 대란이 현실로 다가오자, 임금을 깎아 일자리를 나누는 게 정부와 재계의 화두로 등장했다.

대통령이 직접 나서 일자리 나누기를 제안하자, 정부는 공공기관이 신입사원을 뽑을 경우 초임을 최대 30% 삭감하도록 지시했고, 재계에

서는 30대 그룹의 채용 담당 임원들이 대졸 신입사원의 초임을 최대 28% 깎아 고용안정과 신규채용 재원으로 사용하겠다고 발표하기도 했다. 특히 재계에서는 고용 대란을 해소하기 위해서 "우리 경제 수준에 비해 지나치게 높은 대졸 초임 수준을 낮출 필요가 있다"는 주장도 펴고 있다.

언론에서는 정부나 재계가 주장하는 임금 삭감을 통한 일자리 유지나 나누기를 두고 '잡 셰어링'이라고 표현하고 있다. 하지만 전문가들은 잡 셰어링의 본래 의미는 이와 좀 다르다고 설명한다.

임금 깎아 채용 인원 늘리는 건 '잡 셰어링' 아니다

노동부에 따르면 큰 틀에서 '일자리 나누기'라는 말은 임금삭감 또는 근로시간 단축 등을 통해 일자리를 유지하거나 창출하는 것을 의미한다. 좀 더 세부적으로 보면 국제노동기구(ILO)에서 정의한 '워크 셰어링'work sharing과 '잡 셰어링'job sharing 이라는 개념이 있다.

워크 셰어링은 근로시간 단축을 통해 일감을 나눔으로써 고용을 유지하거나 창출하는 것을 뜻한다. 잡 셰어링은 직무분할을 통해 1명의 풀타임 일자리를 2명 이상의 파트타임 근로자에게 나누어 주는 것을 말한다.

이 기준에 따르면 임금을 깎아 채용 인원을 늘리거나 일자리를 유지하는 것은 워크 셰어링도 잡 셰어링도 아니다. 그냥 넓은 의미에서 '일자리 나누기'라고 표현하는 게 맞다.

일자리 나누기의 성공적인 모델은 1990년대 독일의 폴크스바겐 사례가 손꼽힌다. 폴크스바겐은 1990년대 일본 자동차 업체의 약진으로 인해 판매고가 줄어들고 전사 매출이 하향 조정되면서 회사의 운영이 어려워지자, 주당 36시간이었던 근로자의 노동시간을 28.8시간으로 줄이고 임금을 10% 삭감하는 대신 약 2만 개의 일자리를 지켜냈다. 노동시간 단축에 따른 임금 감소분도 다양한 방식으로 보전하는 장치를 마련해 노사합의가 이뤄질 수 있었다. 이것은 흔히 불황기에 노동시간 단축과 일자리 보전을 통해서 회사와 근로자가 서로 윈-윈하는 방식으로 받아들여졌다.

경제위기 틈탄 기업들의 일방적인 비용절감 행위로 둔갑 | 정부나 재계의 잡 셰어링 움직임이 노동시간 단축을 통해 일자리 나누기로 이어진다면 경제위기 극복에 도움이 될 것이다. 하지만 임금만 깎고 채용 인원은 늘리지 않는다면 이는 일자리 나누기가 아니라 경제위기를 틈탄 기업 쪽의 일방적인 비용절감 행위에 불과하다.

30대 그룹의 신입사원 초임 삭감 방침에 대해 우려의 목소리가 나왔던 것도 바로 이런 이유 때문이다. 이들 기업은 임금 삭감 계획만 밝히고, 신규채용 규모나 구체적인 고용안정 대책은 내놓지 않았다. 더욱이 나중에 신규 인력을 채용하더라도 임금 삭감을 고려해 인원을 더 뽑았는지 확인할 길도 없다.

임금을 조금 깎는 대신 고용을 많이 늘린다면 경제에 도움이 되겠지만, 임금만 깎는다면 경기침체를 더욱 가속화시킬 수 있다. 임금이 줄면 가뜩이나 움츠러들어 있는 근로자들은 지갑을 더 닫게 되고 이는 내수회복을 통한 경제 살리기 노력에 찬물을 끼얹을 수 있다.

이 때문에 일자리 나누기 정책이 경제위기 해법의 하나로 제대로 효과를 내기 위해서는 사회 전체의 임금총액 자체를 유지하거나 오히려 늘려 근로자들의 실질구매력을 높이는 방안을 적극적으로 고민해야 한다는 목소리가 설득력을 얻고 있다.

미국의 32대 대통령 루스벨트는 대공황 당시 법정 근로시간을 단축해 일자리를 늘리는 동시에, 근로자의 소비 여력을 키워 경제위기에서 탈출하기 위해 명목임금도 함께 올리는 정책을 폈다.

실제로 대공황 당시 미국 루스벨트 대통령은 법정 근로시간을 단축해 일자리를 늘리는 동시에, 근로자의 소비 여력을 키워 경제위기에서 탈출하기 위해 명목임금도 함께 올리는 정책을 폈다.

잡 셰어링

ㄴ 직무분할을 통해 1명의 풀타임 일자리를 2명 이상의 파트타임 일자리로 나누는 것. 임금을 깎아 채용 인원을 늘리거나 일자리를 유지하는 정부의 '일자리 나누기' 정책은 잡 셰어링이 아니다. 이는 재계 쪽의 일방적인 비용절감 행위에 그칠 수 있다.

물흐름이 물거품이 된 사연

트리클 다운이란

정부의 대기업 우선 성장 정책 ▾

한국경제   2010년 4월 30일

국내 IT 부품·장비 업체가 사상 최대의 호황을 맞고 있다. 삼성전자, LG디스플레이, 하이닉스반도체 등 대기업들이 반도체와 LCD 증설 투자에 나서면서 수주물량이 급격히 늘어나는 트리클 다운 효과를 누리고 있는 것. 대만, 일본 등 해외 기업들의 발주물량도 줄을 잇고 있어 주요 부품·장비 업체마다 실적 목표치를 상향 조정하는 분위기다.

2008년 2월 출범한 이명박 정부 초기에 널리 유행한 말 가운데 하나가 '트리클 다운'trickle down(적하) 효과였다. 유행어에 머문 정도가 아니라, 정부 경제정책의 주요 줄기를 이뤘다. 트리클 다운이란 영어 단어와 적하滴下라는 표현을 써놓고 보니, 낯설게 느껴질지 몰라도 내용 자

체는 사실 복잡할 게 없다.

물통에 넘친 물이 흘러 trickle 바닥을 적시듯 정부가 대기업에 대한 투자를 물이 넘치듯 집중해서 하면 그 효과가 바닥에 있는 중소기업은 물론 국민들에게까지 돌아간다는 뜻이다. 결국 '대기업이 잘 되면, 덩달아 중소기업과 일반 소비자들한테도 혜택이 돌아간다'는 말이다.

이를 정부 경제정책에 적용하면, 대기업의 성장을 촉진하는 쪽으로 잡히는 건 당연지사다. 쉬운 우리말로 '물흐름 효과'라고 풀이하기도 한다.

미국에서도 이미 실패한 정책

'트리클 다운'이라는 말이 본격 거론된 것은 1989~1992년 미국에서였다. 미국의 제41대 대통령인 아버지 부시 George Herbert Walker Bush 가 재임 중이던 때로, 트리클 다운은 이 시기 경제정책의 뼈대를 이뤘다. 정부가 감세 등을 통한 투자 촉진책으로 대기업과 부유층의 부富를 늘려주면 중소기업과 소비자들한테 혜택이 돌아감은 물론, 이것이 결국 총체적인 국가의 경기를 자극해 경제 발전과 국민 복지가 향상된다는 취지였다. 그러나 (아버지) 부시 행정부의 트리클 다운 정책은 별 효과를 거두지 못했고, 1993년 1월 클린턴 행정부가 들어서면서 폐기되었다.

미국에서도 사실상 버려진 트리클 다운 정책이 한국에서는 여전히 힘을 발휘하고 있다. 주로 보수 진영에서 경제 현상을 설명하고 해법으로 제시하는 데 트리클 다운 논리를 든다.

트리클 다운 정책은 아버지 부시(사진 맨 왼쪽) 정부 당시 미국의 대표적인 경제정책이었으나 별 효과를 보지 못하다, 다음 정권인 클린턴(사진 맨 오른쪽) 정부에서 폐기됐다.

2007년 대통령 선거를 앞두고 한나라당에서 마련한 정책 공약집을 보면, 트리클 다운 정책을 바탕으로 삼은 인식이 고스란히 드러나 있다. 당시 이명박 후보와 한나라당은 "7% 경제성장으로 연간 60만 개, 대통령 임기 동안 300만 개의 일자리를 만들겠다"고 공약했다. 성장은 곧 고용으로 이어진다는 물흐름 효과를 기대한 것이다. 이는 다시 이명박 정부가 표방한 일자리 정책의 줄기를 이뤘다. 대기업들에 적용되는 각종 규제 완화나 감세 등 투자 활성화 조처도 여기서 비롯됐음은 물론이다.

전형적인 트리클 다운 정책을 폈던 1989~1992년의 미국과 마찬가지로, 이명박 정부의 한국에서도 기대와 달리 '물흐름' 효과는 현실에서 나타나지 않았다. 이명박 정부 출범 첫해인 2008년 10월 금융위기를 기점으로 경제성장률은 마이너스 행진을 거듭했고, '고용 대란'이 빚어져 "7% 성장, 300만 개 일자리" 구호는 공허한 메아리가 되었다. 물흐름이 물거품이 된 셈이다.

**성장과 투자와 고용의
엇박자 공화국**

트리클 다운이 그럴듯한 논리와는 달리 현실에서 잘 통하지 않는 것은 한국 경제의 구조 탓이라는 게 정설이다. 대기업과 중소기업, 성장과 고용 사이의 연결 고리가 끊겨 있다는 것이다. 세계화 흐름에 따라 국내 대기업들은 싼 부품을 국외 중소기업들한테서 조달받는 경우가 많고, 대기업의 성장이 국내 중소기업의 활력으로 곧바로 연결되지 않는다. 따라서 대기업의 투자가 국내 중소기업의 성장으로 이어진다는 보장이 없다.

또한 대기업 위주의 성장이 국내에서 고용을 늘리는 효과도 매우 제한적이다. 심지어 성장에 필수 요건으로 여겨지는 투자가 오히려 고용을 줄이는 현상마저 현실에서는 자주 목격된다. 한국 경제의 성장을 이끄는 대기업 수출이 노동집약적 품목보다는 반도체나 자동차 등 자본집약적 품목 위주로 짜여 있기 때문이다.

위의 인용기사처럼 특정 산업에서 단기적으로 제한적인 트리클 다운 효과를 거둘 수는 있어도 우리나라 경제 구조를 감안할 때 국가경제 전체의 활력을 트리클 다운 효과에 기대하기는 어려운 것으로 여겨진다.

트리클 다운 효과

∟ 대기업의 성장을 촉진하면 덩달아 중소기업과 서민에게도 혜택이 돌아가 총체적으로 경기가 활성화 된다는 이론. 이명박 정부의 대기업 우선 성장 정책을 뜻한다. 1990년대 초 당시 미국 경제정책의 뼈대를 이루다 폐기됐다.

정부
Trickle Down
대기업
중소기업
서민

호황기에 돈 쌓아 두는 유비무환

동태적 대손충당금 제도란

호경기에 충당금 좀 더 비축하기 ▼

이데일리   2010년 9월 15일

대손충당금 제도가 경기순응성에 미치는 영향을 완화하기 위해 경기변동에 따라 대손충당금을 설정하는 동태적 대손충당금 제도의 도입이 필요하다는 지적이 제기됐다. …〈중략〉… 윤석현 숭실대 교수는 "현행 대손충당금 제도는 향후 예상손실이 아닌 과거 손실률을 근거로 충당금을 쌓고 있어 미래의 경기변동에 대응하지 못한다"며 이 같이 밝혔다.

2008년 불어닥친 글로벌 금융위기는 그간의 금융감독 시스템에 적지 않은 문제점이 있음을 확인시킨 계기가 되었다. 각국 금융감독기구들은 선제적으로 금융위기를 방어해 내지 못했던 원인을 찾기 시작했으며, 이런 노력은 G20의 핵심 과제에 반영되기도 했다. 그 중 하나가 바로 '동태적 대손충당금 제도'이다.

**재정 부실과 충당금 부담의
악순환 고리** | '대손충당금'이란 금융기관이 기업이나

개인 등 금융소비자에게 빌려준 돈 가운데 돌려받지 못하는 부분에 대
비해 쌓아놓는 돈이다. 대출 부실비율이 높아지면 대손충당금도 커진
다. 문제는 금융위기처럼 대출 부실이 급격히 늘어나는 경우다. 부실
이 늘어나는 만큼 충당금 부담도 커져, 금융소비자에게 빌려줄 돈은
부족해진다. 흔히 말하는 유동성 위기가 촉발되는 셈이다.

동태적 대손충당금 제도는 위기가 발생할 때 충당금을 쌓아야 하는
것과는 달리 경기가 좋을 때 충당금을 더 쌓도록 하고, 대출 부실이 늘
어나는 경기 부진 시기에 충당금을 덜 쌓게 하는 방식이다. 쉽게 말해
서 호시절에 미리미리 대비를 해놓으면 위기가 왔을 때 충당금 부담을
덜게 돼 유동성 위기와 금융기관 부도 위험을 낮출 수 있다는 얘기다.

실제로 지난 2000년 7월부터 이 제도를 운용하고 있는 스페인 은
행들은 금융위기 와중에 상대적으로 안정적인 재무구조를 보였다.
2008년 미국 은행들이 파산하거나 국내 은행들이 천문학적인 충당금
을 쌓는 탓에 적자로 돌아서면서 시장에 큰 충격을 준 것과 대비된다.

**국제회계기준과 함께
풀어야 할 숙제도 많아** | 동태적 대손충당금 제도의 실효성에 몇 가

지 우려 섞인 얘기도 나온다. 충당금을 경기에 따라 과대 혹은 과소하
게 쌓도록 하는 만큼 은행 이익의 실제 변동성이 잘 드러나지 않으면
서 은행의 건전성을 제대로 파악하기 어려워진다는 점이다. 또 은행들

이 충당금 부담을 덜기 위해 유가증권 같은 비대출자산 비중을 늘릴 유인(인센티브)이 생기는 것도 걱정되는 대목이다.

동태적 대손충당금 제도가 앞으로 어떤 형태로 반영될지는 미지수다. 2009년 런던에서 열린 G20 정상회의에서 각국 정상이 동태적 대손충당금 제도 도입을 권고하고, 우리나라의 금융감독원이 2009년 9월까지 해당 제도 도입을 전제로 검토를 한다고 발표할 때까지만해도 제도 도입은 기정사실화 돼 있었다. 그러나 지금은 제도 도입 시기가 부쩍 뒤로 밀린 상태다.

현재 이 제도 도입을 고민하는 곳은 국제회계기준을 만드는 국제회계기준이사회(IASB)이다 이 단체에서는 2009년 9월 향후 발생될 손실을 계량화해 충당금을 쌓도록 하는 '예상 손실 모형' 초안을 내놓은 뒤, 각국으로부터 의견을 듣는 절차를 진행하고 있다. 이를 바탕으로 국제회계기준이사회는 2011년 상반기까지 국제회계기준을 재조정할 목표를 세워 놓고 있다. 이런 일정대로 가더라도 실제 변경된 국제회계기준이 적용되는 시점은 유예기간 등을 고려하면 빨라야 2012년이 될 것으로 보인다.

동태적 대손충당금 제도

경기가 좋을 때 앞으로 생길 손실분을 추정해 충당금을 더 쌓도록 하고, 경기가 나쁠 때 상대적으로 충당금을 덜 쌓도록 함으로써 금융위기 국면에 금융기관의 건전성을 확보하는 것이다.

너희가 실업자를 아느냐?

확장 실업률이란

> **사실상의 실업자를 포괄하는
> 비공식 고용 지표**

한겨레   2011년 1월 18일

지난해에도 일자리를 얻는 데 어려움을 겪는 '취업애로계층'이 연평균 190만 명을 넘어선 것으로 나타났다. 이는 글로벌 금융위기 이후 고용 한파가 몰아쳤던 2009년보다 더 늘어난 인원이다. 17일 통계청과 기획재정부의 고용동향 분석 자료를 보면, 지난해 취업애로계층은 연간 평균 191만5000명으로 2009년의 182만 명에 견줘 9만5000명 가량 더 늘어났다. 2008년 금융위기 이전에 취업애로계층 규모가 연평균 150만~160만 명 수준이라는 점을 고려하면, 지난해 취업난이 심각했음을 보여준다.

2010년 9월 14일 경제협력개발기구(OECD)는 회원국의 실업률이 평균 8.5%를 기록했다는 보고서를 냈다(같은 해 7월 기준). 반면에 우리나라의 실업률은 그 절반에도 미치지 못하는 3.7%에 그쳤다. 물론

OECD 회원국 가운데 가장 낮은 수치다.

　우리나라의 낮은 실업률은 경제위기를 거치는 동안에도 큰 파고를 겪지 않았다. 금융위기 여파로 내로라하는 선진국들의 실업률이 껑충 뛴 것에 견주면 우리나라는 2008년 3.2%, 2009년 3.6%로 가히 저실업 국가로 불릴만한 성적을 냈다. 과연 우리나라의 고용사정은 그만큼 좋은 것일까?

**정부가 '공식적'으로 집계하는
실업률의 허점**　　우리나라의 '공식 실업률'은 매달 중순께 통계청이 발표한다. 통계청은 한 주 동안 약 3만2000가구를 표본조사 하는데, 조사 대상 주간에 수입이 있는 일을 하지 않은 동시에 지난 4주간 일자리를 찾아 구직활동을 했다고 답한 이들을 실업자로 계산한다. 이런 조사 기준은 국제노동기구(ILO)의 실업자 개념 정의에 기반을 두고 있다.

　문제는 이러한 공식 실업률이 고용시장의 긴박성을 충분히 반영하지 못하고 있다는 점이다. 취업을 희망하지만 적극적인 구직활동을 하지 않은 사람들의 경우, 사실상 '실업자'에 속하지만 공식 실업자 수에는 포함되지 않기 때문이다. 특히 우리나라에서는 청년, 여성, 고령자 등 노동시장에 완전히 편입되지 못한 계층이 많기 때문에 실업지표의 대표성은 훨씬 더 떨어진다는 지적이다.

　예컨대 단기 계약을 맺어온 비정규직 여성들의 경우, 실업상태에 처하더라도 고용보험 수혜 대상이 아닐 가능성이 높다. 이럴 경우 실업급여를 받으면서 적극적 구직활동에 나서기보다는 곧바로 비경제활동 인구에 포함되어 버리는 경우가 더 많다.

숨어 있는 실업자를 모두 찾아 실업률에 반영하는 방식

이런 공식 실업률의 한계를 보완하기 위해 2009년 한국노동연구원의 연구진들이 개발한 보완지표가 바로 '확장 실업률'이다. 확장 실업률은 비경제활동인구 가운데 숨어 있는 실업자와, 취업자 가운데 숨어 있는 실업자들을 모두 찾아내는 것을 목적으로 한다.

즉, 통계청이 집계하는 '공식 실업자'에다, 구직활동을 아예 포기해 버린 '실망 실업자'와 당장 구직활동을 하지는 않지만 도서관이나 학원 등에서 흔히 볼 수 있는 '취업준비자'를 더한다. 여기에 취업자 가

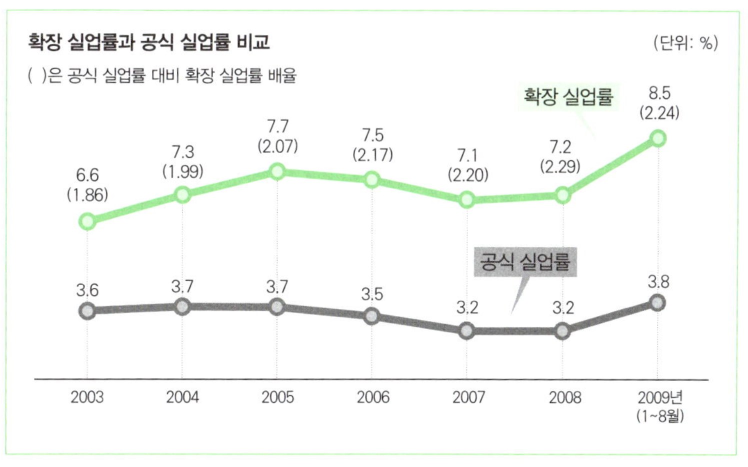

자료 : 통계청, 한국노동연구원

운데서도 경제적 이유로 단시간 근로를 하고 있지만 추가로 취업을 희
망하는 이들(부분 실업자)까지 보태는 방식으로 실업자 수를 추산하는
것이다.

이런 계산법으로 확장 실업률을 계산하면 공식 실업률과는 큰 차이
를 보인다. 예를 들어 2009년 7월 확장 실업자 수는 245만1000명이며
실업률은 8.5%이다. 같은 달 공식 실업자 수 92만8000명과 공식 실업
률 3.8%을 훨씬 웃도는 수치다.

전문가들은 숨어 있는 실업자를 찾아내지 못하면 실업대책이 효과
적으로 작동되기 어렵다고 말한다. 고용시장 상황을 충분히 반영할 만
한 새로운 실업지표 개발이 절실히 요구되는 이유다.

**'취업애로계층'이라는
이름으로** 공식 실업률과 확장 실업률의 격차는 해마다
벌어져 왔다. 한국노동연구원이 2010년 5월에 펴낸 '경제위기와 고용'
연구보고서를 보면, 공식 실업률은 2003년 3.6%에서 2008년 3.2%로
안정적인 반면, 같은 기간 동안 확장 실업률은 6.6%에서 7.2%로 높아
졌다. 2003년만해도 확장 실업률은 공식 실업률의 1.86배에 그쳤지만,
2005년에 두 배를 넘어선 이후 해마다 늘어 2008년에는 2.29배까지
올라갔다.

이는 비경제활동인구에 숨겨져 있는 잠재 실업자 수가 2003년 62만
9000명에서 2008년에는 89만8000명으로 크게 늘어난 데서 비롯됐다.
잠재 실업자 중에서도 취업준비자가 가장 가파르게 늘어난 것으로 연

구원은 분석했다.

정부도 뒤 늦게 이런 현실을 반영해 '취업애로계층'을 공식 지표로 만드는 방안을 추진 중에 있다. 지난해 1월 정부는 이명박 대통령 주재로 첫 국가고용전략회의를 열면서, 2009년 취업애로계층이 182만 3000명으로 공식 실업자 88만9000명의 두 배에 이른다고 밝혔다. 앞으로 이들을 주요 고용정책 대상으로 삼겠다는 뜻이다.

정부는 공식 실업자에 취업준비생과 육아·가사 담당자 및 주 36시간 미만 단시간근로자 가운데 취업할 뜻이나 능력이 있는 사람을 취업애로계층에 포함시켰다.

미국에서도 다양한 유사 실업의 개념을 사용해 실업률 보조지표를 U-11부터 U-6까지 제시한다. 공식 실업자(U3) 외에 여러 가지 이유로 구직활동을 못했거나 포기한 사람, 불완전 취업 등을 별도로 추산하는 것이다.

확장 실업률

통계청이 집계하는 공식 실업자 군에 포함되지 않는, 사실상 실업 상태에 처한 이들까지 아우르는 비공식 실업지표. 공식 실업자에다 비경제활동인구 가운데 숨어 있는 실업자를 모두 합해서 실업률을 계산한다.

누구를 위한 정부 투자인가

취업유발계수란

특정 산업에 10억 원 투자할 때 모든 산업에서 직·간접적으로 유발되는 취업자의 수

한겨레　　2010년 3월 18일

무려 22조 원의 예산이 쓰이는 '4대강 살리기 사업'의 고용효과는 얼마나 될까? 정부는 4대강 사업으로 일자리 34만 개를 만들 수 있다고 강조해왔다. 공사비에 한국은행의 산업연관표에 따른 건설업 취업유발계수를 대입해 산출한 수치다. 이런 셈법은 정부가 정책 홍보 등을 위해 써온 가장 일반적인 추계 방식이다.

이명박 정부의 핵심 국책 과제인 4대강 사업의 고용효과를 두고 논란이 끊이지 않는다. 정부가 추산하는 일자리 창출 효과가 너무 과대 포장됐다는 반론이 설득력 있기 때문이다. 지난해 5월에도 국토해양부가 4대강 현장에 직접 투입돼 일하는 인원이 일평균 1만364명이라고 밝히면서 애초 고용효과 예측과 차이가 크다는 지적을 받았다.

이런 논란은 재정이 투입되는 다른 사업에서도 적잖게 있어 왔다. 2009년 1월 정부가 공언한 이른바 '녹색 뉴딜' 사업이 대표적이다. 정부는 2012년까지 50조 원을 투입해 96만여 개의 새 일자리를 만들겠다고 밝혔지만, 믿을 수 있는 수치냐는 반응이 적지 않았다. 당시 실업자가 75만 명가량인데, 그렇게 많은 일자리를 새로 만들 수 있다면, 실업 문제는 완전 해소된다는 얘기냐는 '오해'도 있었다. 이럴 때 정부 추계는 위 인용기사에서 다룬 것처럼 주로 '취업유발계수'에 의존하고 있다.

**현실과 동떨어진
정부의 일자리 창출 계산법**   특정 산업부문에 10억 원을 새로 투자 (최종수요 발생)할 경우 해당 산업을 포함해 모든 산업에서 직·간접적으로 유발되는 취업자의 수를 '취업유발계수'라고 한다. 같은 액수의 돈을 투입하더라도 어떤 사업을 벌이느냐에 따라 창출되는 일자리 수는 다르다는 단순한 논리만으로도 취업유발계수의 허점은 쉽게 발견된다.

예컨대 숲 가꾸기 사업의 경우, 정부가 투입하는 예산은 거의 전액 '임금'으로 나간다. 한 사람 당 연간 1300만 원 가량 임금을 지급한다면, 10억 원의 투자로 77명에게 일자리를 줄 수 있다.

'녹색 뉴딜' 사업에는 4대강 살리기 등 '토목·건설' 사업이 매우 많다. 이런 일에는 임금 외에도 각종 자재와 장비 투입 비용이 들기 때문에, 같은 액수의 돈으로 숲 가꾸기 사업처럼 많은 일자리를 만들어내기 어렵다. 투자금액을 임금으로 나누는 방식으로 일자리 수를 계산할 수도 없다. 이 경우에는 산업연관표로 추산한다. 산업연관표는 한국은행이 작성하는 것으로, 한 나라 경제의 산업별 연관성을 보여주는 일종의 해부도다.

2007년 산업연관표를 보면, 건설업의 취업유발계수는 16.8명이다. 즉, 건설업에 10억 원을 투자하면 직·간접적으로 16.8개의 일자리가 생긴다는 것이다. 정부는 이런 방식으로 녹색뉴딜 사업의 고용창출 효과를 계산했다.

참고로 산업별 취업유발계수는 농림·어업이 46.8명(2007년 기준)으로 가장 높고, 음식·숙박업(36.5명), 도·소매업(29.5명), 사회·기타 서비스업(23.9명), 교육·보건업(20.6명) 등이 높은 편이다. 제조업은 9.2명로 상대적으로 낮다.

**결국 정책 홍보 수단에
지나지 않아**　　어쨌든 일자리는 투자가 집행되는 동안만 존속하는 것이다. 숲 가꾸기 사업에 예산 투입을 중단하면 일자리는 모두 사라진다. 정부가 밝힌 4년간 96만 개의 일자리도 2009년 14만여 개(6조2천억 원), 2010년에 26만여 개(14조 원), 2011년에 30만 개(16조7천억 원), 2012년에 25만여 개(12조8천억 원)를 모두 합쳐, '연인원'으로 표시한 것이다.

이처럼 취업유발계수를 단순 대입해 고용창출 효과를 계산하는 방식에 반론이 많은 것은 당연한 이치다. '규모에 대한 수익불변'의 가정을 깔고 있는 산업연관표로 미래의 순고용효과를 추정하는 것은 적절치 않다는 지적이다.

예를 들어 취업유발계수는 총매출액이 100억 원이고 이로 인해 유발된 취업자가 100명이라면 무조건 매출액 10억 원당 10명의 고용효과가 있다고 가정한다. 그러나 현실에서는 산업 규모가 커질수록 매출액당 종사자 수는 감소하게 된다.

비슷한 뜻을 담은 용어로 '고용유발계수'라는 것도 있다. 이는 특정 산업부문에 10억 원을 새로 투자(최종 수요 발생)할 경우 해당 산업을 포함한 모든 산업에서 직·간접적으로 유발되는 피용자(종업원)의 수를 말한다. 2007년에는 전 산업 평균 9.5명이었다.

임금근로자와 자영업자, 무급가족종사자 등 모든 취업자를 포괄해서 추산하는 취업유발계수와 달리, 고용유발계수는 임금근로자에 국한해서 본다는 점이 다르다. 따라서 임금근로자가 많은 제조업을 분석할 때는 고용유발계수를, 자영업자와 무급가족종사자 등이 많은 서비스업을 분석할 때는 취업유발계수를 활용하는 게 적절하다.

취업유발계수

└ 특정 산업부문에 대한 최종 수요가 10억 원 발생할 경우에 해당 산업을 포함한 모든 산업에서 직·간접적으로 유발되는 취업자의 수. 2007년 모든 산업의 취업유발계수는 13.9명으로 2000년 이후 하락세를 이어가고 있다.

빛 안지고 못 사는 세상

가계부채란

일반 가정이 은행 등에 진 빚의 합계 ▼

한겨레	2010년 11월 19일

한국개발연구원(KDI)은 '가계부채 위험도에 대한 평가' 보고서를 통해 "우리나라 가계부채는 2002년 카드채 사태 이후 일시적 조정을 거쳤으나 이후 지속적인 증가세로 반전했다"며 "2009년 기준으로 가계부채는 국내총생산 (GDP) 대비 86%를 기록했고 개인처분가능소득 대비로는 153%에 이른다" 고 밝혔다. 보고서는 "우리나라의 소득 대비 가계부채 수준이 금융위기의 진원지인 미국이나 영국 등과 비교해서도 낮지 않다"고 덧붙였다.

가계부채 문제가 심각하다는 경고음이 들리기 시작한 것은 어제 오늘의 일이 아니다. 요즘 들어 이 경고음이 부쩍 잦아들고 있다. 벌써 700조 원을 넘긴 가계부채는 지속적인 증가 추세에 있다. 그러나 실제 일반 국민들이 체감하는 부담은 그리 커 보이지 않는다. 경고음도 오래되면 식상해지는 것일까? 사태가 얼마나 심각한지 파악하기 위해서는 용어부터 명확히 파악할 필요가 있다.

'가계부채'라는 통계는 어떻게 만들어질까?

우리나라 경제통계를 총괄하는 한국은행 금융통계팀은 가계부채가 아니라 '가계신용'이라는 이름으로 분기별 통계를 발표한다. 가계신용은 일반가정이 은행, 보험사, 여신전문회사(할부금융, 카드) 등으로부터 빌린 돈이나 외상으로 물품을 구입하고 진 빚을 모두 합해 일컫는 말이다.

2010년 6월 말 기준으로 우리나라 가계신용(가계대출 + 판매신용)은 754조8701억 원에 이른다. 2008년 금융위기 이후 한해 수십조 원씩 늘어나고 있다. 개인간 거래인 '사채'는 제외한 수치다.

가계신용은 판매신용과 가계대출로 나뉜다. 판매신용은 신용카드로 물품을 구입하거나 자동차와 가전제품 등을 할부로 구입한 금액으로 2010년 3월 말 기준 43조 원이며, 가계대출은 같은 기간 기준 697조 원에 이른다.

여기서 설명하는 가계대출은 다시 주택담보대출과 비주택담보대출로 나누어지는데, 특히 우리나라의 경우 가계대출의 대부분이 주택담보대출이다. 대부분 변동금리(은행권의 경우 92% 수준)형 상품인 탓에 금리가 가파르게 오르는 위기가 닥칠 때 급격히 취약해지는 구조다.

가계신용보다 좀 더 포괄적인 통계로는 '개인금융부채'가 있다. 한국은행 자금순환팀에서 집계하는 이 통계는 가계와 소규모 개인기업, 민간 비영리단체 등을 포괄한다. '가계신용' 통계에 잡히지 않는 대출

(대부업체, 증권사, 자산유동화회사, 리스사)이 포함되는 게 가장 중요한 차이점이다.

2010년 3월 기준으로 개인금융부채는 923조 원이나 된다. 소규모 개인기업을 이 통계에 포함하는 이유는, 예를 들어 구멍가게의 경우 사업자금과 생활비가 구분이 되지 않기 때문이다.

금융감독원도 가계부채 통계를 갖고 있다. 금감원은 이 통계를 은행 건전성 감독을 위해 참고만 할 뿐 정식으로 발표하지는 않는다. 한국은행의 가계신용 통계가 모든 국내은행과 외국은행 등을 대상으로 하는 반면, 금감원은 외국계의 경우 HSBC은행만을 대상으로 하는 등 포괄 범위가 좁다.

또 한국은행이 은행의 고유계정과 신탁계정*을 모두 집계하지만, 금감원은 고유계정만 집계한다. 특정금전신탁과 같은 신탁계정의 경우 은행 건전성에 영향을 미치지 않기 때문이다.

> **고유계정과 신탁계정** 은행을 비롯한 금융회사가 자체적으로 보유한 자산을 고유계정이라 한다면, 신탁계정은 고객이 맡긴 자산을 따로 일컫는 말이다. 금융회사는 신탁계정을 운용하고 그 대가로 수수료를 받는다.
>
> **총부채상환비율(DTI, Debt To Income)** 주택담보대출을 받을 때 연간 상환해야 하는 금액을 연 소득의 일정 비율로 제한한 것을 말한다. 총부채상환비율이 50%이고, 연간 소득이 3000만 원이라면 총부채의 연간 원리금 상환액은 1500만 원(3000만 원×0.5)을 초과하지 않도록 대출 규모가 제한된다.

'가계부채 – 부동산 – 저금리'라는 불안한 삼각 균형

이명박 정부는 부동산 경기를 살리기 위해 총부채상환비율(DTI)* 규제를 사실상 폐기해 가계부채 위험을 오히려 키우고 있다는 비판을 사고 있다. 가계부채를 줄이는 정책을 써도 시원치 않은 마당에 오히려 '빚내서 집사기'를 권하고 있는 것이다. 이를 두고 전문가들은 한국 사회가 '부동산의 덫'에 빠졌다고

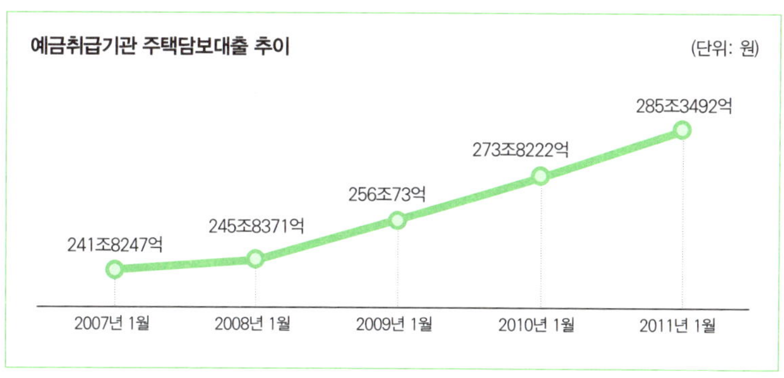

자료 : 한국은행

지적한다. 가계대출의 60% 가량이 주택담보대출인 상황에서, 가계부채와 부동산, 저금리가 불안한 삼각 균형을 이루고 있는 셈이다.

글로벌 금융위기의 발단이 된 미국 서브프라임 모기지론(비우량 주택담보대출) 사태의 경우 저소득층에 마구잡이로 빌려줬던 대출이 부실화하면서 금융기관의 부실로 이어졌는데, 우리나라도 이런 전철을 밟고 있는 게 아니냐는 우려는 아무리 강조해도 지나치지 않다.

가계부채

└ 일반 가정이 은행, 보험사, 여신전문회사(할부금융, 카드) 등으로부터 빌린 돈이나 외상으로 물품을 구입하고 진 빚을 모두 합해 일컫는 말. 가계부채의 상당 부분이 주택담보대출인데도 정부는 부동산 경기를 살린다는 이름으로 '빚내서 집사기'를 권하는 듯 하다.

정권에 따라 바뀌는 세금계산법

조세부담률이란

세금 부담의 크기를 보여주는 지표 ▾

한겨레   2010년 6월 23일

우리나라의 조세부담률이 2001년 이후 18% 초반 수준을 유지해오다가 과표 양성화 등으로 2007년에 21%에 도달했지만, 감세정책 추진 등으로 2008년 20.8%, 2009년 19.7%로 하락했다.

위 인용기사 내용은 기획재정부와 한국개발연구원(KDI)이 공동으로 개최한 '2010~2014년 국가재정운용계획 공개토론회 : 총괄 및 총량 분야'에서 나온 송호신 한국조세연구원 연구위원의 발언이다.

노무현 정부에서 이명박 정부로 넘어오는 과정에서 꽤나 치열한 논쟁의 대상으로 부각됐던 것 중 하나가 조세부담률이다. 우리나라의 조세부담률이 경제 수준에 견줘 너무 높아 낮춰야 한다는 게 이명박 정부의 주장이고, 여기에 바탕을 두고 감세 정책을 밀어붙였다.

정권의 색깔이 달라질 때마다 흔히 논란 대상으로 떠오르곤 하는 조세부담률은 조세총액(국세 + 지방세)을 국민소득으로 나눠 계산한다. 조세부담률을 구하는 산식에서 분모에 해당되는 국민소득 대신 계산의 편의를 위해 보통 국내총생산(GDP)을 쓰는 경우가 많다.

우리나라의 조세부담률은 얼마나 될까? 자료를 확보할 수 있는 가장 최근년도인 2009년을 기준으로 살펴보자. 분자의 한 부분인 국세는 국세청을 통해 기획재정부에서 집계하는데, 2009년에 164.5조 원이었다. 기획재정부가 행정안전부를 통해 잠정 집계한 지방세는 45.0조 원이었다. 이는 기획재정부 조세분석과에서 취합·관리하며, 국세청의 「국세통계연보」와 기획재정부의 「통합재정수지」에 실린다. 조세부담률의 분모에 해당하는 '경상 국내총생산'은 한국은행에서 집계하며,

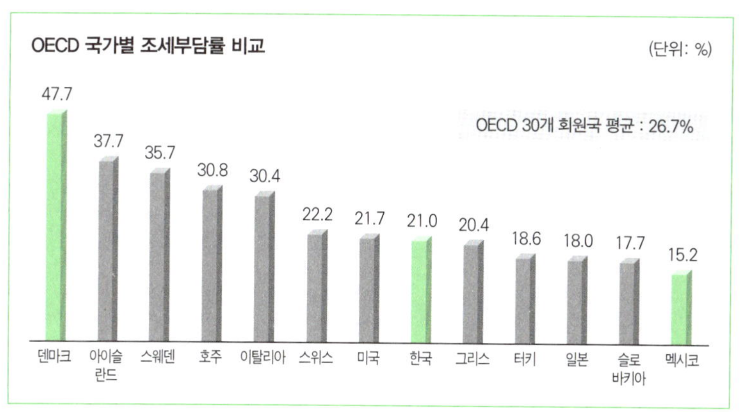

자료 : 국세청(2010. 7)

2009년 기준으로 1063.1조 원에 이른다. 따라서 조세부담률은 19.7%로 계산된다.

기사에 실린 대로 한국의 조세부담률은 2001년 이후 18% 초반 수준을 유지해오다 2005년에 18% 후반으로 높아졌다. 그 뒤 과표(과세표준)▪314쪽▪ 양성화 및 경기 호조로 꾸준히 높아져 2007년에 21.0%에 이르렀다가 이명박 정부 출범 첫해인 2008년에는 감세정책 추진 등으로 20.8%로 떨어졌다. 가장 최근 통계년도인 2009년에는 지방세 수입 부진 등으로 19.7%로 하락하여 전년보다 0.9%포인트 하락했다.

한국은 세금이 많은 편일까, 적은 편일까? 조세부담률 논란이 벌어질 때마다 덩달아 얽혀 따라 나오는 개념이 '국민부담률'이다. 조세총액에 건강보험료 등 '사회보장기여금'을 합쳐 '경상 국내총생산'으로 나누어 산출한다. '사회보장기여금'은 건강보험료, 국민연금 등이다. 최종치가 아닌 애초 예산에 따른 2009년 사회보장기여금은 61조8천억 원이었다. 이를 감안해 2009년 국민부담률을 계산해보면, 25.6%에 이른다. 전년 26.5%에 견줘 0.9%포인트 떨어진 수준이다.

국제적인 비교를 해보면, 한국의 조세부담률과 국민부담률은 낮은 편이다. 2008년 기준 한국의 조세부담률은 20.8%로 경제협력개발기구(OECD) 평균 26.6%에 비해 약 6% 낮다. 우리나라의 조세부담률이 다른 경제협력개발기구 회원 국가들에 견줘 상대적으로 낮은 이유는 개인소득과세 및 소비과세의 비중이 낮기 때문이다.

낮은 수준의 조세부담률 및 국민부담률은 우리 정부의 역할이 평균적인 OECD 국가들에 비해 상대적으로 작은 것을 반영한다. '세금 폭탄'이라는 말이나, '복지 예산이 지나치게 많다'는 식의 주장이 우리나라 현실에서는 아직도 먼 얘기인 셈이다.

조세부담률

ㄴ 국세와 지방세 등 조세 총액을 국내총생산으로 나눈 것. 국민들의 세 부담 정도를 나타내는 말로, 우리나라의 조세부담률은 OECD 국가들에 견줘 낮은 편이다.

나라 빚은 결국 서민 빚

국가채무란

정부가 나라 안팎에 진 빚 ▾

한겨레	2010년 2월 18일

우리나라의 국가채무가 2009년을 기점으로 향후 5년간 184조 원이 늘어날 전망이다. 이 가운데 국민들이 부담해야 하는 적자성 채무가 124조 원으로 전체 채무 증가액의 67%에 이른다. 17일 한국조세연구원이 「재정동향」 창간호에서 정부의 국가채무관리계획을 분석한 결과를 보면, 2013년 국가채무는 493조4000억 원으로 2008년 309조 원보다 184조4000억 원 증가할 전망이다.

정치적 논란에 자주 휘말리곤 하는 '국가채무'는 정부가 재정적자를 메우기 위해 국내외에서 돈을 빌려서 생긴 빚이다. 국가채무는 중앙정부 채무와 지방정부 채무를 합한 것으로, 널리 채택되고 있는 국제통화기금(IMF) 기준에서는 정부가 직접적인 원리금 상환의무를 지고 있는 채무만 포함하고 있다.

나라 빚은 어떻게 계산될까?

국가채무가 얼마나 되는지는 기획재정부 홈페이지(www.mosf.go.kr)에서 쉽게 찾아볼 수 있다. '재정통계'로 들어가 '결산' 부분을 선택하면 2003년 이후부터 '채무'가 항목별로 정리돼 있다. 여기서 가장 최근 자료인 2009년 말 기준 국가채무 총액은 346.1조 원이다. 이는 크게 세 가지 항목으로 돼 있다. 차입금 5.4조 원, 국채 337.5조 원, 국고채무부담행위 3.2조 원 등이다.

여기서 말하는 차입금은 가계에 견주면 대출을 받거나 누구한테서 꾸어 쓴 돈을 말한다. 한국은행 등을 통해 국내에서 빌린 국내 차입금과 해외차관으로 들여온 해외 차입금으로 나뉜다. 2009년 말 현재 국내 차입금은 한국은행 차입금(1.1조 원)을 비롯해 2.8조 원이며, 해외 차입금은 2.6조 원이다.

국가가 채권(국채)을 발행하면 나중에 이를 모두 갚아야 하므로 이 또한 빚으로 간주된다. 국고채가 280.9조 원으로 국채의 가장 큰 부분을 차지하고 있으며, 국민주택채권 48.3조 원, 외국환평형기금채권(외화표시) 8.4조 원 등도 국채에 해당된다.

국가채무의 마지막 항목인 국고채무부담행위는 정부가 공공사업을 외상으로 진행하면서 진 빚을 말한다. 2009년 말 기준으로 일반회계 2.7조 원, 기타특별회계 0.5조 원 등이다.

기획재정부 홈페이지에 실려 있는 국가채무는 중앙정부 빚만 정리해놓은 것이며 여기에 지방정부 채무 13.5조 원을 더한 359.6조 원이 전체 국가채무가 된다. 즉, 지방정부 채무를 합친 이 수치가 정부 쪽에서 공식적으로 제시하는 국가채무인 것이다.

넓은 의미의 국가채무에는 정부의 보증채무도 포함된다. 산업은행이 발행하는 산업금융채권, 금융기관 부실채권을 사들이면서 발행한 부실채권정리기금채권, 지방자치단체가 외국에서 차입한 금액에 대한 정부보증 등이 여기에 해당되며, 2009년 말 기준으로 29.8조 원에 이른다. 가계로 말하면 다른 사람의 보증을 서 준 경우이므로 직접 빚으로 잡히지는 않고, 상환에 문제가 생길 경우 정부 빚으로 떠안게 된다. 예컨대 예금보험공사 등이 금융구조조정을 위해 발행한 채권을 갚지 못할 경우 보증을 선 정부가 대신 물어줘야 하기 때문에 국가채무를 늘리는 요인이 될 수 있다.

언론 기사에서는 공기업 부채까지 포함한 공적영역 부채를 다루면서 실질적인 국가채무가 과다함을 강조하는 경우가 많다. 한국은행 자금순환표의 정부부문(일반정부), 기업부문(공기업), 금융부문(공적금융기관)을 포함한 것이다. 2010년 10월 말 기준 공적영역 부채는 일반정부(391.6조

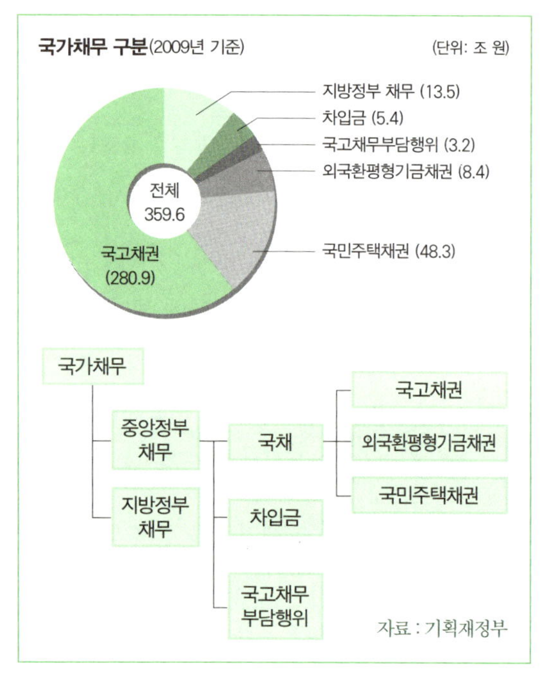

원), 공기업(291.3조 원), 공적금융기관(153.9조 원) 등 총 836.9조 원에 이른다. 국제통화기금(IMF)과 경제협력개발기구(OECD) 등이 정한 국제기준에서는 공기업이나 공적금융기관 등의 채무는 빼고 일반정부 부문의 부채만 국가채무로 계산한다.

**국가채무 쟁점화는
복지예산 줄이려는 정치적 속셈?** 우리나라의 재정상태는 상대적으로 양호한 것으로 평가받는다. 2009년 말 기준 국가채무 규모를 국내총생산(GDP)에 견주면 33.8% 수준이다. OECD 평균 90.3%보다 크게 낮고, 유럽연합(EU)의 재정건전화 권고기준(60%)에 견줘서도 건전한 편이다.

이런 상황에서도 국가채무 문제가 자주 쟁점화 되는 것은 저출산·고령화 흐름, 통일비용 등 미래재정 수요가 쌓여 있기 때문이다. 국가채무 문제를 제기해 정치적 논란을 일으킴으로써 복지 지출 요구를 사전에 차단하기 위한 정치적 의도가 작용하고 있다는 해석도 있다.

국가채무

└ 중앙정부와 지방정부가 국내외에서 빌려 쓴 돈. 국고채를 비롯한 국채가 대부분을 차지하며, 2009년 말 기준 360조 원 가량 된다. 국내총생산에 견주면 30%를 조금 웃도는 수준으로 비교적 건전한 수준으로 평가된다.

'G20' 국내총생산(GDP) 대비 국가채무 비율

(단위: %)

G20	GDP 대비 국가채무 비율			
	2007년 (금융위기 전)	2009년	2010년	2014년 (전망)
아르헨티나	67.9	60.5	58.1	46.4
호주	8.5	16.9	22.7	27.8
브라질	67.7	68.5	65.9	58.8
캐나다	64.2	78.2	79.3	68.9
중국	20.2	20.2	22.2	20.0
프랑스	63.8	78.0	85.4	96.3
독일	63.6	78.7	84.5	89.3
인도	80.5	84.7	85.9	78.6
인도네시아	35.1	31.5	31.2	27.1
이탈리아	103.5	115.8	120.1	128.5
일본	187.7	218.6	227.0	245.6
한국	29.6 (30.7)	34.9 (33.8)	39.4 (35.2)	35.4
멕시코	38.2	47.8	47.9	44.3
러시아	7.4	7.2	7.7	7.2
사우디	18.5	14.5	12.5	9.3
남아공	28.5	30.8	33.5	34.8
터키	39.4	48.1	49.6	52.8
영국	44.1	68.7	81.7	98.3
미국	63.1	84.8	93.6	108.2
G20 평균	62.4	75.1	80.2	85.9
선진 G20	78.8	98.9	106.7	118.4
신흥 G20	37.5	38.9	39.6	36.2

* 한국의 경우 ( )안 숫자는 정부 작성 통계임.

자료 : IMF

워킹 푸어를 위한 위로금?

근로장려금이란

근로 빈곤층에 세금환급 형태로 지급되는 지원금

한겨레　　　　　　　　　　　　　　　　　　　2010년 8월 31일

국세청은 지난 5월에 접수한 올해분 근로장려금 신청서를 살펴본 결과, 신청자 67만5000명 가운데 16만1000명(24%)이 지급받을 은행계좌를 내지 않았다고 30일 밝혔다. 국세청은 은행계좌를 신청하지 않은 이들에게 휴대전화 문자서비스를 보내거나 각 가구를 직접 방문해 은행계좌를 신고하도록 안내할 계획이다.

근로장려금EITC, Earned Income Tax Credit은 열심히 일을 해도 어려운 생활에서 벗어나지 못하는 근로자 가구, 이른 바 '워킹 푸어'working poor에 대해 근로소득에 따른 장려금을 지급해주는 제도다.

　노동을 통해 일정한 소득을 올려야 제공되는 근로연계형 제도라는 점에서 아무런 반대급부없이 지급되는 기초생활보장금 등 '공적부조'

와 다르다. 근로 의욕을 떨어뜨린다는 지적을 받는 공적부조의 한계를 극복해 사회적으로 긍정적인 효과를 불러오기 위한 장치다. 소득재분배 효과도 기대할 수 있다.

'징세'라기 보다는 '복지'

근로장려금은 세금 환급의 형태를 띠므로 '근로소득장려세제'라고 부르기도 한다. 일정소득 미만의 근로소득자를 대상으로 소득에 비례한 세액공제액이 소득세액보다 많은 경우 그 차액을 환급해 준다.

저소득층의 세금 부담을 덜어주고 소득이 적을수록 보조금을 받을 수 있어서 '징세'라기보다는 '복지' 개념에 가깝다. 따라서 '근로소득장려세제'보다는 '근로장려금'이라는 용어가 더 적절한 셈이다. 원천징수 당한 세금을 되돌려 받는다는 점에서 연말정산과 비슷하지만, 세금을 전혀 내지 않은 사람이라 하더라도 받을 수 있다는 점에서는 차이가 있다.

근로장려금, 즉 EITC는 1975년 미국에서 처음 실시됐다. 한국에서는 2008년 '조세특례제한법'에 따라 처음 시행돼 2009년부터 지급되고 있다. 기존 일반 국민들을 대상으로 하는 사회보험제도와 극빈층을 대상으로 하는 기초생활보장제도로 2원화된 사회복지제도에서 사각지대로 남아있던 근로빈곤층을 지원한다는 점에서 적지않은 의미가 있다.

근로장려금을 받으려면 소득·부양가족·주택·재산 등 4가지 요건

국세청의 근로장려금 로고 밑에는 "일한만큼 쌓이는 행복 보너스"라는 문구가 적혀 있다. 연소득이 1700만 원도 안 되는 먹고 살기 고달픈 저소득층에게 근로장려금은 진정 '행복한 보너스'로서의 의미를 지니는 것일까?

을 채워야 한다. 부부의 연간 총소득 합계액이 1700만 원 미만이고, 18세 미만 자녀 등을 1인 이상 부양하고 있어야 한다. 무주택이거나 기준시가 5000만 원 이하 주택을 한 채 보유해야 하며, 세대원의 재산 합계액이 1억 원 미만이어야 한다. 기초생활보장급여 중 생계·주거·교육 급여 3개월 이상 수급자, 외국인(내국인과 혼인한 자 제외)은 제외된다.

국세청에서 해마다 5월 종합소득세 신고시기와 동시에 신청을 받아서 3개월 안에 결정한 뒤 1개월 뒤 환급해 준다. 늦어도 그 해 9월 말까지는 지급되는 셈이다. 최대 환급액은 연 120만 원(월 10만 원 수준)이다.

2010년 실태를 보면, 5월에 근로장려금을 신청한 수치는 67만 5000가구에 이르렀다. 국세청은 이 가운데 심사가 완료된 66만8000가구 중 55만6000가구에 대해 4284억 원을 지급하기로 결정했다.

집이 없는 30~40대 젊은 부부가구와 일용근로자 가구가 주된 수급대상이었다. 지역적으로는 수도권에 다수의 수급자가 분포(전체 수급자의 40.8%)하고 있다. 수도권에 많은 근로자가 취업하고 있는데서 비롯된 것으로 보인다.

근로장려금 수급에 대해서는 사후검증이 이뤄진다. 즉, 부정수급자에 대해서는 근로장려금을 환수하고 근로장려금 지급을 2~5년간 제한한다. 정부는 앞으로 소규모 자영사업자에 대해서도 근로장려금을 지급할 계획을 세우고 있다.

한편, 근로장려금을 둘러싸고는 지급 요건이 너무 엄격해 실효성이 떨어진다는 지적이 나오고 있다. 정부 또한 제도 변경을 고려하고 있다. 2010년 12월에 발표한 정부의 '2011년 경제 운용 방향'을 보면, 근로장려세제 실효성 제고 방안이 포함돼 있다. 정부는 근로장려금 지급기준금액인 연소득 기준(1700만 원)을 최저생계비에 맞춰 개정할 방침이다.

근로장려금

ㄴ 일하는 빈곤층인 '워킹 푸어'에 대해 근로소득에 맞춰 세금환급 형태로 지급되는 지원금. 원천징수 당한 세금을 되돌려 받는다는 점에서 연말정산과 비슷하나, 세금을 전혀 내지 않은 사람이라 하더라도 받을 수 있다는 점에서는 차이가 있다.

세상은 고소득자와 저소득자로 나뉜다!

지니계수란

소득분배의 불균형 정도를 보여주는 지표 ▼

<table>
<tr><td>한겨레21</td><td align="right">2011년 1월 14일</td></tr>
</table>

정규직 – 비정규직, 대기업 – 중소기업 간의 양극화는 지니계수, 5분위 배율, 상대적 빈곤율 등으로 측정하는 소득불평등도의 악화로 이어진다. 지니계수는 0~1 사이 숫자로 나타내는데, 1에 가까울수록 불평등 정도가 심한 것이다.

일반적으로 한 나라 국민들의 생활수준을 이야기할 때 주로 사용되는 지표로는 국내총생산(GDP) 혹은 1인당 국민총소득(GNI)이 있다. ■414쪽■ 그렇지만 이런 지표들은 소득이 얼마나 골고루 분배되고 있는지를 보여주지 못한다. 따라서 국민들의 삶의 수준을 파악하기 위해서는 소득분배 정도를 알아볼 수 있는 다른 지표가 필요하다.

대표적인 소득분배지표로는 '지니계수'가 있다. 이탈리아의 통계학자 지니^{Corrado Gini}가 소득분포에 관해 제시한 통계적 법칙인 '지니의 법칙'에서 나온 것이다. 빈부격차와 계층간 소득분포의 불균형 정도를 나타내는 대표적 수치로, 소득이 어느 정도 균등하게 분배돼 있는지를 평가하는 데 주로 쓰인다.

지니계수를 이해하려면 우선 '로렌츠곡선'을 알아야 한다. 로렌츠곡선이란 미국의 통계학자인 로렌츠^{M. O. Lorenz}가 인구의 누적비율과 소득의 누적점유율 사이의 관계를 표시한 곡선이다.

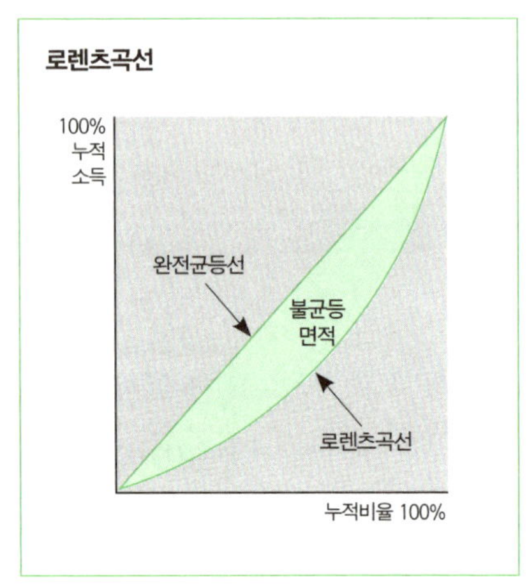

불균등면적이 넓을수록 빈부격차가 큰 것을 의미한다.

예를 들어 국민소득이 100억 원이고 전체 인구가 100명인 나라에서 소득을 1인당 1억 원씩 균등하게 분배해 준다면, 인구의 누적비율과 소득의 누적점유율이 같아지는 완전균등분배가 이루어져 45도 각도의 대각선(완전균등선)이 된다. 하지만 현실적으로는 개인의 능력과 노력의 차이 등 여러 요인으로 완전균등선이 나오기는 어렵다. 따라서 로렌츠곡선이 아래쪽으로 많이 휠수록 소득의 분배가 불평등함을 나타낸다.

외환위기 때 보다 금융위기 때가 소득 양극화 더 심해

로렌츠곡선은 한 나라의 소득분배 상태를 한 눈에 파악할 수 있다는 장점이 있지만 하나의 숫자로 표시

할 수 없기 때문에 다른 나라와 비교하기가 어렵다.

지니계수는 이런 로렌츠곡선의 단점을 보완한 지표다. 완전균등선과 가로·세로축이 이루는 삼각형의 면적, 그리고 완전균등선과 로렌츠곡선 사이의 면적 비율을 구한 수치다. 소득분배가 완전히 균등할 경우 지니계수는 0이 되지만 완전히 불균등할 경우에는 지니계수가 1이 된다. 따라서 지니계수는 0에서 1까지의 값을 가지며 그 값이 클수록 소득분배가 불균등하다는 것을 가리킨다.

우리나라의 지니계수는 1980년대 말에 0.3 수준을 유지하다가 1990년대에는 0.2 수준으로 떨어져 소득분배가 다소 개선됐다. 그러나 1997년 말 외환위기를 거치면서 소득분배는 다시 나빠졌다. 대대적인 기업 구조조정 여파에다 기업들의 채용 관행이 바뀌면서, 정규직 근로자에 견줘 고용과 소득이 불안정한 비정규직이 크게 늘어나는 등

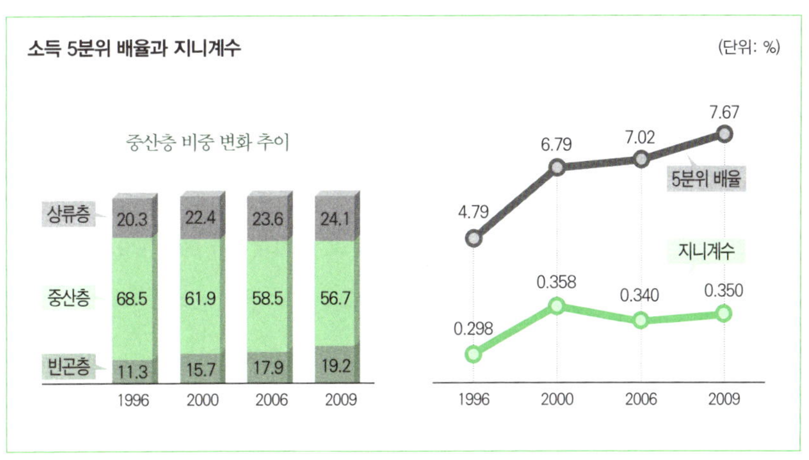

자료 : 한국개발연구원(KDI)

의 요인으로 계층간 소득 양극화가 커진 탓이다. 게다가 전통적으로 중소기업보다는 수출대기업 위주 성장정책을 구사해온 점도 소득분배를 악화시키는 요인이 됐다.

실제로 2인 이상 도시가구를 기준으로 지니계수는 1997년 0.268(시장소득 기준)에서 1998년에 0.295, 1999년에 0.303으로 악화됐다. 2008년 글로벌 금융위기를 거치면서 소득분배는 더욱 나빠졌다. 2007년 0.316에서 2008년과 2009년에는 0.319로 지니계수가 커졌다. 한편, 지니계수는 통계청이 매년 2월께 연간 가계동향 조사 결과를 발표할 때 공개한다.

특정 소득계층의 분배 상태를 보여주는 지표들 한편, 지니계수는 전체적인 소득분배 상태를 보여주는 데 그칠 뿐 특정 소득계층의 소득분배 상태를 보여주지 못하는 한계를 안고 있다. '소득 5분위 배율'과 '상대적 빈곤율'은 이러한 지니계수를 보완하는 지표들이다.

'소득 5분위 배율'이란 소득 상위 20% 가구(5분위 계층)의 평균 소득을 소득 하위 20% 가구(1분위 계층)의 평균 소득으로 나눈 값이다. 소득 5분위 배율은 이론적으로 1부터 무한대까지의 수치로 나타낼 수 있는데, 소득이 완전히 균등해 모든 가구가 동일한 소득을 올리는 경우에 이 값은 1이 된다. 반대로 모든 소득이 상위 20% 가구에만 집중돼 있을 경우에는 하위 20%의 소득이 0이 되기 때문에 소득 5분위 배율은 무한대의 값을 갖게 된다. 결국 값이 클수록 소득분배의 불균등 정도가 커진다고 보면 된다.

 '상대적 빈곤율'이란 중위소득(인구를 소득 순으로 나열했을 때 한 가운데 있는 사람의 소득)의 50% 미만인 계층이 전체 인구에서 차지하는 비율을 뜻한다. 예를 들어 2009년에 우리나라 전국 가구의 상대적 빈곤율이 15.2%인데, 이는 우리나라 인구 전체를 연간 소득 순으로 한 줄로 세웠을 때 중간에 있는 사람의 소득이 4000만 원이라고 하면 2000만 원 미만인 사람의 비율이 15.2%라는 얘기다. 상대적 빈곤율이 높다는 것은 그만큼 상대적으로 가난한 사람들이 많아졌음을 의미한다.

지니계수

ㄴ, 빈부격차와 계층간 소득의 불균형 정도를 나타내는 지표. 이탈리아 통계학자 지니의 소득분배 법칙에서 따왔다. 한국의 지니계수는 1990년대 외환위기 당시보다도 높아 소득 양극화가 더욱 악화됐음을 방증한다.

행복은 경제순이잖아요?

경제행복지수란

성장과 분배 지표로 산출한 ▼ 경제적 삶의 만족도

한겨레 　　　　　　　　　　　　　　　　　2009년 7월 1일

올 1분기 국민의 '경제적 행복도'가 이명박 정부 들어 가장 낮았다는 조사 결과가 나왔다. 30일 시민단체인 '함께하는 시민행동'이 각종 경제지표를 토대로 측정해 발표한 1분기 경제행복지수는 70점으로 지난해 같은 기간의 104점에 비해 34점이나 낮아졌다.

다분히 주관적인 개념으로 여겨지는 '행복'을 객관적으로 측정한 첫 시도는 2002년 영국의 심리학자 캐럴 로스웰과 인생상담사 피트 코언에 의해 이뤄진 것으로 전해진다. 이들은 18년 동안 1000명의 남녀를 대상으로 80가지 상황 속에서 자신들을 더 행복하게 만드는 5가지 상황을 선택하게 하는 실험을 했다.

　그 결과 "행복은 인생관·적응력·유연성 등 개인적 특성을 나타내

는 P^{personal}, 건강·돈·인간관계 등 생존조건을 가리키는 E^{existence}, 야망·자존심·기대·유머 등 고차원 상태를 의미하는 H$^{higher\ order}$ 등 3가지 요소에 의해 결정된다"고 봤다.

로스웰과 코언은 3요소 중에서도 생존조건인 E가 개인적 특성인 P보다 5배 더 중요하고, 고차원 상태인 H는 P보다 3배 더 중요한 것으로 판단하여, 행복지수를 P＋(5×E)＋(3×H)로 공식화했다.

**한국인은
경제적으로 불행하다?!**

경제행복지수는 일반적인 행복지수에서 파생된 개념으로, 경제분야에서 전체 국민들이 느끼는 행복감의 정도를 나타낸다. 시민단체 '함께하는 시민행동'에서 발표한 경제행복지수는 고려대 김태일 교수팀이 주요 경제지표들을 바탕으로 작성한 것이다.

한국은행과 통계청이 발표하는 9개 지표를 토대로 참여정부 시절(2003~2007년) 5년간 20분기의 평균치를 100으로 삼아 점수를 산출했다. 지수 산출 결과, 이명박 정부 들어 2008년 1분기 104점에서 꾸준히 하락한 것으로 나타났다.

김 교수팀의 경제행복지수는 크게 '경제형편지수'와 '분배형편지수'로 이뤄져 있다. 국민 전체의 경제적 행복은 경제상황이 얼

영국의 철학자 제레미 벤담이 "최대 다수의 최대 행복이 도덕과 법률의 기초가 되어야 한다"고 말했듯이, '행복'은 정치는 물론 경제 전반에 걸쳐 정부가 깊이 고려해야 할 덕목이다. 국민소득이 꾸준히 증가함에도 대다수 서민들의 행복에 대한 체감이 떨어지는 한국은 특히 그렇다.

마나 좋은지, 경제력은 고르게 분배돼 있는지에 달려 있다는 인식을 바탕에 깔고 있다. 두 지수가 나오면 0.7 대 0.3의 비율로 가중치를 줘 경제행복지수를 구하는 방식을 따랐다.

경제형편지수는 경제성장률, 엠비(MB)물가상승률(정부가 선정한 52개 품목의 물가상승률), 체감실업률(주당 노동시간 17시간 이하인 취업자도 실업자에 포함) 등 세 지표로 구성된 '객관적 경제형편지수'와 소비자전망지수, 기업경기실사지수 등 두 지표로 구성된 '주관적 경제형편지수'로 이뤄진다. 이는 경제 주체들의 체감경기를 반영하기 위한 것이다.

지수 산출 당시인 2009년 1분기에는 경제성장률이 전기 대비 0.1% 상승해 경제성장률 점수가 전년도 4분기 40점에서 2010년 1분기 69점으로 올랐다. 체감실업률 점수는 112점에서 62점으로 크게 떨어졌고, 물가상승률은 100점에서 123점으로 올랐다. 결과적으로 경제형편지수는 2010년 1분기 85점으로 전년도 4분기 84점과 별 차이가 없었다.

경제형편지수와 달리 분배형편지수는 크게 떨어져 전체 행복지수를 끌어내린 것으로 분석됐다. 분배형편지수는 소득분배지수와 소비분배지수로 구성돼 산출된다. 소득분배지수는 상위 20%의 몫을 하위 20%의 몫으로 나눈 5분위 배율이 쓰였다. 이 지수는 2008년 4분기 75점에서 2009년 1분기에는 67점으로 떨어졌다.

소비분배지수를 구성한 항목은 교육, 의료, 주거 세 가지다. 주요 소비분배지수도 같은 기간 91점에서 78점으로 떨어졌다. 결국 분배형편지수는 83점에서 73점으로 낮아졌다. 이는 결국 사회 양극화가 심하다는 뜻이다. 2009년 1분기 분배형편지수 73점은 '함께하는 시민행동'이

분배형편을 계산하기 시작한 2007년 3분기 이후 가장 낮은 수준이다.

**경제행복지수는
왜 산출하는 것일까?** 　경제행복지수는 작성 기관과 방법에 따라 크게 다르게 나타날 수 있다. 위에 소개한 작성 결과 외에 삼성경제연구소와 같은 기업 소속 민간연구소에서도 경제행복지수를 산출하고 있다.

　경제행복지수는 경제활동의 궁극적인 목표 또한 결국 행복임을 일깨운다는 점에서 의미가 있다. 국내총생산(GDP)으로 대표되는 물량 지표만 높다고 해서 국민들의 후생이 그에 따라 같이 높아지는 게 아니라는 사실을 경제행복지수를 통해 수치로 확인할 수 있다.

　정부 기관에서 이런 수치를 작성하지는 않는다 해도 복지정책 등을 수립할 때 참고 자료로 삼을 만한 것으로 여겨진다. 물론 한계는 있다. 행복이라는 주관적 만족도를 객관적 수치로 나타내는 작업이어서 누구나 수긍할 수 있는 보편적인 기준을 정하는 건 그리 쉬운 일이 아니다. 따라서 작성 주체에 따라 결과가 들쑥날쑥 할 수도 있다.

경제행복지수

ㄴ 경제부문에서 전체 국민들이 느끼는 행복감의 정도. 경제활동이 얼마나 활발하게 이뤄지고 있는지를 나타내는 '성장' 지표와, 경제적 산출물이 얼마나 고르게 나뉘는지를 보여주는 '분배' 지표를 바탕으로 작성된다.

한 줄의 경제학 ▼

금융과 세금

소득불평등을 초래하는 세금의 속성

간접세의 역진성이란

> ## 조세의 소득재분배 기능을
> ## 거스르는 현상

| 한겨레 | 2010년 9월 25일 |

전체 국세 가운데 간접세의 비중이 3년째 증가한 것으로 나타났다. 일반적으로 간접세는 소득이 아닌 소비에 부과되기 때문에, 그 비중이 늘어날수록 저소득층의 세금 부담이 커질 수밖에 없다. 24일 기획재정부와 국세청 등이 집계한 자료를 보면, 2007년 국세의 세목을 기준으로 집계한 간접세 비중은 2007년 47.3%에서 2008년에 48.3%, 2009년 51.1% 등으로 증가해왔다.

전체 국세 가운데 간접세가 차지하는 비중이 2007년 이후 3년 연속 증가했다. 간접세 비중이 2007년 47.3%에서 2010년에는 52.1%로 높아진 것이다. 전체 국세에서 절반을 넘어선 셈이다. 직접세와 달리 간접세는 계층간 소득분배를 오히려 악화시키는 이른바 '역진적 세제'로 불린다. 간접세는 왜 역진적이고 소득분배를 얼마나 악화시키는 걸까?

**재벌과 서민이 내는
부가가치세는 같아야 하나** | 세제는 크게 직접세와 간접세로 나뉜다. 직접세는 소득세와 법인세, 상속·증여세, 종합부동산세 등을 말하고, 간접세는 부가가치세, 개별소비세, 교통세, 주세 등이 해당된다. 직접세는 납세의무자가 세금을 직접 국가에 납부하는 데 반해, 간접세는 납세의무자가 세금을 실제 부담하지만 납부는 다른 사업자들이 한다.

예컨대, 주세의 납세의무자는 주조업자이지만 그 주세를 실제 부담하는 사람은 주류의 소비자다. 주조업자가 납부하는 주세가 주류의 가격에 포함돼 결과적으로 주류의 소비자에게 전가되는 것이다. 소주에는 출고원가의 72%에 이르는 세금(주세)이 붙는데 일반소비자들은 이렇게 많은 세금을 부담하고 있는지 의식하지 못한 상태에서 세금을 낸다. 이런 이유로 간접세는 납세자들의 조세 저항이 적고 징세가 편리해 당국이 선호하는 세제다.

그러나 간접세는 소득이 적은 사람이 상대적으로 높은 조세를 부담하는 역진성 때문에 공평부담의 원칙에 어긋난다는 비판을 받는다. 예컨대, 1000원짜리 과자를 살 때 부자나 가난한 사람이나 똑같이 100원(10%)의 세금(부가가치세)을 부담하기 때문이다. 반면에 직접세는 소득이 많을수록 세금을 많이 부담하는 '누진적' 구조■315쪽■로 되어 있어 소득불평등을 개선하는 효과가 있다.

대표적인 직접세인 근로소득세의 경우 과세표준(근로소득에서 각종 공제액을 뺀 금액■314쪽■)이 1200만 원 이하인 소득자는 6%의 세금을 부담하지만, 과세표준 1200만~4600만 원 소득자는 15%, 4600만~8800만 원 소득자는 24%, 8800만 원 초과자는 33%의 세금을 낸다.

조세연구원이 1995~2005년 가구별 소득을 분석한 자료를 보면, 직접세와 정부의 이전소득, 사회보장기여금(국민연금·건강보험·산재보험·고용보험)이 소득불평등을 6.6% 정도 개선했지만, 소비세를 중심으로 한 간접세는 소득불평등을 0.5% 악화시킨 것으로 나타났다.

조세의 역사는 계층간 대립의 역사! 우리나라의 조세 수입에서 최근 간접세 비중이 늘어나고 있다는 것은 우리의 세제가 소득분배의 개선 측면에서는 뒷걸음질치고 있다는 점을 시사한다. 간접세 비중이 갈수록 증가하는 것은 이명박 정부 들어 대표적인 직접세인 소득세와 법인세 세율을 내리고 종합부동산세 부담도 낮춘 영향이 크다.

역사를 보면, 민주주의가 발달할수록 간접세 비중이 줄어들고 직접세 비중이 높아졌다. 민주화가 진전되어 있어서 대중의 의견이 입법에 잘 반영되는 사회에서는 간접세보다는 직접세가 더 먼저 발달하는 경향을 보였다. 그래서 조세의 역사는 계층간 대립의 역사이기도 하다.

간접세의 역진성

└ 계층간 소득분배를 오히려 악화시키는 효과. 직접세가 고소득일수록 세금을 많이 부담하는 반면, 간접세는 모든 사람이 소득에 관계없이 같은 세금을 내므로 공평부담의 원칙에 어긋난다.

간접세
간접세
간접세
Indirect Tax

땅 값, 부르는 게 값?

공시지가란

세금을 매기는 기준이 되는 땅 값 ▼

한겨레	2011년 2월 28일

전국에서 가장 비싼 땅은 서울 충무로의 화장품 판매점 '네이처 리퍼블릭'이 위치한 곳으로, 공시지가가 지난해와 같은 ㎡당 6230만 원으로 책정돼 2005년 이후 7년 연속 최고 기록을 이어갔다. 국토해양부 관계자는 "공시지가 상승폭이 낮아 올해 보유세 등의 실제 상승액은 미미한 편"이라고 밝혔다.

서울 지하철 4호선 명동역을 나와 명동 명물거리로 들어가는 길목에 자리잡고 있는 '서울시 중구 충무로 1가 24-2번지 명동빌딩'은 현재 대한민국에서 땅 값이 가장 비싼 곳으로 유명하다. 명동빌딩은 지난 14년 동안 줄곧 부동의 1위를 지켜왔던 명동거리 한 복판 '서울 중구 명동2가 33-2번지'의 우리은행 명동지점을 누르고 2004년부터 '대한민국 금싸라기 땅'으로 불리고 있다. 2004년 당시 건물 한 채에 몽땅 커피전문점인 스타벅스 매장이 들어선 뒤, 또 다른 커피전문점 파스쿠찌가 그 자리를 차지했으며, 지금은 화장품 브랜드숍인 ‘네이처 리퍼블릭’이 건물 전체를 임대해 사용하고 있다.

그렇다면 명동빌딩의 값은 누가 어떻게 매긴 것일까? 단순히 부동산 중개사무소에서 부르는 값으로 정하는 것은 아니다. 정부에서 정하는 ‘공시지가’가 그 기준이 된다. 공시지가란, 국토해양부가 토지의 값을 조사·감정해 알리는 제도를 말한다. 부동산 중개사무소 창문에 붙어있는 종이에서 흔히 볼 수 있는 ‘○억’이라는 값은 말 그대로 부르는 값, 즉 ‘호가’로 공시지가와는 구분된다.

**공시지가는
어떻게 산정할까** | 공시지가는 조사 방법에 따라 ‘표준지 공시지가’와 ‘개별지 공시지가’로 나뉜다. ‘표준지 공시지가’는 표본 조사로 땅값을 조사하는 방법이다. 전국 2700만 필지의 토지 가운데 대표성이 있다고 볼 수 있는 50만 필지를 골라 공시지가를 정한다. ‘개별지 공시지가’는 모든 필지의 공시지가를 정하는 것이다.

표준지 공시지가는 국가·지방자치단체 등의 기관이 지가를 산정하거나 감정평가업자가 개별적으로 토지를 감정평가해 산출하며, 개별지 공시지가는 표준지 공시지가를 바탕으로 시장·군수·구청장이 개별토지의 특성과 비교해 지가를 산정한 뒤 감정평가업자와 토지소유자 등의 의견 수렴 과정을 거쳐 정한다.

공사지가가 중요한 까닭은 바로 세금이나 보상금 등을 매기는 데 기초자료가 되기 때문이다. 표준지 공시지가는 재개발이나 도로·하천 공사 등으로 토지를 수용할 때 주는 보상금의 기준이 되거나 개별지 공시지가의 산정자료로 쓰인다. 개별지 공시지가는 양도소득세·상속세·종합토지세·취득세·등록세 등 국세와 지방세는 물론 개발부담금·농지전용부담금 등을 산정하는 기초자료로 활용된다.

공익을 위해 개인 땅을 제한하는 조처들

실제로 공시지가 제도가 도입되기 전까지 건국 이래 우리나라에는 정부가 정하는 '땅값의 기준' 자체가 없었다. 1980년대 후반 부동산 투기 열풍이 나타나면서 난개발이 이어지고, 제대로 된 보상을 받지 못한 채 내몰리는 서민들이 늘어나게 됐다. 이에 따라 '토지의 소유와 처분은 공공의 이익을 위하여 적절히 제한할 수 있다'는 '토지공개념'을 적용하면서 공시지가가 등장한 것이다.

1989년 정기국회에서 '택지소유에 대한 법률', '토지초과이득세법', '개발이익환수에 관한 법률' 등 토지공개념 관련 법률을 제정하면서 그동안 행정자치부의 과세시가표준액, 건설교통부의 기준시가, 국세청의 기준시가, 감정원의 감정시가 등을 한 데 합쳐 1989년 7월부터 공시지가를 발표하고 있다.

공시지가는 1월 1일을 기준으로 값을 매기

미국의 정치경제학자 헨리 조지(Henry George, 1839~1897)는, 사유토지가 경제적 불평등의 가장 큰 원인으로 여기면서 토지의 불로소득에 대해서는 국가가 세금으로 모두 징수해야 한다는 '토지공개념'을 일찍이 주장했다.

며, 2000년부터는 전국 모든 지역에서 매년 일제히 지가조사를 하지 않고 지가 변동이 거의 없는 안정지역은 2~3년에 한 번씩만 조사한다.

**집 값에도
공식 가격이 있다** | 토지의 값을 매기는 공시지가와 달리 주택의 값을 매기는 제도도 있다. 공시지가 제도처럼 진행하는 표준 단독주택가격, 개별 단독주택가격, 그리고 아파트·연립·다세대 등 공동주택가격 조사가 그것이다.

이들 제도는 부동산 세제 개편으로 그동안 토지와 건물을 따로 나눠 세금을 매기던 방식을 바꾸면서 도입한 것이다. 공동주택가격은 공시 기준일(매년 1월 1일과 6월 1일) 현재 매매 자료, 시세 자료, 감정 평가액, 분양 사례 등을 바탕으로 통상적으로 시장 거래가 이뤄지는 데 성립 가능성이 가장 높다고 판단되는 적정 값을 산출하는 것이다. 이 때문에 거품이 끼어 있는 호가보다 낮은 값으로 매겨지는 게 보통이다.

그 밖에 주택 값을 가늠할 수 있는 자료로는 '주택거래신고제도'에 따라 신고한 실거래 값이 있다. 아파트 등을 매매할 경우 15일 안에 관할 시·군·구에 실거래가격을 신고해야 하는 제도로, 주로 서울 강남 등 거래가 과열된 주택거래신고지역을 대상으로 한다.

공시지가

┗, 국토해양부 장관이 조사·평가해 알리는 단위면적(m^2)당 토지 가격. '개별지 공시지가'는 종합토지세 등 각종 세금을 매기는 기준으로, '표준지 공시지가'는 개별지 공시지가 산출과 토지 보상금을 매기는 기준으로 쓰인다.

실질적으로 공평한 징세는 가능한가?

과표란

세금을 매기는 기준 지표 ▼

한겨레   2010년 10월 5일

정부는 소득세와 법인세의 최고세율 구간을 신설하는 방안에 반대 뜻을 밝혔다. 기획재정부는 4일 국회 기획재정위원회에 제출한 국정감사 답변자료에서 "감세를 통해 일자리를 창출하고 성장잠재력을 확충해 나가려는 정부 정책의 일관성과 신뢰성이 훼손된다"며 "신중하게 검토해야 한다"고 말했다. 또 "전 세계적인 소득세율 인하 추세에 맞지 않고, 인상 시 경제협력개발기구(OECD) 평균 최고세율(35%)에 비해 과도하게 높아지게 될 가능성이 있다"며 "과표 구간 수가 증가하여 과세 체계 간소화 노력에도 역행한다"고 덧붙였다.

세제 문제가 제기될 때마다 거론되는 '과세표준(과표)'은 과세 물건에 대한 부과 징수의 표준으로, 세액 산정의 기준이 된다. 소득세의 과표는 소득액이고, 재산세의 과표는 재산가격, 수익세에서는 수익액을 과표로 삼는다. 물론, 이 때의 소득액이나 재산가격, 수익액은 각종 공제를 뺀 과세 대상액이다.

구간마다 달리 징수되는
세금 부과방식

세금을 매기는 방식은 다양하다. 누구에게나 똑같은 액수로 매기는 방식을 '정액세'라 하고, 소득이나 재산 액수에 비례해 매기는 방식을 '정률세'라 한다.

이 밖에 '누진세'라는 것도 있다. 이를테면, 소득이 많을수록 세율을 높게 매기는 것으로, 이른 바 '적극적인 형평'을 추구하는 조세제도라 말하기도 한다. 누진세는 마르크스와 엥겔스가 『공산당 선언』에서 제기했던 사회개혁 방안 가운데 하나였다. 오늘날에는 거의 모든 나라가 소득세를 매길 때 누진세를 적용한다.

최고 세율 구간을 신설하자는 논란에 싸여 있는 우리나라의 소득세와 법인세 또한 누진 체계를 따르고 있다. 현행 소득세 구간은 '과표 1200만 원 이하는 6%', '1200만 원 초과 4600만 원 이하는 15%', '4600만 원 초과 8800만 원 이하는 24%, 8800만 원 초과는 35%(2012년 33%로 인하 예정)' 등 4단계로 구성되어 있다.

최고 세율은 참여정부 시절 36%에서 35%로 내렸고, 이명박 정부 들어 다시 33%까지 낮

마르크스와 엥겔스가 공동집필한 『공산당 선언』. 표지에 독일어로 'Manifest der Kommunistischen Partei'가 제호로 쓰여 있다. 1848년 프랑스 2월 혁명 직전에 발표된 이 선언문에는 사회개혁 방안 가운데 하나로 '누진세'를 다루고 있다.

추는 쪽으로 세제 개편이 이뤄졌다. 현재 우리나라 법인세율은 순이익 2억 원 이하 10%, 2억 원 초과 22%(2012년 20%로 인하 예정)로 돼 있다.

세율 못지않게 자주 논란을 일으키는 것이 세율 적용 범위를 뜻하는 '과표 구간'이다. 현행 제도에서 소득세의 경우 과표 8800만 원 이상에서는 1억 원이든 5억 원이든 똑같이 35%의 세율을 적용한다. '과표 1억 2000만 원 초과' 구간을 신설해 40% 가량의 세율을 매겨야 한다는 주장이 나오는 데는 이런 배경이 있는 것이다.

예컨대 법인세에 대해서도 1000억 원 초과 구간을 신설해 30% 정도의 세율을 매겨 현실을 반영해야 한다는 주장도 나오고 있다. 근로소득 계층이나 업계 모두에서 양극화가 진행되고 있는 현실을 감안해 소득세나 법인세의 과표 구간을 다시 조정해야 한다는 주장이다.

과표

└▸ 과세표준의 줄임말로 세금을 매기는 기준. 각종 공제를 뺀 뒤 산출하며, 과표에 세율을 곱해 세금 액수를 계산한다. 우리나라는 소득이 많을수록 세율을 높게 매기는 누진세 방식을 채택하고 있다.

경기침체를 알리는 신호탄

금리 역전현상이란

> **단기금리가 장기금리보다
> 더 높아지는 현상**

연합뉴스   2008년 8월 7일

단기물인 양도성예금증서(CD)금리가 고공행진을 지속하면서 장기물인 국고채 금리와 역전현상이 발생했다. 7일 증권업협회에 따르면 3년 만기 국고채 금리는 6일 연 5.70%로 마감했고, 3개월 만기 CD금리는 연 5.72%로 장을 마쳐 장단기 금리가 역전됐다. 장단기 금리 역전은 지난 5월 말 이후 2개월여 만이다. 장단기 금리 역전현상은 지난달 중순 6년 만에 최고치를 기록하며 급등세를 보였던 주요 국고채 금리가 큰 폭으로 하락한 반면 수개월째 횡보하던 CD금리가 빠르게 상승한 데 따른 것이다. 국고채 금리의 하락은 금리 상승을 유발했던 국제유가와 스왑시장이 안정을 찾은 데다 장기적으로 점증하는 국내 경기의 하강 위험을 반영한 것으로 풀이된다.

단기금리와 장기금리는 금융상품의 만기를 기준으로 구분한 것이다. 단기금리는 보통 만기가 1년 미만이고, 장기금리는 만기가 1년 이상인 경우를 말한다. 콜금리나 CD금리는 대표적인 단기금리에 해당된다. 3년만기 국고채금리와 회사채금리 등은 대표적인 장기금리라 하겠다.

정상적인 경우라면 당연히 장기금리가 단기금리보다 높다. 장기금리는 단기금리보다 만기가 더 긴 금융상품에 투자했을 때 그 대가로 받는 금리다. 그런데 장기 금융상품에 투자하면 단기 금융상품에 투자했을 때보다 신용위험도가 더 높아지는 게 일반적이다. 쉽게 말해 돈을 떼일 위험이 더 커진다는 것이다. 따라서 그만큼 금리가 높아질 수밖에 없다. 또 투자기간이 길어지면 오랫동안 자금이 묶이기 때문에 이에 대한 보상도 더해져야 하기 때문에 장기금리가 단기금리보다 높게 된다.

장기금리와 단기금리는 장기자금과 단기자금 시장의 속성에 의해서도 영향을 받는다. 일반적으로 사람들이 자금을 빌릴 때는 장기로 빌려 천천히 갚으려 하고, 자금을 빌려줄 때는 가능한 한 단기로 빌려줘 빨리 돈을 되돌려 받으려 한다. 따라서 장기자금 시장에서는 자금의 수요가 공급을 초과하게 되고, 단기자금 시장에서는 자금의 공급이 수요를 초과하게 된다. 이러한 이유로 수요가 넘치는 장기자금 시장에서의 금리가 공급이 넘치는 단기자금 시장의 금리보다 높게 형성되는 것이다.

미국발 금융위기와 금리 역전현상 이런 일반적인 상황과는 달리 가끔 단기금리가 장기금리보다 더 높은, 이른바 '금리 역전현상'이 일어나는 경우가 있다. 미국발 금융위기가 일어났던 2008년이 대표적인 사례다. 당시 상당 기간에 걸쳐 만기가 3개월인 CD금리가 3년만기 국고채금리보다 더 높았다. 외환위기로 국제통화기금(IMF)의 구제금융을 받았던 1998년에도 대표적인 단기금리인 콜금리가 1년만기 정기예금 금리를 훌쩍 넘어서는 금리 역전현상이 일어났다.

그렇다면 왜 이런 현상이 일어났을까? 2008년의 경우를 돌이켜 보면, 미국발 금융위기로 국내 금융시장이 유동성 위기의 직격탄을 맞아 휘청거렸다. 기업들의 부도가 줄을 이었고, 은행들도 달러가 부족해 만기가 연장되지 않으면 치명적인 타격을 입을 수 있는 상황으로 내몰렸다.

앨런 그린스펀 전 미국 연방준비제도이사회 의장은 서브프라임 모기지론 사태가 발생하기 전에 일어난 금리 역전현상을 두고 이해할 수 없는 수수께끼라고 말했다. 하지만 그로부터 채 1년도 지나지 않아 글로벌 금융위기가 전 세계를 강타했다.

기업이나 은행이 불안하자, 시중의 돈은 안전한 국고채로 몰렸고, CD나 회사채 등은 외면받았다. 결과적으로 만기가 긴 국고채금리가 만기가 짧은 CD금리에 비해 낮아지는 일이 발생했다.

이처럼 경제 주체들이 돈 가뭄에 시달린 나머지 당장 필요한 단기자금을 구하기 위해 비정상적으로 높은 금리를 물고 돈을 빌릴 경우에 금리 역전현상이 일어나는 것이다.

일반적으로 장기금리와 단기금리의 역전현상은 경기침체를 알리는 신호로 받아들여진다. 미래투자 수익률을 보여주는 지표인 장기금리가 떨어지는 이유는 향후 경기가 침체할 것으로 예상해 투자자들이 장기자금 수요를 줄이기 때문이다. 미국에서는 1970년대 이후 금리 역전현상이 일곱 번 발생했는데 그 이후 여섯 차례나 경기침체가 찾아왔다.

2000년 중반 이후 한 동안 금리 역전현상이 경기침체의 신호라는 믿음이 깨진 적도 있었다. 앨런 그린스펀 미국 연방준비제도이사회 의장은 서브프라임 모기지론 사태가 발생하기 전에 일어난 금리 역전현상을 두고 이해할 수 없는 수수께끼라고 말한 적이 있다. 이밖에 2007년 6월부터 시작된 영국의 금리 역전현상에 대해서도 상당수 경제전문가들이 경기침체 징후도 없는데 이런 현상이 일어난데 대해 의아해했다. 하지만 그로부터 1년도 지나지 않아 글로벌 금융위기가 찾아왔으니 금리 역전현상과 경기침체의 상관관계를 부정하기는 어려워 보인다.

금리 역전현상

┕ 단기금리가 장기금리보다 더 높아지는 현상으로, 경기침체를 알리는 신호탄. 미래투자 수익률을 보여주는 지표인 장기금리가 떨어지는 이유는 향후 경기가 침체할 것으로 예상해 투자자들이 장기자금 수요를 줄이기 때문이다.

금리 완전 총정리

콜금리	금융기관에서 수시로 일어나는 자금의 일시적 과부족을 메우기 위해 금융기관 간에 초단기(보통 하루)로 빌리고 빌려주는 자금을 '콜'이라고 하고, 콜에 적용되는 금리를 콜금리라고 한다.
CD금리	은행이 고객의 예금으로는 대출 재원이 부족할 때 양도성예금증서(CD)를 발행해 돈을 빌려오는데, 이때 적용되는 금리다. 변동금리형 대출의 기준금리로 많이 사용된다. CD의 만기는 보통 3개월이다.
국고채금리	국고채는 정부가 필요한 자금을 마련하기 위해 발행하는 국채의 일종으로, 공공자금관리기금이 상환의무를 지는 채권이다. 3년만기 국고채금리는 대표적인 시장금리에 해당된다.
회사채금리	주식회사가 자금을 조달하기 위해 발행하는 채권에 적용되는 금리다. 발행 회사의 재무상태와 신용도에 따라 금리가 달라진다.
CP금리	기업이 단기 자금 조달을 위해 발행하는 약속어음이 CP다. CP를 발행한 기업은 자금을 빌려주는 사람으로부터 액면금액에서 선지급이자를 뺀 금액을 받는데, 액면금액에서 선지급이자가 차지하는 비율이 바로 CP금리가 된다.

이자의 스노볼 효과
복리와 72법칙이란

원금뿐 아니라 이자에도
이자가 붙는 계산방식

서울경제　　　　　　　　　　　　　　　2010년 9월 13일

매월 이자에 이자를 붙이는 이른바 '월 복리' 상품이 인기를 끌고 있다. 지난 9일 한국은행 금융통화위원회가 기준금리를 2.25%로 2개월째 동결하는 등 저금리 기조가 유지되자 예·적금 금리에 만족하지 못하는 고객들을 유치하기 위해 금융회사들이 경쟁적으로 복리 상품을 내놓고 있다. 월 복리 상품은 원금과 이자가 다음 달 원금이 되어, 돈이 불어나는 속도가 일반 단리 상품에 비해 빠르다. 돈을 오래 맡길수록 복리 효과는 크다.

현재 월스트리트가 자리하고 있는 미국 뉴욕의 맨해튼에는 원래 원주민인 인디언들과 초기 네덜란드 이민자들이 함께 살고 있었다. 그런데 이민자들이 계속 늘어나 영토가 부족해지자 1626년에 이민자 대표인 피터 미누이트가 인디언 추장과 협상을 통해 24달러어치의 장신구와

구슬을 주고 맨해튼섬을 샀다.

그 후 맨해튼이 세계 금융의 중심지로 성장해 전 세계에서 가장 땅값이 비싼 곳이 되자, 사람들은 맨해튼을 단 24달러에 팔아넘긴 거래를 거론하며 인디언들의 어리석음을 비웃었다.

대부호가 될 수도 있었던 인디언들

하지만 1989년 유명한 주식투자가 피터 린치가 전혀 다른 해석을 내놓음으로써, 이 거래는 인디언의 어리석음이 아니라 복리의 위력을 설명하는 일화로 바뀌었다. 당시 인디언이 받은 24달러를 연 8%의 복리로 매년 재투자할 경우 363년 뒤인 1989년에는 무려 32조5000억 달러가 된다. 당시 맨해튼 전체의 땅값이 600억 달러에 불과했다는 것을 감안하면 시간과 결합한 복리의 힘이 얼마나 대단한지 알 수 있다.

돈을 맡기는 대가로 받게 되는 이자를 계산하는 방식에는 단리와 복리가 있다. 단리는 이자를 계산할 때 원금에 대해서만 정해진 시기에 약정한 이율을 적용하는 방식이다. 반면 복리는 원금뿐 아니라 이자에 대해서도 이자가 붙는 계산방식이다. 따라서 복리로 계산된 원리금 합계액은 원금과 원금에 대한 이자, 그리고 이자에 대한 이자로 구성된다.

1억 원의 돈을 연간 10%의 금리로 20년 동안 예금한다고 가정해 단리와 복리에 따라 각각 원금이 얼마로 불어나는지 계산해보자.

우선 원금에만 이자가 붙는 단리로 예금했다면, 해마다 원금 1억 원의 10%인 1000만 원이 이자로 붙는다. 따라서 20년 동안 총 이자는

2억 원으로, 원금 1억 원과 더해 총 3억 원으로 불어난다.

그렇다면 복리로 예금할 경우는 어떻게 될까? 우선 1년 뒤에는 이자가 1000만 원으로 원리금 합계는 1억1000만 원이 된다. 단리와 차이가 없다. 하지만 이자가 한번 붙기 시작한 뒤부터는 단리와 조금씩 차이가 나기 시작한다. 즉 2년 후가 되면 원금 1억 원에 10%의 이자가 붙을 뿐 아니라, 이자 1000만 원에 대해서도 10%인 100만

1626년 인디언 추장과의 협상을 통해 24달러어치의 장신구와 구슬을 주고 맨해튼섬을 산 피터 미누이트

원의 이자가 붙어, 원리금 합계액은 1억2100만 원으로 불어난다.

단리로 예금했을 때보다 100만 원이 더 붙는 셈이다. 복리로 계산하면 3년 후에는 원리금 합계액이 1억3310만 원이 돼 단리보다 310만 원이 더 많아진다. 시간이 좀 더 지나 10년 후라면 단리 예금은 2억 원, 복리 예금은 2억5937만 원으로 불어나 차이가 5937만 원으로 커진다. 10년이 더 지나 만기가 됐을 때는 차이가 훨씬 더 벌어진다. 단리 예금은 3억 원에 불과하지만, 복리 예금은 원금 1억 원에 이자가 5억 7275만 원 붙어 6억7275만 원으로 늘어난다. 단리 예금보다 원리금 합계액이 2배 이상 더 많게 되는 것이다.

아인슈타인의 마법 '72법칙'

이처럼 복리는 단리에 비해 훨씬 많은 수익률을 거둘 수 있는 이자 계산 방식이다. 그런데 복리가 힘을 발휘

72법칙을 발견한 아인슈타인은, 복리 계산을 인간의 가장 위대한 발명이라면서 세상의 여덟 번째 불가사의라고 부르기도 했다.

할 수 있는 핵심 요소는 다름 아닌 '시간'이다. 눈밭에서 눈덩이를 굴리면 계속 눈덩이가 커지는 것처럼, 복리와 시간이 결합하면 눈덩이 불리듯 돈이 불어나는 것이다.

복리를 이야기할 때 자주 거론되는 것으로 아인슈타인이 발견한 '72법칙'이라는 게 있다. 이는 복리로 예금했을 때 원금의 2배가 되는 시간과 금리를 손쉽게 계산할 수 있는 공식이다. 즉, 72를 복리로 나눈 값이 원금의 2배가 되는 시간이다. 예를 들어 복리가 연 6%라면 원금이 두 배가 되는데 걸리는 시간은 12년(72÷6=12)이다.

기간을 정해 놓고 원금을 2배로 만들기 위해 필요한 복리를 알아볼 때도 72법칙을 활용하면 된다. 만약 원금을 12년 만에 2배로 만들고 싶다면 72를 12로 나눈 값이 6이므로 연 6% 복리 상품에 가입하면 된다.

또 72법칙을 이용해 투자 수익률도 구할 수 있다. 예를 들어 1억 원을 주고 아파트를 샀는데 10년 뒤 2억 원으로 2배가 되었다면 연간 복리 수익률은 7.2%(72÷10=7.2)가 되는 것이다.

복리와 72법칙

ㄴ 원금뿐 아니라 이자에도 이자가 붙는 이자 계산방식. 복리로 계산된 원리금 합계액은 '원금'과 '원금에 대한 이자', 그리고 '이자에 대한 이자'로 구성된다. 복리의 핵심은 다름 아닌 '시간'인 바, 눈밭에서 눈덩이를 굴리면 눈덩이가 계속 커지듯, 복리와 시간이 결합하면 돈이 불어나는 것이다.

'금리'가 '물가'에게 말을 걸다

기준금리란

> ## 예금·채권·대출 등 모든 시장에서 ▼
> ## 기준이 되는 이자율

한겨레   2010년 12월 10일

김중수 한국은행 총재는 9일 금융통화위원회 기자회견에서 주요국 경기의 변동성 확대, 일부 유럽 국가의 재정 불안, (한반도의) 지정학적 위험 등으로 기준금리를 2.5%로 동결한다고 밝혔다. …〈중략〉… 시장에선 한은 금통위가 내년 1분기 중 기준금리를 인상할 것으로 예상한다. 경제성장률이나 소비자물가 상승률을 고려할 때 현 기준금리 수준은 지나치게 낮기 때문이다. 그러나 지금까지 금통위의 행보를 봤을 때, 가파른 인상보다는 올 하반기처럼 분기에 한 차례씩 올리는 점진적인 인상을 택할 것이란 시각이 우세하다.

모든 시장금리의 기준이 되는 기준금리는 어떻게 결정될까? 일단 기준금리는 말 그대로 모든 시장금리의 기준이 된다. 기준금리가 오르면 채권금리나 예금·대출 금리도 오른다. 물론 각각의 시장 상황에 따라 금리가 움직이는 폭은 조금씩 다를 수도, 때로는 거꾸로 움직일 수도 있다. 하지만 장기적으로 보면 시장금리는 기준금리의 움직임에 따른다.

'기준'금리를 정하는 대표적인 '기준'은?

기준금리를 좀 더 정확하게 설명하면, 한국은행이 금융기관과 환매조건부증권*을 사고팔거나, 자금조정 예금 및 대출 등의 거래를 할 때 적용되는 금리를 말한다. 보통 7일물 환매조건부증권 매각시 고정입찰금리로, 7일물 환매조권부증권 매입시 최저입찰금리로 사용한다. 은행간 단기 자금 거래를 조율하는 한국은행이 환매조건부증권 매매를 통해 기준금리를 활용하고 있는 셈이다.

기준금리를 정하는 기준은 물가다. 이를 조금 어려운 말로 하면 '물가안정목표제'라고도 한다. 2010~2012년 3년 간 한국은행이 정한 물가안정목표는 소비자물가상승률(전년동기 대비) 기준 3.0±1%다.

예컨대 소비자물가상승률이 물가안정목표치보다 더 올라가면 기준금리를 올려 물가하락을 유도하고, 반대로 목표치보다 떨어지면 기준금리를 내려 물가상승을 유도하는 식이다.

이처럼 한국은행은 기준금리를 결정하는 데 있어서 중기적으로는 물가안정을 염두에 두지만, 단기적으로는 금융시장 안정과 경제성장도 함께 고려한다.

경기나 금융시장 상황에 대한 고려없이 물가안정목표 달성에만 전념하는 통

환매조건부증권(RP) 일정기간이 지난 뒤 되사는(환매) 조건으로 발행하는 채권이다. 보통 환매 만기를 한 달(1개월물) 또는 석 달(3개월물)로 하는 단기자금 거래에 이용된다.

화정책을 '경직적' 물가안정목
표제라 하는 데 반해, 한국은행
이 취하는 방식을 '신축적' 물
가안정목표제라 부른다.

특히 지난 2008년 하반기 금
융위기가 불거지면서 한국은행
은 물가안정과 더불어 금융시
장 안정을 기준금리 결정의 주
요 변수로 받아들이기 시작했

세계에서 기준금리가 가장 높은 나라는 베네수엘라로
17.98%나 된다(2011년 1월 기준). 브라질(11.25%)과 아르
헨티나(9.93%)가 그 뒤를 잇는데, 주로 중남미 국가들의 기
준금리가 높다. 사진은 베네수엘라 대통령 휴고 차베스.

다. 기준금리 효과는 금융시장을 통해서 전파되는데, 금융시장이 왜곡
되면 기준금리, 즉 통화정책이 제대로 먹혀들지 않기 때문이다. 기준
금리가 제대로 기능하기 위해서라도 금융시장 안정을 위한 한국은행
의 고려가 필요하다는 논리가 성립된 셈이다.

**예금 · 대출은 물론,
부동산이나 주식도 기준금리 영향권** 기준금리가 경제에 미치는 경
로는 실로 다양하다. 가장 간단하게는 앞서 언급했듯이 단기와 장기
시장금리, 은행 예금 · 대출 금리 등에 직접적인 영향을 미친다. 예컨대
기준금리가 인상되면 콜금리 등 단기 시장금리는 바로 상승하고, 다시
예금 · 대출 금리는 물론 장기 채권금리도 상승 압력을 받게 된다.

또 기준금리는 부동산이나 주식 등 자산가격에도 영향을 미친다. 금
리가 오르면 주식 · 채권 · 부동산 등 자산을 통해 얻을 수 있는 미래 기

대 수익이 떨어지게 돼 자산가격을 떨어뜨리는 요인이 된다.

환율도 기준금리 영향권에 있다. 다른 나라의 금리가 변하지 않은 상태에서 우리나라의 금리가 오르면 원화표시 자산에 대한 수익률이 상대적으로 높아져 국외자본이 유입돼 원-달러 환율이 떨어진다.

이처럼 경제 전반에 막대한 영향을 미치는 기준금리는 금융통화위원회가 매월 한 차례씩 결정한다.

기준금리

ㄴ 예금·채권·대출 등 모든 시장금리의 기준이 되는 이자율. 한국은행의 금융통화위원회가 매월 한 차례씩 정하는 정책 금리로, 물가, 환율, 부동산 등 경제 전반에 영향을 미친다.

시장 상황 민감성 금리

코픽스란

은행의 자금조달비용을 반영한 대출금리

한겨레   2010년 8월 16일

코픽스 연동대출이 출시 여섯 달 만에 20조 원을 넘어서며 주택담보대출 시장을 '석권' 했다. 석 달 단위로 바뀌는 양도성예금증서(CD) 연동금리보다 변동주기(6~12개월)가 길어 금리상승기에 리스크를 줄일 수 있다는 점이 인기몰이의 배경이다. 15일 금융감독원과 은행권의 집계를 종합하면, 코픽스 연동대출 잔액은 지난 6월 말 현재 18조7000억 원인 것으로 나타났다. 7월 집계는 마무리되지 않았지만, 월 평균 증가액을 감안하면 20조 원을 넘어선 것으로 보인다.

은행의 코픽스(COFIX, 자금조달비용지수) 연동대출이 인기를 끌면서 빠르게 양도성예금증서(CD) 연동대출을 대체하고 있다. 코픽스는 'Cost of Funds Index'의 줄임말로 은행 대출 상품의 기준금리 역할

2010년 2월 16일 은행연합회(www.kfb.or.kr) 홈페이지에 처음 고시된 코픽스.

을 하는 지표다. 코픽스 연동대출은 말 그대로 코픽스에 따라 대출금리가 결정되는 대출 상품이다.

코픽스는 2010년 2월부터 은행연합회가 매달 15일(공휴일일 경우 다음날) 오후 3시에 홈페이지에 공시를 하고 있다. 은행연합회는 국민·우리·신한·하나·기업·외환·SC제일·한국씨티은행과 농협 등 9개 은행으로부터 매달 자체 조달금리를 보고받아, 은행별 조달금리를 참작해 가중평균금리인 코픽스를 산출한다. 따라서 코픽스는 은행의 자금조달비용*을 반영한 기준금리인 셈이다.

CD금리가 기준이 되지 못하는 이유

코픽스는 해당 월에 새로 조달한 자금의 조달금리를 반영한 '신규취급액기준'과 그동안 조달한 전체 자금의 조달금리를 반영한 '잔액기준' 2가지로 발표된다. 잔액기준에 비해 신규취급액기준 코픽스가 시장금리 변동에 더 민감하게 반응한다. 은행들은 자금조달비용인 코픽스를 기준금리로 삼고 여기에 마진 등(가산금리)을 붙여 최종 대출금리를 정하는 코픽스 연동대출 상품을 판매하고 있는데,

은행의 자금조달비용(금리) 은행이 대출에 필요한 자금을 조달하기 위해 지불하는 비용이다. 은행은 정기예금, 정기적금, 요구불예금, 수시입출식 예금, 주택부금, 상호부금, 양도성예금증서, 금융채 등 다양한 수단을 활용해 시중자금을 끌어모은 뒤 이를 다시 돈이 필요한 사람에게 대출해주고 이자를 받아 수익을 올린다.

대부분이 주택담보대출 상품이다.

코픽스 연동대출이 나오기 전에는 CD 연동대출이 은행권 주택담보 대출의 90% 가량을 차지했다. CD 연동대출은 금융투자협회가 매일 고시하는 CD금리에다 가산금리를 더해 대출금리를 산정하는데, 3개월마다 한 번씩 당시 CD금리 수준이 반영돼 금리가 바뀌는 변동금리 방식이다.

그런데 CD금리는 대출의 기준금리로 하기에는 결정적인 문제점이 있다. 은행의 자금조달비용을 제대로 반영하지 못한다는 것이다. 2009년 10월 말 통계를 보면, 국내 은행들은 대출 재원의 67.1%를 예금으로 조달했고, 16.7%는 금융채를 발행해 충당했다. CD를 통한 조달은 11%에 불과했다.

이처럼 비중이 작은 CD금리가 대출의 기준금리 노릇을 해왔기 때문에, 대출 기준금리가 은행의 실제 자금조달비용과 큰 차이를 보일 수밖에 없었다. 특히 2009년에 CD금리가 시장의 실제금리를 제대로 반영하지 못한 채 지나치게 낮게 형성된 것도 문제점으로 지적되었다.

대출금리 내리기 위한 수단?

CD금리가 은행의 실제 자금조달비용보다 낮은 수준을 유지하자 은행들은 자구책으로 가산금리를 마구 올려 수지타산을 맞췄다. 이 과정에서 시장금리에 비해 대출금리가 너무 높다는 여론의 불만이 터져나온 건 당연했다. 급기야 금융당국까지 나서 금리 구조를 개선하겠다고 밝혔고, 2009년 가을부터 구체적인 논의가 시작됐다.

대안으로 은행 자금조달원의 비중에 따라 가중치를 뒤 금리를 산출하는 방식이 떠올랐다. 그런데 새로운 기준금리를 계산하고 발표할 주체가 마땅찮았다. 개별 은행이 자체적으로 하면 간단하겠지만, 투명성이 확보되지 않아 신뢰를 얻기 힘들다는 지적이 많았다. 한국은행이 매달 내놓는 '금융기관 가중평균 금리'도 거론됐지만 활용하기가 적절치 않았다. 조사대상 시점과 발표 시점 사이에 시차가 너무 컸기 때문이다. 결국 은행연합회가 나서 은행의 평균 자금조달비용을 산출해 공시하기로 하면서 코픽스가 나오게 됐다.

일부에서는 대출금리를 내리기 위해 코픽스를 도입했다고 오해하고 있지만, 코픽스는 자금조달비용을 제대로 반영하지 못하는 불합리한 대출금리 산정체계를 바로잡기 위한 목적으로 만든 것이다.

물론 은행들이 새 상품의 수요를 높이기 위해 출시 초반에는 CD 연동대출보다 코픽스 연동대출의 금리를 낮게 책정했지만, 장기적으로 볼 때 어느 쪽의 금리가 더 낮을지는 예측하기 어렵다. 다만 코픽스 연동대출은 금리 변동 주기가 대부분 6개월이나 1년이어서 3개월인 CD 연동대출에 비해 시장금리 변동이 대출금리에 천천히 반영된다.

코픽스

└, 은행연합회가 시중 아홉 개 은행으로부터 매달 자체 조달금리를 보고받아 가중평균금리를 산출해 만든 지표. 대출 상품의 기준금리 역할을 한다.

은행 금리에 관한 소소한 오해

고시금리와 창구금리는

대출자의 신규성에 따라 구별된다 ▼

연합뉴스   2010년 10월 10일

시중은행이 매달 고시하는 주택담보대출 금리 수치만 믿고 영업창구를 찾을 경우 '이자폭탄'을 맞을 가능성이 있는 것으로 나타났다. 금융감독원이 10일 국회 정무위원회에게 제출한 국정감사자료에 따르면 일부 은행은 고시금리와 실제금리(창구금리) 차이가 2%포인트를 넘는 것으로 조사됐다. …〈중략〉… 고시금리만 믿고 은행을 찾은 고객이 1억 원을 대출받았다고 가정한다면 당초 예상했던 것보다 연 200만 원이나 이자를 더 지불해야 한다는 계산이다.

대출을 받을 때 가장 먼저 살펴보는 것이 금리다. 조금이라도 더 낮은 금리로 대출 받기 위해 여러 금융기관에서 상담을 받아보고, 가능하다면 담보나 보증을 세운다. 대출자들은 주로 은행에 직접 문의하거나 은행 누리집 및 언론 보도 등을 통해 금리 정보를 접한다.

지난 2009년 상반기에는 은행들이 제공하는 금리 정보에 대한 적확성 논란이 크게 일었다. 대출을 받으러 은행을 방문해보니 언론 보도를 통해 사전에 알고 간 금리 수준과 큰 격차가 있었다는 고객들의 불만이 쏟아졌다.

**나는 대출이자를
얼마나 더 낸 걸까?** 금리 관련 불만이 과거에도 종종 제기됐지만, 대부분 고객 자신의 신용도에 대한 착각에서 비롯된 탓에 그리 문제되지 않았다. 하지만 당시는 달랐다. 은행들도 처음에는 '오해'라며 논란 확산 차단에 분주하다가 점차 '제도 개선'을 약속하기에 이르렀다.

이런 혼선을 이해하기 위해서는 먼저 금리결정 구조부터 알아야 한다. 대표 대출금리라고 할 수 있는 변동금리형 주택담보대출 금리를 예로 들어보자. 주택담보대출 금리는 기준금리인 양도성예금증서(CD) 금리에 은행별로 책정한 가산금리를 덧붙여 결정된다. 가산금리에는 인건비 등 은행들이 대출 상품을 운용하면서 들어가는 비용과 은행이 가져가는 마진으로 구성된다. 신용도나 거래 실적이 비슷한 고객들이 은행마다 받는 금리가 다른 이유가 바로 비용과 마진이 은행마다 다르기 때문이다.

두 번째는 기존 대출자에 적용되는 금리와 신규 대출자에 적용되는 금리가 다르다는 것이다. 기존 대출자에 적용되는 금리는 계약 당시 설정한 가산금리가 계약 만기 때까지 고정되기 때문에 CD금리 변동에만 영향을 받는다. 반면 신규 대출자에게 적용되는 금리는 대출계약 당시 은행이 설정한 가산금리가 적용되기 때문에 실제 받는 금리는 기존 대출자보다 높을 수도 있고 낮을 수도 있다. 물론 은행의 가산금리 정책이 바뀌지 않았다면 다르지 않을 수도 있다.

세 번째는 고시금리가 전파되는 경로다. 은행들은 주로 매주 월요일 각 언론에 대출금리 정보를 제공한다. 은행들은 금리 정보에 대부분 양도성예금증서 변동분만큼만 가감해 내놓는다. 고객들이 언론에서 접하는 금리 정보는 애초부터 실제 신규 대출을 받으려는 고객이 은행 창구에서 접하는 금리가 아니라 기존 대출자에 적용되는 금리였다는 의미다.

결과적으로 이런 관행에 언제든지 고시금리와 창구금리 사이에 혼선의 씨앗이 잉태돼 있었던 셈이다. 다만 2004년부터 2008년까지 은행들이 대출 자산 확대에 주력하면서 가산금리를 매우 낮게 책정한 덕택에 고시금리와 창구금리의 차이가 두드러지지 않았을 뿐이다.

고시금리는 미끼용?

문제는 2009년 상반기에 크게 불거졌다. 은행들이 대대적으로 대출 가산금리를 올렸기 때문이다. 당시 은행들은 2008년 하반기에 고금리로 예금을 조달했다가 2009년 초에 시중금리가 급락하면서 수익성에 빨간불이 켜져 있던 상황이었다. 비싼 비용으로 자금을 끌어들였다가 싸게 대출을 해주다보니 역마진이 날 지경에 이르렀고, 결국 가산금리 상향 조정으로 수익 보전에 나선 것이다.

이는 기존 대출자에 적용되는 금리, 즉 언론을 통해 고시하는 금리와, 신규 대출자에게 적용되는 창구금리 간 차이가 크게 벌어지는 결과를 낳았다. 어쩌면 당연한 논리적 귀결이지만, 고시금리는 '미끼금리'라는 비난을 듣는 신세가 되고 말았다.

이런 논란은 두 가지 방향으로 개선되었다. 먼저 은행들은 기존 대출자에 적용되는 금리가 아닌 신규 대출자에 적용되는 금리를 기준으로 금리를 고시하기 시작했다. 고시금리의 기준을 아예 창구금리로 바꾼 셈이다.

두 번째는 은행권이 '코픽스'▪330쪽▪라는 새로운 기준금리를 만들었다. 창구금리와 기준금리간 차이가 발생한 근본 원인이 주택담보대출의 기준금리인 CD금리가 은행들의 조달 비용을 제대로 반영하지 못한다는 의견에 따른 것이다. 코픽스는 9개 은행의 정기예금과 상호부금, CD 등 8개 금융상품의 금리를 가중 평균해서 결정되고, 매월 15일 은행연합회가 누리집에 고시한다.

고시금리와 창구금리

ㄴ는 대출자의 신규성에 따라 구별된다. 즉, 고시금리는 기존 대출자에게 적용되는 금리로, 은행이 언론이나 누리집에 '고시'한다고 해서 붙여진 이름이다. 창구금리는 신규 대출자에게 적용되는 금리로, 신규 대출자가 은행 '창구'에서 은행원을 통해 직접 설명받는다고 해서 붙여진 이름이다. 그러나 2009년 7월 이후 은행들은 고시금리 기준을 신규 대출자에 적용되는 금리로 바꾸면서 고시금리와 창구금리라는 구분은 사실상 없어졌다.

경제적 신뢰도가 곧 경제력 잣대

신용등급이란

대출, 연체 등 개인의 신용상태를
10단계로 평가한 것

한겨레   2010년 8월 12일

신용등급이 최하위인 9·10등급과 무등급자의 햇살론 이용실적은 매우 낮았다. 신용 9등급과 10등급에 대한 대출은 각각 443건(3.3%)과 97건(0.7%)에 그쳤다. 신용거래 정보가 없는 무등급자에 대한 대출은 6건(0.1%)으로 1000만 원에 불과했다. 애초 금융위원회가 추산한 신용등급별 대출 가능자 1689만2천 명 가운데 무등급자의 비중이 9.9%(167만9천 명)인 점을 감안할 때 매우 저조한 실적이다.

모든 금융소비자는 자기도 모르게 등급이 매겨져 있다. 대출 거래를 한 번도 하지 않은 무등급자를 포함해서 하는 말이다. 갑자기 도살장으로 끌려가는 한우가 된 기분이긴 하지만 아무튼 그렇다.

해매다 신용등급이 화제다. 미소금융과 햇살론 등으로 대표되는 정부의 서민금융 지원 정책이 주로 신용등급에 근거하고 있기 때문이다. 신용등급이 낮아질수록 가산금리가 붙기 때문에 고객의 금리 부담은 더욱 커진다. 신용등급의 중요성이 강조되는 이유다. 하지만 눈에 보이지 않는 탓에 그만큼 관리도 어렵다.

**얼마를 버느냐가 아니라
얼마를 빌려 썼고 잘 갚았냐가 관건** 개인의 신용등급을 평가하는 곳은 한국신용정보(한신정, NICE), 한국신용정보평가(한신정평가, KIS), 코리아크레딧뷰로(KCB) 등 세 군데 민간회사다. 한신정은 '마이크레딧', 한신정평가는 '크레딧뱅크', KCB는 '올크레딧'이라는 신용정보 사이트를 운영하고 있다.

이들은 금융회사와 은행연합회 등으로부터 개인의 대출과 연체 등의 정보를 받아 신용등급을 매긴다. 예금이나 소득 관련 정보는 수집하지 않는다. 그러니까 얼마나 버느냐가 중요한 게 아니라, 얼마나 빌려 썼고 잘 갚았냐가 신용등급의 기준이 되는 것이다.

1~1000점을 기준으로 1~10등급으로 나뉘는데, 점수가 높을수록 당연히 등급도 올라간다. 한 평가사의 경우 910점 이상은 1등급, 860점 이상은 2등급, 800점 이상은 3등급으로 분류한다. 10등급은 449점 이하, 9등급은 450점 이상, 8등급은 540점 이상이다. 점수 비중은 연체 500점, 대출 300점, 카드 100점, 기타 100점 등으로 이뤄진다.

대출이 한 건도 없다고 해서 기본 점수인 300점을 다 주는 건 아니다. 주택담보대출이나 시중은행 신용대출처럼 조건이 좋은 대출은 오히려 가점 요인이 된다. 그러나 제2금융권에서 대출을 받으면 점수가 깎인다. 연체하면 감점되는 건 당연하다.

다만 이들 세 회사의 등급 산출 방식이 제각각이기 때문에 같은 사람이라도 등급이 다르게 나올 수 있다. 예를 들어 신용카드 현금서비스를 이용할 경우 한신정의 신용등급에는 영향이 없지만, KCB는 신용등급을 낮춘다.

개인별로 차이는 있지만 보통 5등급까지는 제1 금융권(시중은행)에서 신용대출을 받을 수 있고, 6등급은 연대보증인을 세워야 신용대출이 가능하다. 7등급 이하는 시중은행들이 대출을 꺼리는 저신용자로 분류된다. KCB의 분류에 따르면, 전체 1~10등급(약 3700만 명) 가운데 5~6등급은 약 1100만 명, 7등급은 약 730만 명이나 된다. 네 다섯 명 가운데 한 명은 저신용자인 셈이다.

한국신용정보가 운영하는 마이크레딧
http://www.mycredit.co.kr

한국신용정보평가가 운영하는 크레딧뱅크
http://www.creditbank.co.kr

코리아크레딧뷰로가 운영하는 올크레딧
http://www.allcredit.co.kr

자신의 신용등급을 확인하려면 세 평가사의 사이트에 회원으로 가입하면 된다. 돈을 내야 하는 유료 사이트이지만, 1년에 한 번은 무료로 조회할 수 있다. 본인이 자기 신용등급을 확인하는 건 몇 번이라도 신용등급에 영향을 주지 않지만, 금융기관에서 대출을 받기 위한 조회는 신용등급을 낮추는 요인이 된다. 금융당국은 실제로 대출을 받지 않았지만 대출상담을 받았다는 이유만으로 신용등급이 낮아지는 폐단을 없애기 위해 1년에 3차례까지는 신용등급에 영향을 주지 않도록 제도를 바꿨다. 대부업체의 경우 2007년부터 단순상담제를 도입해 상담만으로는 신용등급이 깎이지 않도록 하고 있다.

신용등급

ㄴ 대출, 연체 등의 정보를 바탕으로 개인의 신용상태를 10등급으로 나눠 관리하는 것. 금융회사가 개인에 대한 대출 가능 여부나 대출금리를 결정하는 기준이 된다.

돈 찾으러 갈 때는 걷지 마라!

펀드런이란

펀드 투자자들이 투자금을 일제히 환매하는 현상

연합뉴스   2010년 4월 11일

펀드런(대량 환매) 우려가 점점 현실로 드러나고 있다. 11일 금융투자협회에 따르면 이달 들어 지난 8일까지, 6거래일 동안 순수하게 빠져나간 자금이 2조2344억 원에 달한다. 지난 달 순유출된 1조8055억 원을 넘어섰다. 올해 들어 유출된 규모도 4조 원을 넘어섰다. 업계에서는 2000년대 들어 2003년과 2007년에 이은 세 번째 펀드런이 시작된 것으로 보고 있다. 지수가 저점을 찍고 반등하면서 펀드런이 발생했다는 점이 같다.

최근 증권업계의 가장 큰 특징 가운데 하나는 펀드의 대량 환매 사태다. 지난 2007년 무렵 정점을 맞았던 '펀드 열풍' 당시 펀드에 가입했던 투자자들이 금융위기에 따른 주가 하락으로 낭패에 빠졌다가 주가가 어느 정도 회복하자 펀드에서 돈을 빼기 시작한 것이다. 이에 대해

일부 언론이 '펀드런'이라는 용어를 사용하자, 이 용어를 쓰는 게 맞느냐를 놓고 작은 논란이 일기도 했다.

**수익률 낸 뒤
본전 찾아가는 것도 펀드런?** 펀드런은 뱅크런에서 비롯된 말이므로, 뱅크런의 의미부터 살펴봐야 한다. 뱅크런이란 은행 예금의 동시 인출사태를 일컫는 표현으로, '은행으로 달려가다'run to the bank 의 줄임말이다. 금융시장이 불안하거나 특정 은행이 도산할 우려가 있을 때, 돈을 맡긴 사람들이 일제히 은행으로 달려가 줄을 서는 현상을 말한다.

그렇다면 2010년 있었던 펀드 대량 환매 사태를 펀드런으로 불러도

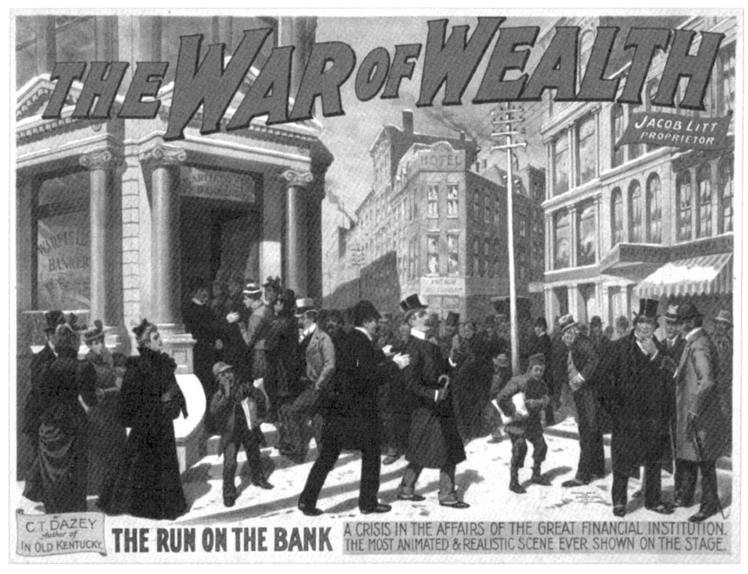

'뱅크런'의 묘사가 인상적인 1895년 공연된 찰스 T. 데이지의 희곡 〈the war of wealth〉의 포스터.

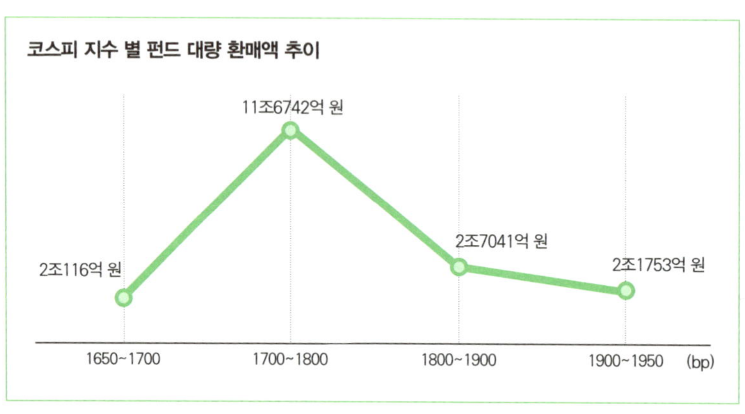

될까? 업계 전문가들은 대부분 그렇지 않다고 말한다. 현실과 맞지 않는 선정적인 용어라는 것이다. 펀드가 지급불능 상태가 되려면 기초자산이 되는 해당 기업이 도산 상태에 빠지거나, 주식시장이 폭락하는 등의 상황이 있어야 한다. 그러나 2010년은 주식시장이 폭락하기는커녕 큰 폭으로 올랐다. 2010년의 펀드 환매 사태는 펀드런이라기보다는 적절한 수익률을 달성했다고 생각하는 투자자들이 본전을 찾아간 것으로 보는 게 맞다.

진짜 펀드런은 IMF시절 '대우채 환매 사태'

여기서 지난 2007년 '펀드 열풍' 당시를 돌아보자. 은행들이 펀드를 판매하자, 펀드가 뭔지도 잘 모르는 상태에서 펀드에 가입한 이른바 '묻지마 투자'가 많았다. 은행 예금과 비슷한 것으로 착각한 사람도 많았다. 그러다 금융위기를 맞았고, 수익은커녕 원금을 몽땅 날릴 수 있다는 걸 알게 된 투자자들은 노심초사 본전을

머니마켓펀드(MMF, Money Market Fund) 고객
의 돈을 모아 금리가 높은 CD(양도성예금증서),
CP(기업어음), 콜 등 단기금융상품에 집중 투자
해 여기서 얻는 수익을 되돌려주는 실적배당상품
이다. 고수익상품에 운용하기 때문에 다른 단기
금융상품보다 수익이 높다.

회복하기만 기다렸던 것이다.

2010년 펀드 환매는 특히 코스피 1700~1800선에 집중돼 11조6000억 원 이상이 이탈한 것으로 집계됐다. 연초 이후 국내 주식형펀드에서 빠져나간 돈은 모두 16조3901억 원이나 됐다. 특히 펀드 열풍 당시, 코스피 1900선 이상에서 국내 주식형펀드에 들어온 자금이 16조3천억 원이나 되는 것으로 나타나 펀드 환매는 당분간 지속될 것으로 예상된다.

진짜 펀드런 현상은 1999년 '대우채 환매 사태' 당시에 있었다. IMF 구제금융 충격으로 굴지의 기업들이 줄도산을 당하던 때였다. 세계 경영의 전도사 김우중 회장이 이끌던 대우그룹이 공중분해되면서, 대우그룹 채권이 포함된 펀드 자금을 빼려는 행렬이 쇄도했다. 망할 지경에 처한 투신사들은 환매 중단을 선언했고, 정부가 나서서 원금을 보장해주기로 하고 나서야 겨우 진정됐다.

2010년에도 실제 펀드런 현상이 잠시 있었다. 옵션쇼크로 800억 원대의 손실을 낸 와이즈에셋자산운용이 대량 환매 요구 때문에 판매사들에 법인용 머니마켓펀드* 환매 연기 결정을 한 것이다.

펀드런

ㄴ 펀드 투자자들이 투자금을 일제히 환매하는 현상. 은행 도산이 우려되는 상황에서 사람들이 예금 인출을 위해 은행으로 달려가는 현상을 일컫는 뱅크런에서 유래했다.

계좌마다 포장해야 수익률 높다?

랩어카운트란

개인계좌 단위로 운용되는 ▼ 자산관리 상품

한겨레　　　　　　　　　　　　　　　2010년 8월 11일

금융당국이 최근 과열 양상을 보이고 있는 랩어카운트 상품의 최저 가입금액을 높이기로 했다. 가입 문턱을 높여 '신중한' 투자를 유도하겠다는 것이다. 금융위원회와 금융감독원은 10일 이런 내용을 담은 금융투자업 규정 개정안을 다음 달 초까지 마련하겠다고 밝혔다. 랩어카운트는 최근 수요가 크게 늘면서 증권사의 투자일임 계약 규모가 지난해 3월 말 13조3000억 원에서 지난 5월 27조6000억 원으로 갑절 이상 증가했다.

'랩어카운트'wrap account 란 말을 그대로 풀이하면 하나로 포장된 계좌라는 뜻이다. 과일로 비유하자면 여러 개의 과일을 하나의 상자에 넣은 게 아니라, 랩으로 싸인 한 개의 과일이라고 할 수 있다.

랩어카운트 개념은 공모펀드와 비교하면 쉽게 이해될 수 있다. 공모

펀드가 자금의 공개 모집, 즉 불특정 다수의 투자자금을 한군데로 모아서 운용된다면, 랩어카운트는 개인계좌 단위로 운영된다. 따라서 개인의 투자 성향에 따른 맞춤형 자산관리가 가능하며 시황에 따른 순발력 있는 포트폴리오 조정도 할 수 있다는 장점이 있다. 투자자는 언제든지 증권사의 홈트레이딩시스템이나 홈페이지 등을 통해 보유 종목과 상품 매입단가, 수익률 현황을 확인할 수 있다.

또 랩어카운트는 개인과 금융사가 맺은 사적 계약이므로 비교적 규제에서 자유롭다. 반면 공모펀드는 다수의 투자자 보호를 위해 법적 규제가 까다로운 편이다. 예를 들어 수수료만 하더라도 공모펀드는 최근 금융당국이 판매 수수료 등의 인하를 강제하고 있는 반면, 랩어카운트는 수수료율이 자유롭다. 고객 입맛에 맞는 투자전략을 제공함으로써 수수료도 공모펀드보다 비싼 편이다.

증권사에게는 새로운 캐시 카우

랩어카운트 시장이 급성장한 배경에는 주식형펀드 시장의 부진과 맞물려 있다. 2006~2007년 펀드 열풍 이후 몰아닥친 글로벌 금융위기는 많은 개인투자자에게 원금 손실의 고통을 가져다 줬다.

이는 원금 회복 직후 펀드 환매 행렬로 나타나고 있다(펀드런 ■342쪽■). 증권계에서는 일부 펀드 환매 자금이 랩어카운트시장으로 흘러들어온 것으로 추정하고 있다. 펀드 매니저에 대한 실망감으로 좀 더 자신의 의견이 반영되는 상품에 매력을 느끼게 됐고, 또 집중적인 투자로 고

수익도 가능하다는 점이 투자자들을 끌어당기고 있다.

랩어카운트 운용은 증권사에게만 허용된다. 즉, 은행이나 보험사는 랩어카운트 상품을 팔 수 없다. 증권사 입장에서도 공모펀드 수수료가 인하되면서 새로운 수익원이 필요한 참에 랩어카운트가 구원투수 역할을 하고 있는 것이다.

아울러 증권사로서는 변화하는 고객의 욕구에 맞춰 상품을 다양화할 필요성도 높아졌다. 과거 1억 원 이상 자산가만이 가입할 수 있었던 최저 가입금액을 낮추면서 고객 범위도 확대되고 있다.

랩어카운트 가운데 특히 인기를 끌고 있는 '자문형 랩'은 투자자문사의 전문성을 이용한 상품이다. 증권사가 투자자문사로부터 포트폴리오 구성의 자문을 받아 운용하는 형태로 적극적인 시장 대응을 통해 수익을 추구하는 구조다. 이에 따라 신규사업 기회 발굴을 위해 투자자문사에 출자하는 증권사도 늘고 있다.

**'high return, high risk'의 속성은
어쩔 수 없어**

고수익의 이면에는 고위험이 병존한다는 투자의 진리는 랩어카운트도 마찬가지다. 공모펀드의 경우 규모가 클 경우 조 단위로 운용돼 60개 이상 종목에 분산 투자할 수 있지만, 랩어카운트는 규모나 상품의 성격상 10개 안팎의 주식에 집중 투자하게 된다.

결국 자금 운용을 일임받은 증권사나 자문사의 역량에 따라 고수익도 가능하지만 개별 주식에 대한 위험 노출도 클 수밖에 없는 것이다.

또 공격적인 투자패턴을 보이는 랩어카운트의 속성상 시장이 급변할 때 손실로 이어지는 위험도 그만큼 클 수밖에 없다.

랩어카운트

└, 고객과의 맞춤형 계약에 따라 운용되는 상품. 고객 성향에 맞는 투자전략과 자산배분이 가능하지만, 공모펀드에 비해 고위험-고수익 상품으로서의 속성이 강하다.

한 줄의 경제학 ▼

투자자들이여 공포를 즐겨라!

빅스지수란

투자자들의 불안심리지수 ▼

한국경제	2010년 11월 8일

대다수 애널리스트들은 시카고 선물옵션거래소(CBOE) 변동성 지수인 빅스지수가 19 이하로 떨어지면서 뉴욕증시가 매도보다는 매수 흐름을 탈 가능성이 크다고 내다보고 있다. 이와 관련, 샌프란시스코의 개인투자자인 빌 루디는 "주식을 대체할 수 있는 채권이나 현금에 대한 매력이 갈수록 떨어지면서 돈이 증시 쪽으로 모이고 있다"면서, "주가 하락이란 위험 부담이 줄면서 빅스지수 하락에도 지속적으로 영향을 미치고 있다"고 말했다.

주가에 영향을 끼치는 요소로는 기업실적 말고도 흔히 뉴스와 같은 재료와 수급, 심리 등을 들 수 있다. 그 가운데 특히 호재성 뉴스가 나와 투자 심리가 호전되면 사자는 사람(매수자)이 몰리면서 주가가 오른다. 반대의 경우도 마찬가지다.

이 때문에 증시 전문가들은 재료와 수급, 심리 등을 토대로 주가의 향방을 예측한다. 문제는 재료와 수급은 숫자로 표현할 수 있거나 그만큼의 구체성을 띄지만, 인간의 마음인 심리는 그렇지 않다는 점이다.

시장의 변덕이 불안감을 조장한다

심리는 그 자체가 정성적인 특성을 갖고 있기 때문에 수치로의 계량화 자체가 근본적으로 어렵다. 하지만 1990년대 이후 금융공학이 빠르게 발전하면서 심리도 어느 정도 계량화가 가능해지고 있다. 그 대표적인 예가 이른바 공포지수라고 불리는 '빅스지수'VIX, Volatility Index 라는 것이다. 'VIX'는 증권용어로 '주가변동성'을 뜻하는 'volatility'와 지표와 지수를 뜻하는 'index'의 합성어다. volatility는 보통 '변덕스러움'을 의미한다.

1993년 미국 듀크대 로버트 웨일리 교수가 창안한 빅스지수는 뉴욕 증권거래소에 상장된 우량 종목 500개의 주가지수인 S&P500의 변동성 지수를 가리킨다. 즉, 앞으로 S&P500지수의 변동성이 커질 것이라는 기대가 높으면 빅스지수도 올라가도록 설계돼 있다. 변동성 확대에 대한 기대가 크다는 것은 그만큼 투자자들의 심리가 불안하다는 것을 의미하기 때문에 빅스지수에 공포지수라는 별칭이 붙은 것이다.

'공포지수' 빅스지수를 창안한 미국 듀크대 로버트 웨일리 교수.

금융공학, 계량화 같은 말만 들어도 머리가

아파올 만큼 어렵게 느껴지기도 하지만, 따지고 보면 빅스지수의 원리는 매우 간단하다. 즉, 변동성 지수는 미리 정한 가격으로 미래에 주식을 매매할 수 있는 권리를 뜻하는 '옵션' 가격에 반영돼 있는, 미래의 주가 향방에 대한 투자자들의 심리를 수치화한 것이다. 쉽게 말해 변동성 지수는 일종의 '보험 가격'이라고 봐도 무방하다.

가령 주가 하락이 걱정되는 투자자들은 손실을 줄이기 위한 보험으로 주식을 팔 권리인 풋옵션*을 사게 된다. 따라서 주가 하락을 걱정하는 투자자가 많아질수록 즉 투자 심리가 불안정해질수록 풋옵션 가격은 올라가게 되고, 자연스럽게 변동성 지수인 빅스지수도 올라가는 것이다. 사고 발생 가능성이 큰 자동차의 보험료가 비싼 것과 같은 이치다. 반대로 주가 하락 공포가 줄어들면 옵션 가격도 떨어지게 돼 빅스지수도 떨어진다.

흥분을 넘어 공포 분위기에서 빛나는(?) 존재감

일반적으로 빅스지수가 20 이하이면 '흥분 구간', 40 이상이면 '공포 구간'으로 본다. 글로벌 금융위기가 최고조에 달했던 2008년 10월 24일 빅스지수가 89.53까지 올라가기도 했다. 최고치는 1987년 10월 '검은 월요일'로, 무려 172.79였다. 이날 S&P500지수는 하루 만에 20.47%나 폭락했다. 한편, 최저치는 1993년 12월 24일로 9.48까지 내렸다.

한국거래소(KRX)도 변동성 지수인 VKOSPI^{Volatility index of KOSPI200}를 산출해 2009년 4월 13일부터 공표하고 있다. 옵션 투자자들이 예상하는 KOSPI200(한국의 대표적인 200개 종목의 시가총액을 지수화 한 것)의 미래 변동성을 측정한 것이다. 오래 전부터 여러 금융기관에서 자체적으로 변동성 지수를 산출해 오던 것을 한국거래소에서 공식 발표하게 된 것이다. '한국판 공포지수'가 탄생한 셈이다.

주식투자자들에게 공포의 대상인 빅스지수는 주가가 하락할 때 더 민감하게 반응한다. 롤러코스터가 올라갈 때보다 자유낙하할 때 그 존재의 의미를 과시하듯, 빅스지수도 본능적으로 흥분보다 공포를 더 즐기는 것일까?

빅스지수나 VKOSPI 모두 금융위기가 잦아들면서 안정적인 모습을 보이고 있다. 그러나 금융위기를 극복하기 위해 각국 정부는 금리를 내리고 재정 투입을 확대하는 등 거품을 더 키웠다는 지적도 만만치 않다. 이는 어쩌면 빅스지수가 다시금 언론에 주목을 받게 될 날이 멀지 않았다는 이야기이기도 하다.

빅스지수

┗, 주가가 떨어질 때 투자자들의 불안한 심리를 수치로 나타낸 것. 주가 하락을 걱정하는 투자자가 많아질수록 빅스지수가 올라간다. 즉, 사고 발생 가능성이 큰 자동차의 보험수가가 올라가는 것과 같은 이치다.

VIX
Stock Market

햄버거 안에 담긴 물가와 환율

빅맥지수란

'빅맥' 가격으로 물가수준과 환율을 가늠하는 지표

| 한겨레 | 2010년 8월 5일 |

올해 2분기 각 나라의 빅맥지수를 비교해보니, 원화가 달러화에 견줘 24%나 저평가됐다는 분석이 나왔다. 조사대상국 가운데 빅맥지수가 가장 높은 나라는 노르웨이였다. 노르웨이에선 빅맥 1개 값이 무려 7.2달러로 한국의 2.5배나 됐다. 노르웨이의 크로네(Krone)화가 달러화에 비해 93%나 고평가된 것이다. 노르웨이에 이어 스웨덴(6.56), 스위스(6.19), 브라질(4.91), 덴마크(4.90)가 빅맥이 가장 비싼 나라로 꼽혔다. 반면에 빅맥을 가장 싸게 사먹을 수 있는 나라는 태국(2.17), 중국(1.95), 홍콩(1.90), 스리랑카(1.86), 우크라이나(1.84) 등으로 조사됐다.

미국 맥도널드사의 햄버거 '빅맥'은 전 세계 어느 나라를 가나 손쉽게 사먹을 수 있다. 빅맥처럼 품질이나 크기, 재료가 같은 물건이 세계 여러 나라에서 팔릴 경우, 각 나라별 가격을 비교해서 어느 나라의 물가

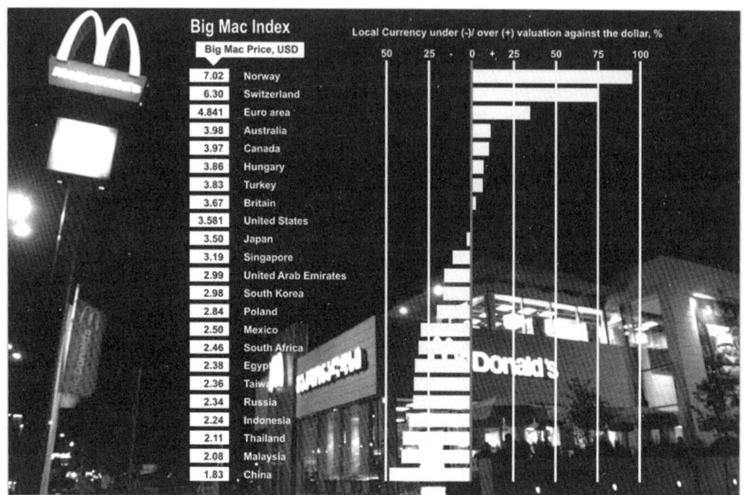

영국의 경제 주간지 「이코노미스트」가 개발한 '빅맥지수'. 노르웨이가 여전히 맨 위에 있고, 한국은 인용기사 당시 보다 높은 13번 째에 올라 있다.

가 싸고 비싼지 가늠해볼 수 있다. 또 두 나라의 빅맥 가격을 통해 두 나라 화폐의 교환 비율인 환율의 적정 수준도 파악할 수 있다.

이런 점에 착안해 영국의 경제 주간지 「이코노미스트The Economist」가 개발한 게 '빅맥지수'The Big Mac Index 다. 「이코노미스트」는 1986년부터 세계 120개국에서 판매되는 빅맥의 가격을 달러로 환산해 분기별로 발표하고 있다.

**햄버거 가격으로 가늠해보는
환율과 물가수준**

위 기사에 나온 2010년 2분기 빅맥지수를 보면, 우리나라는 2.82로 조사 대상 44개국 가운데 24번째이다. 우리나라의 빅맥지수가 2.82라는 것은 조사시점에 3400원인 우리나라의 빅맥 1개 가격을 당시 원-달러 환율(1204원)로 나누면 2.82달러라는 뜻이다. 조사시점에 미국에서 판매된 빅맥 1개 값은 3.73달러로 미국의 빅맥지수는 그대로 3.73이 된다.

그렇다면 2.82라는 우리나라의 빅맥지수를 통해 물가수준과 적정환율을 어떻게 파악할 수 있을까? 우선 빅맥지수가 가정하고 있는 두 가지 전제를 이해해야 한다. 빅맥지수는 '일물일가의 법칙'과 '구매력평가PPP, Purchasing Power Parities 환율 이론'을 바탕에 깔고 있다.

같은 제품의 가치는 전 세계 어느 나라에서나 같아야 한다는 일물일가의 법칙을 적용하면, 빅맥지수가 높을수록 물가가 상대적으로 더 비싼 것이다. 2010년 2분기 우리나라의 빅맥지수는 2.82, 미국은 3.73이었기 때문에, 미국의 물가가 우리나라보다 더 비싸다는 결론이 나온다.

다음으로 빅맥지수를 이용해 적정환율을 알아보기 위해서는 구매력평가환율 이론을 활용해야 한다. 구매력평가환율 이론은 한 나라의 화폐는 어느 나라에서나 동일한 구매력을 지닌다는 가정 아래 각국 통화의 구매력을 비교해 결정하는 환율이다.

예를 들어 한국 돈 1만 원은 한국에서나 미국에서나 똑같은 양의 물건 또는 서비스를 살 수 있어야 한다는 것이다. 만약 빅맥 1개의 가격이 우리나라에서는 3000원인데 미국에서는 3달러라고 가정해보자. 구매력평가환율 이론에 따르면 한국 돈 3000원으로 미국에서도 똑같이 빅맥 1개를 살 수 있어야 하기 때문에 '3000원=3달러'가 된다. 따라서 구매력평가환율은 1달러에 1000원이 된다.

이제 실제로 2010년 2분기 빅맥지수를 활용해 적정환율(구매력평가환율)을 계산해보자. 빅맥지수 조사시점에 한국에서 빅맥 1개의 가격은 3400원, 미국에서는 3.73달러였다. 3400원=3.73달러가 되어야 하므로 적정환율(구매력평가환율)은 1달러에 911.5원이다. 그런데 당시 실제 환율은 1204원이었기 때문에 구매력평가환율 이론으로 계산한 적정환율(911.5원)보다 292.5원이나 높고 이에 따라 원화가치가 24% 가량 저평가됐다는 것을 알 수 있다. 원-달러 환율이 올라가면 원화가 달러화 대비 평가절하 되어 원화가치가 떨어지고, 반대로 환율이 내려가면 원화가치가 올라간다.

그러나 적정환율과 실제 환율 사이의 차이를 알려주는 빅맥지수에는 빈틈도 많다. 각 나라의 인건비나 세금, 정부의 규제, 경쟁상황 등 다양한 가격결정 요인들을 반영하지 않고 있는데다, 각 나라에서 팔리는 빅맥이 똑같은 크기인지도 확실하지 않기 때문이다. 빅맥지수 이후에 새로 나온 김치지수, 애니콜지수, 아이팟지수 등도 제품 가격으로 물가수준과 적정환율을 가늠하는 지수들이다.

빅맥지수

└ 세계 각국에서 팔리는 빅맥 햄버거 가격을 달러로 환산한 뒤 미국 내 가격과 비교한 지수. 각 나라의 물가수준과 적정환율을 가늠하는 평가 기준이 된다.

국가의 '부'와 국민의 '살림살이'는 비례하는가?
교역조건이란

수출품과 수입품의 교환비율 ▼

한겨레   2010년 9월 4일

수출 호조 등에 힘입어 2분기 경제상황은 나아졌으나, 국민이 피부로 느끼는 경기는 이에 못 미친 것으로 나타났다. 한국은행이 3일 내놓은 '2010년 2분기 국민소득(잠정치)'을 보면, 올해 2분기에 교역조건을 반영한 실질 국민총소득(GNI)은 249조6000억 원으로 집계됐다. 1분기보다 0.5% 늘어났지만, 실질 경제성장률 1.4%에는 한참 못 미쳤다. 전년 동기에 견준 2분기 국민총소득 증가율(5.4%)도 같은 기간 경제성장률(7.2%)에 크게 못 미쳤다. 이는 수출 호조의 과실이 국민 전체로 퍼지지 않는데다 수입물가 상승 등의 여파가 총소득을 상쇄시킨 탓으로 풀이된다.

인용기사에서 보듯 '국가의 부'(국내총생산, GDP)와 '국민들의 살림살이'(국민총소득, GNI)가 다르게 나타나는 것은 '교역조건' terms of trade 때문이다. 교역조건이란 간단히 말해서 수출품과 수입품이 거래되는 교환

비율을 말한다.

예를 들어 우리나라가 자동차를 한 대 수출해 벌어들인 달러로, 원유를 100배럴 살 수 있다고 가정해 보자. 그런데 국제유가가 폭등해 자동차 2대를 팔아야 같은 양의 원유를 살 수 있게 되는 수도 있다. 이 경우 교역조건이 나빠졌다(하락했다)고 한다. 반대로 국제유가가 폭락하면 교역조건은 좋아진다.

**교역조건을 따질 때
고려해야 할 두세 가지**　교역조건을 따질 때 한 가지 유의할 점은 단순히 상품의 교역조건만 봐서는 안 된다는 점이다. 생산요소 교역조건 등을 아울러 고려해야 한다.

예들 들어, 기술혁신에 따른 원가 절감으로 수출품 가격이 떨어지면 상품의 교역조건은 불리해지지만 이로 인해 전체 수출량이 늘어나면 이것이 생산·고용·소득 등의 수준을 향상시키는 결과로 이어져 무역조건이 유리해지기 때문이다. 한국은행에서 지수화해 정기적으로 발표하고 있는 교역조건지수가 두 가지로 나뉘는 건 바로 이 때문이다.

한국은행에서 발표하는 두 가지 교역지수는 '순상품교역조건지수'와 '소득교역조건지수'다. 순상품교역조건지수는

대표적인 수출품 가운데 하나인 자동차는 수입품인 원유의 국제유가 변동에 따라 해당 교역조건이 크게 달라지곤 한다.

1단위 수출대금으로 수입할 수 있는 상품의 양을 지수화한 것이다. '(수출단가지수÷수입단가지수)×100'로 계산한다. 소득교역조건지수는 총수출대금으로 수입할 수 있는 상품의 양을 지수화한 것으로, '(순상품교역조건지수×수출물량지수)÷100'으로 계산한다.

위 인용기사의 2010년 2분기(잠정치) 순상품교역조건지수는 85.9(수출단가지수 101.8, 수입단가지수 118.4)이다. 이에 견줘 소득교역조건지수는 134.7(수출물량지수 156.7)이다. 수출단가 하락으로 순상품교역조건은 나빠졌지만, 총수출물량 증가로 어느 정도 만회됐음을 뜻한다.

**경제지표는 나아지는 데,
국민의 체감경기는 여전히 냉랭한 이유**

교역조건 변화에 따른 실질 구매력 변화를 고려한 소득지표가 바로 '실질 국민총소득'이다. 실질 국민총소득은 한 나라 국민들이 생산활동으로 국내외에서 벌어들인 소득의 실질 구매력을 뜻한다. 즉, 외국과 거래할 때 상품의 상대가격 변화에 따른 구매력의 변동분을 계산한 지표다.

우리나라는 보통 실질 국민총소득 증가율이 실질 국내총생산 증가율에 못 미쳤다. 과거 실질 국내총생산 증가율은 4~5%대를 보였지만, 실질 국민총소득 증가율은 3%대에 그치는 경우가 많았다.

이는 우리나라 주력 상품인 반도체 가격 하락과 국제유가 상승 등으로 교역조건이 나빠졌기 때문이다. 이처럼 교역조건이 나빠지면 실질 국내총생산 증가율과 실질 국민총소득 증가율 사이의 간격이 더 커지게 된다. 숫자로 나타나는 지표경기는 좋은데, 현장에서 느끼는 체감

경기는 그렇지 못한 게 여기서 비롯된다.

2008년의 예를 보면, 실질 국내총생산이 2.3% 증가했는데도 실질 국민총소득은 0.6% 감소하는 일이 벌어지기도 했다. 실질 국민총소득이 감소한 것은 1998년 이후 10년 만에 처음이었다. 이는 국제유가 인상으로 수입단가가 올라 교역조건이 나빠졌고, 그 결과 실질 무역 손실이 크게 증가했기 때문이다. 실질 국민총생산은 증가하더라도 국민의 실질 구매력은 오히려 뒷걸음질 쳐 서민들의 호주머니 사정은 더 나빠진 경우다.

2009년의 사정은 달랐다. 실질 국내총생산(2010년 4월 발표한 잠정치 기준)은 전년에 견줘 0.2% 성장한 반면, 실질 국민총소득은 같은 기간 1.5% 증가했다. 당시에는 국제 원자재가격이 크게 떨어지면서, 수출상품가격(-1.7%)보다 수입상품가격(-4.3%)이 더 크게 하락해 교역조건이 개선됐기 때문이다.

교역조건

↳ 수출품과 수입품의 교환비율. 수출입 품목의 단가 뿐 아니라 물량에 따른 변화까지 감안해 계산된다. 교역조건 변화에 따라 서민들의 호주머니 사정이라 할 수 있는 실질 구매력도 변하며, 이를 고려한 소득 지표가 '실질 국민총소득'이다.

잠재된 경제력은 얼마나 실현가능한가?

잠재성장률이란

노동과 자본을 완전히 활용할 때의 성장률

연합뉴스　　　　　　　　　　　　　　　　　　　2010년 8월 3일

올해 우리나라 경제성장률이 강력한 회복세에 힘입어 6%를 넘어설 것이라는 미국 경제전망기관의 평가가 나왔다. 미국의 저명 경제전망기관인 IHS 글로벌 인사이트는 "한국의 2분기 성장을 바탕으로 강한 회복세를 전망한다"는 제하의 분석 보고서에서 …〈중략〉… "올 3분기에 한국의 성장세가 느려질 수 있더라도 이는 분기마다 연속적으로 강한 회복세에 따른 올바른 조정으로 보는 게 옳으며 한국의 잠재성장률은 여전히 다른 국가들과 비교해 매우 높은 상태로 남을 것"이라고 덧붙였다.

경제 전망을 다루는 글에서 자주 등장하는 용어 중 하나가 '잠재성장률'이다. 노동과 자본을 완전히 활용할 때의 성장률로, 물가상승을 유발하지 않고 달성할 수 있는 최대 성장률을 뜻한다. 적정성장률이라고

도 한다.

사람들마다 지닌 잠재력이 다르듯 나라마다 잠재성장률도 다르다. 잠재성장률은 실제 성장률과도 다르다. 내포된 잠재력이 실제로 발휘될 수도 있고, 그렇지 않을 수도 있기 때문이다. 잠재력 이상의 성과를 내는 경우도 없지 않다.

잠재성장률은 높을수록 좋은 것? 잠재성장률의 정의는 간단해 보여도 이를 추정해내는 것은 매우 복잡하다. 잠재성장률 추정은 한국개발연구원(KDI)을 비롯한 각종 경제연구기관에서 행해지며, 우선 최근 수년간 경제성장률이 어떻게 변해왔는지를 보는데서 시작한다. 이어 이런 성장률이 부작용 속에서 달성된 것인지를 파악해 잠재성장률 수준을 추정한다. 실제 성장률이 높았더라도 국제수지 적자 또는 지나친 물가상승을 유발했을 경우 잠재성장률은 그보다 훨씬 낮은 것으로 여겨진다.

KDI 보고서에 따르면 우리나라의 잠재성장률은 1980년대 후반을 정점으로 하락해 왔다. 1980년대 말에 9%대 후반에서 1990년대 초에는 7%대 중반으로 하락했으며, 외환위기 이후 금융위기 이전까지 4%대 중반을 기록하고 있는 것으로 분석됐다.

외환위기 이후 우리나라의 잠재성장률이 하락한 것은 기업의 설비투자 부진 등 물적 자본 투입의 둔화에서 비롯된 것으로 평가된다. 국가부도 위기 속에서 극도의 신용경색을 경험하면서 기업들이 새로운 투자에 선뜻 나서기 어려웠던 것이다. 노동과 더불어 잠재성장률의 양

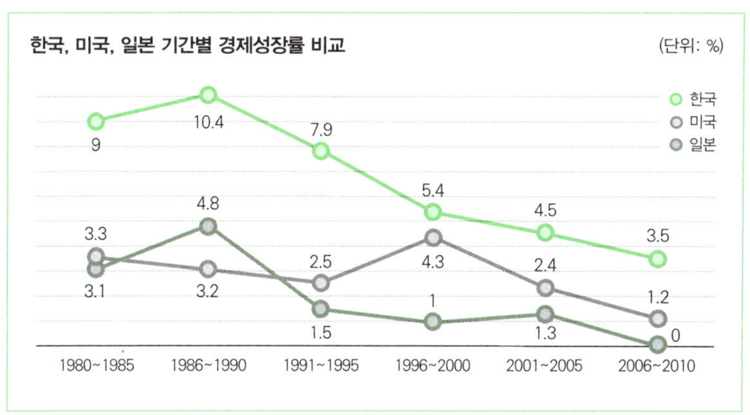

자료 : IMF

축을 이루는 자본이 제대로 활용되지 않은 셈이다.

물적 자본 투입의 둔화는 1990년대 초반의 과잉투자가 조정된 측면을 아울러 안고 있었다는 점에서 일정 부분 불가피했다는 평가도 나온다. 더욱이 우리나라의 투자율은 1990년대 중반 이후 하락했음에도 불구하고, 개발도상국을 제외하고는 여전히 높은 수준이다. 따라서 추가적으로 투자율을 무리하게 높이는 것은 경제에 많은 부담으로 작용할 가능성이 있다.

**호언도 문제지만
지나친 겸손도 금물** | 외환위기 이후 우리나라의 잠재성장률 하락이 자본의 위축 탓이었다면, 향후 중장기 잠재성장률은 노동부문, 즉 인구 구조에서 많은 영향을 받을 것으로 보인다. 출산율의 급격한 하락으로 우리나라 인구증가율도 크게 떨어지고 있는데, 특히 생산가능인

구*의 하락세는 훨씬 가파르다. 우리나라 총인구는 2021~30년에 들어서면서 감소할 것으로 전망되는 데 견줘, 생산가능인구 증가율은 2011~20년에 이미 감소세를 보일 것으로 추정된다. '저출산 문제'가 국가적 과제로 떠오른 배경에는 이런 사정이 깔려 있다.

지속성장을 위해서는 반드시 잠재성장률을 높여야 한다. 이를 위해서는 실제 성장률이 잠재성장률의 범위를 크게 벗어나지 않도록 경기 흐름을 적절하게 조절해야 한다.

잠재력 이상으로 실현된 성과는 물가 불안 같은 부작용을 일으키며, 실제 성장이 잠재력을 한참 밑도는 일이 반복되면 잠재력 자체가 점점 떨어지게 된다. 2시간 30분대에 마라톤 풀코스를 완주할 잠재력을 보유한 선수가 2시간 10분대에 뛰려고 하면 탈진할 것이며, 반대로 2시간 50분대에 맞춰 뛸 경우 완주 잠재력을 잃어버리는 것과 같은 이치다.

생산가능인구 통계청 기준으로 대한민국에 상주하는 15세 이상 인구. 군 복무자, 교도소 수감자, 외국인 등은 제외된다. 생산가능인구는 경제활동인구(취업자+실업자)와 비경제활동인구로 나뉜다. 실업자 수를 '경제활동인구'로 나눈 게 실업률, 취업자 수를 '생산가능인구'로 나눈 게 고용률이다.

잠재성장률

└ 노동과 자본을 완전히 활용할 때 달성할 수 있는 성장률. 실현되는 실제 성장률이 잠재성장률 범위 근방에서 달성되는 게 바람직한 경기 흐름이므로, 지속성장을 위해서는 잠재성장률을 적정 수준으로 높여야 한다.

집값의 거품 여부를 따지는 기준

PIR이란

> ## 주택의 구매력을 측정하는
> ## 소득대비 주택가격 비율

연합뉴스 2010년 9월 5일

올 들어 부동산 경기 하락으로 집값이 내려가긴 했지만 소득 수준에 비해서는 여전히 높다는 분석이 나왔다. 5일 국민은행이 올 6월을 기준으로 산출한 연소득 대비 주택가격 비율(PIR)에 따르면 서울 지역에서 5단계로 나눈 집값 가운데 중간 수준(3분위)은 평균 4억4646만 원대로, 중간 소득(3분위) 가구 연소득(3830만 원)의 11.7배에 달했다.

집값 논란이 불거질 때마다 자주 등장하는 용어 가운데 하나가 PIR^{Price to Income Ratio} 이다. 한글로 풀어보면, '소득대비 주택가격 비율' 정도가 될 것이다. 즉, 주택을 구매할 수 있는 능력을 나타내는 지표로, 이 비율이 11.7배라는 것은 거둔 소득을 모두 투입할 때 집을 장만하는데 걸리는 시간이 11.7년이라는 뜻이다.

서울에서 중간 가격인 3분위 주택을 구입하는 데 걸리는 기간을 보면 1분위 소득 가구(1295만 원)는 34.5년, 2분위(2757만 원)는 16.2년, 3분위(3830만 원)는 11.7년, 4분위(5136만 원)는 8.7년, 5분위(8534만 원)는 5.2년으로 나타났다.

PIR가 집값의 적정성 여부를 따지는 지표로 활용되고 있긴 해도, 이 수치 자체를 두고 논란이 자주 벌어지기도 한다. 무엇을 기준으로 하느냐에 따라 적지않은 차이가 생기기 때문이다. 2010년 3월 23일 산업은행 산은경제연구소에서 '국내 주택가격 적정성 분석' 보고서를 냈을 때가 그 예이다. 당시 보고서에서 산은경제연구소는 PIR 수치를 거론하면서 한국의 집값은 거품 상태라는 취지의 주장을 폈다.

여기에 국토해양부가 PIR 수치를 들어 "거품이 아니다"고 반박하는 해프닝이 빚어졌다. 당시 산은경제연구소는 2008년 기준 서울 지역의 PIR가 12.64(전국은 6.26)로 미국의 뉴욕(7.22), 샌프란시스코(9.09) 보다 높다고 발표했고, 국토해양부는 '2008년 주거실태조사'를 바탕으로 9.7이라고 주장했다.

PIR 수치에서 차이가 나타난 이유는 조사기준과 방식이 달랐기 때문이다. 산은경제연구소는 평균값을, 국토해양부는 중앙값을 사용했다. 주택가격과 가구소득의 기준을 중앙값 또는 평균값으로 삼느냐에 따라 결과는 달라질 수밖에 없다. 3, 5, 8이란 숫자에서 중앙값은 5이지만 평균값은 5.3이다.

주택가격이 일정한 수준으로 고르게 분포해 있다면 평균값과 중앙값은 유사해지지만, 특정가격대에 주택이 몰려 있게 되면 평균값과 중앙값은 크게 달라진다. 예컨대 2005년 통계청 자료를 보면, 우리나라 주택시장에서 아파트 비율은 52.7%인데 아파트가 단독주택보다 평균 2배 이상 높은 가격을 기록하고 있다. 따라서 평균값 PIR이 높게 나오게 된다.

국토해양부의 2008년 주거실태조사에서도 서울의 평균값 PIR은 10.7로, 중앙값 PIR(9.7)보다 높다. 표본의 차이도 있었다. 국토해양부는 무작위로 3만 가구를 뽑은 뒤 그들의 집값과 소득으로, 산은경제연구소는 부동산정보업체로부터 받은 집값 평균과 통계청의 근로자가구 연소득 평균으로 지수를 산출했다.

**10년 넘게 한 푼도
쓰지 않고 모아야** 복잡한 통계의 속내를 들여다보기 이전에 PIR의 본래 뜻으로 돌아가 보면, 현재 집값에 대한 나름의 판단을 할 수 있을법하다. PIR 계산에서 쓰이는 소득은 생활필수품 구입을 비롯한 필수적인 소비 부분을 뺀 소득이 아니라, 말 그대로 한 푼도 쓰지 않은 상태의 소득액 전체를 가리킨다.

한 푼도 쓰지 않고 10년 넘게 모아야 집을 산다는 건 불가능한 일이므로, 실제 집을 장만하는 데 걸리는 기간은 그보다 훨씬 더 길 것임은 물론이다. 국제 비교도 적정성 여부를 따져볼 수 있는 쉬운 방법 중 하나일 것이다.

통계 자료마다 약간씩 차이를 띠지만, 서울 지역의 집값이 높다는 데 대해서는 부동산 전문가들도 대체로 공감하는 것 같다. 인간 거주 환경 관련 사업을 벌이고 있는 '유엔 인간정주권위원회'UN HABITAT 는 적정 PIR 수준을 3~5로 보고 있다. 통상 PIR가 10이 넘으면 집값에 거품이 끼었다고 평가한다.

PIR

└, 집값을 연소득으로 나눈 비율. 주택 구입 능력을 나타내는 잣대로 많이 쓰인다. 예를 들어 PIR이 11.7이 나왔다면 그 사회의 중간 소득층이 집을 구입하는데 11.7년이 걸린다는 의미다. 통상 이 비율이 10을 넘으면 해당 지역의 집값에 거품이 끼어 있는 것으로 본다.

터질 듯 부풀어 오르는 돈의 속내
인플레이션이란

지속적인 물가상승 현상 ▾

한겨레	2010년 6월 19일

윤증현 기획재정부 장관은 18일 「머니투데이」 오프라인 신문 창간 9주년 기념 강연에서 "물가는 경기회복에 따른 국내총생산(GDP) 갭(Gap. 잠재성장률과 실제성장률의 차이)의 플러스 전환, 통화유통속도의 상승세 확대, 생산자물가의 빠른 상승 등으로 하반기 이후 상승세가 예상보다 커질 가능성이 있다"고 말했다. …〈중략〉… 경기회복이 지속되면 당장은 아니어도 하반기쯤에는 인플레이션이 현실화될 수 있다는 우려가 제기됐고, 정부도 이를 수긍한다는 뜻을 드러낸 것이다.

한 나라 경제 정책에서 매우 중요한 자리를 차지하는 과제가 물가 안정이다. 우리나라의 중앙은행인 한국은행은 아예 설립 목적 자체를 '물가 안정'으로 삼고 있다.

물가 안정 기조가 흔들리거나 그럴 조짐이 있을 때 자주 등장하는 용어가 '인플레이션'inflation이다. 인플레이션은 보통 '지속적인 물가상승 현상'으로 정의된다. 여기서 말하는 물가 수준은 수많은 개별 상품들의 가격을 가중 평균해 산출한 물가지수를 가리킨다.

**물가 오르면
무조건 인플레이션?** | 물가가 얼마 동안에 몇 % 이상 상승할 때 인플레이션이라고 하는가에 대한 명시적인 정의는 없다. 물가가 올랐더라도 제품의 질이 크게 향상된 경우에는 인플레이션이라고 볼 수 없을 것이다. 반대로 명목가격은 그대로 둔 채 질을 떨어뜨리는 경우에는 실질적으로 인플레이션이 일어난 것으로 본다.

우리나라의 경우 대체로 소비자물가가 연 4~5%에 이르면 인플레이션 상태라고 본다. 2010년 한 해 연평균 소비자물가 상승률은 2.9%로 집계돼 인플레이션으로 평가될 수준에서는 한참 멀다.

**손수레 속 돈다발은 그냥 놔두고
손수레만 훔쳐 달아난 농담 같은 얘기** | 극단적인 인플레이션을 뜻하는 '하이퍼인플레이션'hyper-inflation이란 말도 가끔 언론에 등장한다. 하이퍼인플레이션으로 홍역을 치르고 있는 대표적인 나라로는 짐바브웨가 자주 꼽힌다. 2008년 짐바브웨의 연간 물가상승률은 무려 2억 3100만%에 이르렀다. 물가가 하루에 2배씩 오르는 일이 다반사였다. 영국에서 독립한 해인 1980년에만 해도 1달러짜리 미국지폐를 내면 0.68Z$(짐바브웨 달러)로 교환되던 일은 까마득한 옛일이 되었다. 이는

제1차 세계대전 이후 하이퍼인플레이션에 시름하던 독일 바이마르 공화국 아이들이 돈 다발을 가지고 블록 쌓기 놀이를 하고 있다.

무차별적인 화폐 발행 탓이었다. 하이퍼인플레이션은 실업 폭증으로 이어졌고 경제 전반을 곤경에 빠뜨렸다.

제1차 세계대전 이후 독일 바이마르공화국도 하이퍼인플레이션을 겪은 사례로 자주 거론된다. 바이마르공화국은 1918년부터 1933년까지 독일을 지배한 정부다. 바이마르공화국은 제1차 세계대전 패전에 따른 배상금 1320억 마르크를 지급하기 위해 대규모 마르크화를 발행하면서 파멸적인 인플레이션을 겪어야 했다. 1923년 7월부터 11월까지 물가는 무려 370만 배가 뛰었던 것으로 기록돼 있다. 주정뱅이가 쌓아둔 술병의 가치가 술을 마시지 않고 저축한 사람의 예금잔액 가치보다 높았다는 얘기가 생겨났을 정도다. 손수레에 돈을 가득 싣고 가다가 길가에 세워두면 돈은 그대로 놔두고 손수레만 훔쳐 달아났다는 농담 같은 얘기도 그 시절에 생겨났으며, 하이퍼인플레이션이란 용어도 이때 생겼다.

근래의 사례로는 브라질·볼리비아·아르헨티나 등 중남미 국가들이 1980~90년에 걸쳐 하이퍼인플레이션을 경험했다. 멕시코와 터키, 러시아 등도 높은 물가상승률로 경제적 어려움을 겪었다.

인플레이션의 사촌들

인플레이션에 견줄 용어로 '디플레이션' deflation 이 있다. 통화량이 줄어 물가가 하락하고 경제활동이 침체되는 현상을 일컫는다. 예전에는 인플레이션의 대립적인 개념으로 사용됐지만, 지금은 그 의미가 좀 달라져 산출량의 저하, 실업의 증가 등 경제활동의 침체를 뜻하는 말로 쓰인다. 지난해 일반 상품 시장에서는 인플레이션을 걱정하는 목소리가 나오는 반면, 부동산 시장에서는 디플레이션을 예상하는 견해가 적지 않았다. '디스인플레이션'disinflation 이란 말도 있는데, 이는 인플레이션을 극복하기 위해 통화증발을 억제하고 재정·금융 긴축을 중심으로 하는 경제조정 정책을 말한다.

경기침체stagnation 와 인플레이션을 합성한 '스태그플레이션'stagflation 이란 개념도 있다. 경제불황 속에서 물가상승이 동시에 발생하는 상태를 일컫는다. 실례로 미국에서는 1969~1970년경 경기후퇴가 지속되는데도 소비자물가는 계속 상승했다. 이는 직접적으로는 물가(특히 소비자물가)의 만성적 상승 경향에 따른 것이다. 경기정체기에 국방비나 실업수당 등 주로 소비적인 재정지출이 확대되는 일, 기업의 관리비가 상승하여 임금상승이 가격상승에 비교적 쉽게 전가되는 일 등도 스태그플레이션의 요인으로 꼽힌다. 정도가 심한 스태그플레이션을 '슬럼프플레이션'slumpflation 이라고 한다.

인플레이션

└ 소비자물가가 계속해서 상승하는 현상. 한국의 경우는 경제성장률 등을 감안하건대 보통 소비자물가지수가 연 4~5%이면 인플레이션 상태라고 본다.

불안한 심리가 경제를 자극한다

기대 인플레이션이란

미래의 물가상승 예상치 ▾

한겨레   2010년 9월 10일

한국은행 금융통화위원회가 9월 기준금리를 연 2.25%에 묶으며 두 달 연속 동결을 선택했다. 이번 금리 동결 결정은, 국내 상황보다 미국과 유럽의 경기 둔화 가능성 등 나라 밖의 불확실성을 더 고려한 조처로 풀이된다. 그러나 가계부채가 계속 늘어나고 **기대 인플레이션**이 오르는 상황에서 앞으로 가계 거품과 물가 불안을 더 키우는 게 아니냐는 우려가 커지고 있다.

물가 불안을 걱정하는 목소리가 나올 때 자주 등장하는 용어 중 하나가 '기대 인플레이션'이다. 경제 주체들이 예상하고 있는 미래의 인플레이션을 일컫는 말로, '인플레이션 기대심리'라고도 한다. 물가가 장기간 상승하거나 앞으로 물가를 올릴 요인들이 많다고 여기면 기대 인플레이션은 올라가게 된다.

기대 인플레이션은 경제주체들의 의사결정에 상당한 영향을 끼친

다. 예를 들어 임금 노동자들은 현재나 과거의 물가상승률보다는 기대 인플레이션을 근거로 임금 인상을 요구함으로써 미래의 실질임금을 유지하려는 경우가 많다.

물가가 얼마나 오를지에 대한 사람들의 생각

기대 인플레이션 측정은 설문 조사를 통해 이뤄진다. 2008년 7월부터 매월 일주일 동안 한국은행이 진행한다. 조사 대상은 전국 56개 도시 2000여 가구이며, 조사방식은 간단하다. 조사 대상자에게 바로 전달까지의 연평균 물가상승률을 알려준 뒤, 향후 1년간 물가상승률을 구간별로 나눠 응답자가 생각하는 구간에 표기하도록 한다. −0.5~8%까지 0.5%포인트 범위로 6개의 구간이 제시된다. 그런 다음 구간별 중앙값을 응답자 수로 가중 평균한 값이 기대 인플레이션이다.

기대 인플레이션 수치는 한국은행에서 매달 발표하는 '소비자 동향 지수'에 포함돼 있다. 2010년 10월 26일에 발표된 10월의 기대 인플레이션은 3.9%로 나왔다. 앞으로 1년 동안 소비자 물가가 연 4% 가까이 오를 것이라고 답한 사람들이 가장 많았다는 뜻이다.

설문 조사를 통해 추정한 한국은행의 기대 인플레이션은 지나치게 응답자의 주관이 많이 개입돼 있는 탓에 신뢰도가 그리 높지 않다. 월 1회 발표되기 때문에 시의성이 떨어진다는 지적도 있다.

전문가들이 선호하는 지표는 따로 있다. 심리를 반영하는 금리 변화를 통해 기대 인플레이션을 가늠하는 방식이다. 만기 10년짜리 국채와 물가연동채 간의 금리 차이(스프레드spread)로 가늠하는 것이 대표적인 방식이다.

물가연동채는 만기 때 물가상승분만큼의 이자를 덧붙여 주도록 설계된 국채이기 때문에 실제 거래되는 물가연동채의 가격에는 물가상승에 대한 기대가 반영돼 있다. 따라서 물가상승분을 보전해주지 않는 일반 국채와, 보전해주는 물가연동채 금리 간의 차이가 커질수록 기대 인플레이션이 높아진다고 본다.

물론 이 지표에도 한계는 있다. 물가연동채 금리 또한 일반 채권과 마찬가지로 수급이나 유동성 상황에 따라 달라지기 때문이다. 따라서 기대 인플레이션을 그대로 반영한다고 보기는 힘들다는 평가가 제기되기도 한다.

기대 인플레이션

ㄴ 경제 주체들이 예상하는 미래의 물가상승률. 물가가 장기간 상승하거나 앞으로 물가를 올릴 요인들이 많다고 여기면 기대 인플레이션이 올라가게 된다.

물가에도 체온이 있다?

물가지수란

물가의 변동을 수치로 나타낸 것 ▼

| 한겨레 | 2010년 11월 2일 |

10월 소비자물가지수가 20개월 만에 처음으로 4%대의 높은 상승률을 보였다. 특히 채소류를 비롯한 신선식품지수는 1990년 통계 작성 이래 최대치인 49.4%나 올랐다. 지난달 말부터 채소 값이 차츰 안정되고는 있지만, 지속되는 저금리 기조와 국제 원자재 값 상승 등의 영향으로 물가상승 압력은 당분간 계속될 것으로 보인다.

위 인용기사는 잦은 비와 이상 기온으로 채소와 과일 값이 급등하면서 소비자물가가 4%대로 올랐다는 내용을 담고 있다. 당시 한 포기 가격이 1만5000원까지 올랐던 배추(261.5%)를 비롯해 무(275.7%), 양배추(286.2%) 등이 물가 급등을 이끈 주요 품목이었다. 작황부진으로 공급이 부족해지면서 채소 값 고공행진이 계속된 셈이다. 그렇다면 이런 물가의 움직임을 수치로 나타낸 물가지수에는 어떤 종류가 있고 어떻게 작성되는 것일까?

물가변동을 측정하는 지표에는 어떤 것들이 있을까?

'물가'란 시장에서 거래되는 상품의 값을 우리 생활에서 차지하는 중요도 등을 감안한 가중치를 부여해 평균한 종합 가격수준을 뜻한다. '물가지수'는 이런 물가의 움직임을 기준시점의 물가 수준을 100으로 해서 지수의 형태로 나타낸 것을 말한다. 예컨대 어느 특정 시점의 물가지수가 115라면 이는 기준시점보다 물가수준이 15% 높다는 것을 의미한다.

현재 우리나라에서 나오는 대표적인 물가지수로는 통계청이 작성하는 소비자물가지수와 한국은행이 작성하는 생산자물가지수, 수출입물가지수 등이 있다.

우선 소비자물가지수는 말 그대로 소비자가 일상생활에서 구입하는 상품과 서비스의 가격변동을 조사해 도시 가계의 평균적인 생계비 등을 측정한다. 서울을 비롯해 38개 주요 도시를 대상으로 가계 소비지출에서 차지하는 비중이 1만분의 1 이상인 489개 품목(상품 329개, 서비스 160개)이 조사 대상이 된다. 비교 기준 시점은 2005년이다.

소비자물가지수의 보조지표로 작성되는 생활물가지수도 눈여겨 볼 만하다. 이는 일반 소비자들이 주로 많이 구입하는 생활필수품 152개를 선정해 이들 품목의 평균 가격변동을 측정한 물가지수다. 아무래도 소비자들이 체감하는 장바구니 물가에 좀 더 근접한 물가지수라 할 수 있다. 2008년 이명박 정부 출범 이후에는 이보다 더 품목 수를 좁혀서 52개 생활필수품에 대한 물가를 별도로 관리하고 있다. 이른바 'MB물가' 관리 품목으로도 불린다.

생산자물가지수는 우리나라에서 만들어진 상품과 서비스가 국내 시장에서 출하돼 1차 거래 단계에서 이루어진 가격의 변동을 측정하는 물가지수다. 우리나라에서 가장 오래된 통계 가운데 하나로, 1991년까지는 '도매물가지수'란 이름으로 발표돼왔다. 이 지수의 조사기준 가격은 부가가치세를 제외한 공장도가격(생산자판매가격)을 원칙으로 하며, 가격 시계열 유지가 가능한 884개(상품 801개, 서비스 83개) 품목이 조사 대상이다.

이 밖에 수출입상품의 가격변동이 국내 물가에 미치는 영향을 측정하기 위해서 작성되는 수출입물가지수라는 것도 있다. 수출입 관련업체들의 수출채산성 변동이나 수입원가 부담 등을 파악할 수 있다. 가격조사 품목으로는 수출품 211개와 수입품 234개가 선정돼 있는데,

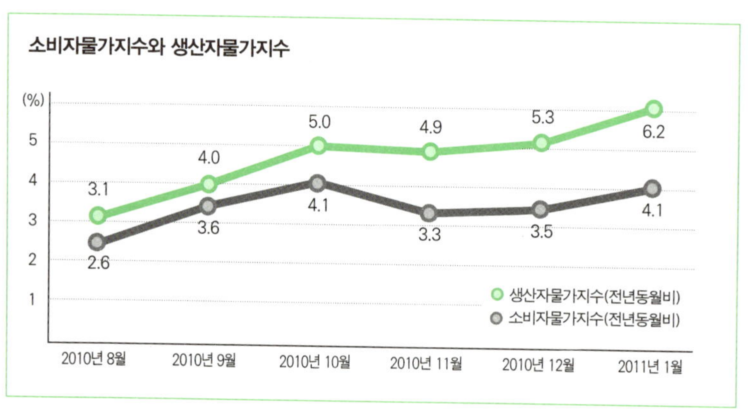

이들 품목은 2005년 통관 기준 수출입 총액 가운데서 차지하는 비중이 2000분의 1 이상인 품목들이다. 선박과 항공기, 귀금속 등 가격조사가 곤란하거나 가격 시계열 유지가 어려운 품목들은 제외된다.

이밖에 일시적 외부 충격에 크게 좌우되는 농산물이나 석유류를 제외한 장기적인 물가변동을 나타내는 지표로 근원물가지수라는 것도 있다.

물가지수와 서민들이 실제 느끼는 체감지수는 왜 차이가 날까? 개별 상품의 가격이 해당 상품에 대한 수요와 공급에 따라 결정되는 것과 마찬가지로 전체 물가도 국민 경제 전체의 총수요와 총공급에 따라 변동된다. 총수요에는 통화량과 소득, 인플레이션 기대심리 ■377쪽■ 가, 총공급에는 환율과 원자재가격 등이 큰 영향을 미친다.

통계청이 매달 물가지수를 발표하고 있지만 우리가 일상생활에서 피부로 느끼는 체감지수와는 차이가 있을 때가 많다. 이는 개인마다 소비하는 상품과 서비스가 서로 다르기 때문이다. 물가지수는 여러 상품 값을 일정한 기준에 따라 종합해서 평균치를 내지만 피부로 느끼는 물가는 개인이 직접 상품을 구입하는 과정에서 주관적으로 느끼는 것이기 때문이다.

예를 들어 어떤 특정 시점에서 대학등록금이 많이 올랐지만 냉장고 등 전자제품 가격은 하락해 평균가격인 물가지수는 변동하지 않았다고 하자. 대학생 자녀를 둔 가정에서는 물가가 상당히 올랐다고 느낄 수 있지만 전자제품을 구입한 또 다른 가정에서는 오히려 물가가 내렸다고 느낄 수 있는 것이다.

이처럼 물가는 주관적인 것이 아니라 통계에 기초한 매우 객관적인 것이다. 물론 객관적인 통계가 반드시 현실을 정확히 반영한다고는 할 수 없을 것이다.

물가지수

ㄴ 물가변동을 한 눈에 볼 수 있도록 기준시점의 물가수준을 100으로 해서 지수의 형태로 나타낸 것. 즉, 어느 특정 시점의 물가지수가 115라면 이는 기준시점보다 물가수준이 15% 높다는 것을 의미한다.

정부예산을 정밀히 관찰하는 현미경

관리대상수지란

나라 살림살이의 실질적인 적자상태를 가늠하는 지표

한겨레   2010년 9월 28일

정부가 내년 나라살림을 올해 예산보다 5.7% 많은 309조6000억 원 규모로 짰다. 정부는 내년에 우리 경제가 실질 기준 5%, 명목 기준 7.6% 성장한다고 보고 예산안을 짠 것이다. 내년 총지출 증가율은 명목성장률 전망치나 총수입 증가율보다 2%포인트 정도 낮은 수준으로, 경기부양보다는 재정 건전성에 방점을 둔 것으로 해석된다. 그럼에도 여전히 적자재정을 벗어나지 못해, 사회보장성기금을 제외한 관리대상수지 적자는 25조3000억 원에 이르고, 국가채무도 올해보다 29조6000억 원 증가한 436조8000억 원(국내총생산 대비 35.2%)으로 늘어난다.

정부도 기업이나 가계와 마찬가지로 살림살이의 모습은 엇비슷하다. 수입이 줄고 지출이 늘면 빚을 지게 되기 때문이다. 따라서 적자 규모가 적정한 범위를 벗어나지 않도록 관리하는 일은 무엇보다 중요하다.

재정 흑자와 적자 사이의 차이는 왜?

지난해 9월 27일 정부가 발표한 2011년 나라 살림살이 얼개(예산안)를 보면, 세금 등으로 거둬들일 돈인 '총수입'은 314조6000억 원, 복지비 등으로 쓸 돈인 '총지출'은 309조6000억 원으로 돼 있다. 여기서 말하는 총수입과 총지출은 일반회계* 뿐 아니라 특별회계*와 정부관리기금*까지 모두 포괄하고 있다. 총수입에는 국세수입뿐 아니라 세외수입, 기금수입이 모두 들어 있고 총지출은 예산과 기금으로 이루어져있다.

위에서 보듯 정부에서 거둬들이기로 한 돈에서 쓸 돈을 빼면 재정흑자는 5조 원이다. 그런데 어찌된 일인지 정부는 오히려 2011년 살림살이의 적자가 25조3000억 원이라고 한다. 왜 그런 것일까?

나라 살림살이의 적자와 흑자 상태를 살펴보는 지표는 통합재정수지가 아닌, 관리대상수지를 쓰기 때문이다. 통합재정수지는 단순하게 총수입에서 총지출을 뺀 재정수지를 말한다. 즉 총수입 314조6000억 원에서 총지출 309조6000억 원을 빼면 2011년 통합재정수지는 5조 원이 되는 셈이다.

이에 비해 관리대상수지는 나라 전체의 재정을 다 포괄시켜서 보는 통합재정에서 사회보장성기금을 빼고 계산한다. 국민연금기금과 사립학교교직원연금기금, 고용보험기금, 산업재해보상보험 및 예방기금 등 4대 사회보장성

일반회계와 특별회계 일반회계는 국세수입을 주된 재원으로 해 국방, 치안, 사회복지 등 정부 고유의 기능을 수행하는 회계를 말한다. 특별회계는 국가가 특정사업을 운영하고자 할 때 특정 세입으로 특정 세출에 충당함으로써 일반회계와 구분해 마련하는 회계를 말한다.

정부관리기금 물자수급조절, 복지 등 정부가 특정한 사업을 수행하기 위해 개별법에 근거해 설치·운용하는 기금을 말한다. 현재 정부관리기금은 만성적 적자를 면치 못하고 있어 전체 재정수지의 적자를 지속시키는 요인으로 지목되기도 한다.

기금이 포함될 경우, 재정 건전성을 제대로 파악하기 어렵기 때문이다.

이런 기금들의 수입은 중장기적인 미래 지출을 위한 것으로 당해 연도의 재정활동의 결과로 보기 어려운 데다 기금의 성숙도에 따라 대규모 흑자나 적자가 발생해 당해 연도의 재정활동을 판단하는데 효과적이지 않다. 한마디로 미래에 급여로 지급될 재원이어서 실질적 흑자로 따지기 어렵다는 뜻이다.

따라서 2011년 25조3000억 원의 재정적자는 총지출과 총수입에서 사회보장성기금을 제외한 지출과 수입에 따라 나온 재정수지다. 2011년 관리대상수지 적자는 2010년 30조1000억 원보다 5조 원 가까이 줄어든 수치다.

**적자에서 흑자로 돌아설 것이란
정부의 목표는 실현가능할까?** 이처럼 정부가 관리대상수지로 재정적자 규모를 발표하기 시작한 것은 2005년부터다. 지금은 정부 예산을 통합재정으로 따지고 있지만, 2000년대 초반까지만 해도 예산을 편성하고 설명할 때 사용한 기준은 '일반회계'였다. 용도에 제한이 없는 세금을 재원으로 하기 때문에 지출 규모를 결정하는 지표로 적합하고, 실질적 재정활동의 상당 부분을 포괄하고 있다는 장점을 갖고 있기 때문이다. 이후 일반회계만으로 나라 전체의 재정 규모를 파악하는데 한계가 있다는 지적이 나오면서 통합재정 기준을 활용하고 있다.

관리대상수지로 따진 나라 살림은 2011년에 25조3000억 원의 적자를 보이지만, 그 이후로는 해마다 차츰 나아질 것으로 정부는 기대하고 있다. 그 전제로 2013~2014년 균형재정 목표 달성을 위해 지출 증가율을 수입 증가율보다 2.9%포인트 낮은 연평균 4.8% 수준에서 관리하겠다고 정부는 밝혔다.

이를 토대로 한 정부의 전망치로는 재정적자가 2012년에 14조 3000억 원, 2013년에 6조2000억 원으로 줄어들고, 2014년에는 2조 7000억 원 흑자로 전환하는 것으로 돼 있다. 즉, 관리대상수지를 2010년 국내총생산(GDP) 대비 −2.7%, 2011년 −2.0% 등으로 점차 줄여 2014년에는 국내총생산 대비 0.2% 수준으로 흑자에 이르겠다는 목표다.

이를 두고 정부가 향후 경제성장률 전망치를 5%로 잡고 있는 등 세수 전망치가 너무 낙관적으로 관측되어서 비현실적이라는 비판도 제기된다.

관리대상수지

└ 정부 재정의 총수입에서 총지출을 차감한 통합재정수지에서 국민연금기금 등 4대 사회보장성기금 수지를 제외하고 계산한 것. 사회보장성기금은 중장기적 미래 지출을 위한 것으로 당해 연도의 재정활동의 결과로 보기 어렵기 때문에 제외한다.

계절 속에 숨겨진 통계의 오류

계절조정지수란

계절마다 반복되는
변동분을 없앤 통계치

연합뉴스 　　　　　　　　　　　　　　　　　　2010년 9월 15일

통계청이 15일 발표한 8월 고용동향을 보면 제조업부문의 취업자 수 증가 폭이 10년 만에 최고치를 기록하면서 전체 취업자 수가 작년 동월보다 38만 6천 명 증가하는 완만한 회복세를 보였다. 다만 계절조정 고용지표를 보면 8월 취업자 수와 고용률, 경제활동참가율 등은 7월보다 낮아져 고용시장 회복세가 속도를 조절하는 모습이다.

경제 기사를 읽을 때 자주 만나는 용어인 '계절조정'은 철마다 주기적으로 반복되는 변동분을 제거하는 절차를 뜻한다. 경기 흐름의 변화를 판단할 때 꼭 필요한 절차이며, 이를 거친 지수나 지표를 '계절조정지수'라고 한다. 이런 계절조정 절차는 왜 필요할까?

통계자료를 월별로 살펴보면 설이나 추석 등 명절이 끼어있는 달에

는 백화점 매출이 다른 달에 비해 월등히 높고, 대학의 졸업 시즌이 되면 실업률이 일시적으로 올라가는 경향이 있다. 이런 계절적 요인을 제거하지 않고 통계자료를 단순히 이전 달과 비교한다면 경기 흐름을 제대로 판단하기 어려울 수밖에 없다.

보통 전월과 금월 사이의 수준을 비교하는 '전월비'를 파악할 때 계절조정 계열을 이용한다. 통계청에서 작성하는 통계 중 생산·출하·재고 지수, 가동률지수, 실업률 등은 계절조정계열로도 작성하여 공표하고 있다. 다만, '전년동월비'는 작년의 같은 달에 견준 것이므로 계절 요인이 같다고 여겨 일반적으로 원계열(최초로 작성한 통계)을 이용한다. 따라서 원계열은 장기 분석 때 이용하며, 계절조정 계열은 전월비(전분기비) 등 단기 분석 때 유용하다.

복잡할수록 정확한 답에 도달하는 통계의 묘미 | 계절조정은 통계적으로 매우 복잡한 과정을 거치는데, 주로 '모형분석접근법'과 '이동평균법'이라는 두 가지 방식이 활용된다. 모형분석접근법은 원통계의 구성 성분에 통계적 모형을 적용하는 것으로, 스페인 중앙은행이 이 방식을 활용한다.

우리 통계청은 주로 이동평균법을 활용한다. 이동평균을 통해 계절 변동을 제거하는 방식이다. 여기서 말하는 이동평균이란 추세의 변동을 알 수 있도록 구간을 옮겨 가면서 구하는 평균이다. 예를 들어 지난 6일 동안의 주가에서 가장 오래된 주가 대신에 오늘의 주가를 넣어서 새로운 6일 동안의 주가 평균을 구할 수 있다.

이동평균법을 통해 통계청이 발표한 고용 동향을 살펴보자. '2010년 8월 고용 동향' 자료를 보면, 취업자와 실업자 수는 각각 2400만 5000명, 83만1000명으로 집계 됐다. 이렇게 집계된 원계열 수치를 이동평균법에 따라 계절조정한 취업자와 실업자는 각각 2398만5000명, 83만6000명으로 분석됐다. 8월 취업자는 전년 같은 달보다 38만 6000명 증가하면서 양호한 회복세를 기록한 반면, 계절조정된 취업자 수는 전월보다 9000명 감소했다. 이에 따라 원계열 실업률은 3.3%였지만, 계절조정 실업률은 3.4%로 조금 높았다.

원계열에서 계절변동분을 제거한 뒤 판단한 고용시장의 흐름은 양호하지 않았던 셈이다. 계절조정 취업자 수의 전월대비 증감률을 보면 2월 0.3%, 3월 0.3%, 4월 0.6%, 5월 0.7% 등으로 완만한 상승세를 보이다 6월 -0.3%로 떨어졌다. 이후 7월에 0.4%로 반등했지만 8월에 다시 0%로 낮아지면서 회복세가 다소 주춤하는 모습이었다.

즉, 계절조정된 고용 지표들이 전달보다 둔해져, 고용회복세가 매우 느리게 진행되고 있음을 알 수 있다. 계절조정 변수를 감안하지 않을 경우 실제적인 경제 흐름을 제대로 파악하지 못하는 위험에 빠질 수 있는 셈이다.

계절조정지수

ㄴ 명절이나 입학·졸업 시즌 등 계절마다 주기적으로 반복되는 변동분을 제거한 뒤 따로 산출한 통계치. 즉, 대학 졸업 시즌에 실업률이 일시적으로 높아지는 점을 감안해 실업률을 계산한다.

돈의 흐름을 보여주는 나침반

자금순환표란

실물거래와 금융거래 연결 지표 ▼

한겨레	2010년 4월 19일

지난해 가계와 기업, 정부 등의 금융부채가 모두 2500조 원에 육박한 것으로 나타났다. 특히 가계와 기업의 부채는 처음으로 2000조 원대를 돌파했다. 18일 기획재정부의 국가결산 자료와 한국은행의 자금순환표를 보면, 지난해 말 가계와 기업, 정부의 이자부 금융부채는 2447조4000억 원으로 지난해 명목 국내총생산(GDP)의 2.3배에 이르는 것으로 집계됐다. 2004년 1438조 5000억 원에 불과했던 금융부채가 5년새 1000조 원 이상 늘어난 것이다.

돈이 경제활동을 위해 산업생산 등 일정한 목적이나 용도로 사용될 때, 흔히 '자금'이라 부르기도 한다. 국민경제 전체로 보면, 자금의 흐름은 두 갈래로 나뉜다. 첫째는 재화와 서비스를 사고팔거나 투자를 하는 등 실물거래에 수반되는 것이다. 둘째는 은행에 예금을 하거나 주식을 매매하는 등 금융자산을 거래할 때 나타나는 자금의 흐름이다.

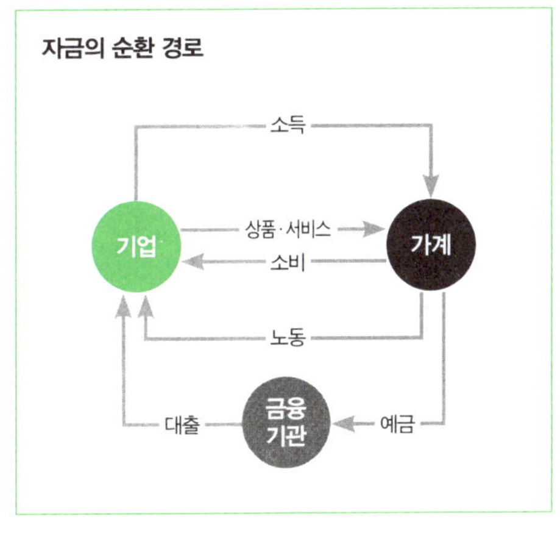

이 둘은 독립적으로 움직이는 것이 아니라 서로 밀접하게 관련돼 있다.

따라서 경제활동을 올바르게 이해하고 종합적으로 분석하기 위해서는 실물거래와 금융거래를 연결해 놓은 지표가 필요한데 이게 바로 '자금순환표'다.

실물거래와 금융시장 간의 관계도

국민소득통계나 산업연관표는 실물거래를, 통화금융통계는 금융거래를 기록하고 있기 때문에 이들 통계는 각각 경제활동의 한 측면만을 보여준다.

반면 자금순환표는 경제주체들이 실물거래를 통해서 얼마만큼의 자금이 부족하거나 남았는지를 보여준다. 또한 부족한 자금을 조달하고 남는 자금을 운용하는 과정에서 발생하는 다양한 금융활동이 경제주체들 사이에 어떤 관계를 맺고 있는지도 보여준다.

따라서 자금순환표를 보면 실물경제의 활동이 금융시장에 어떤 영향을 미치고, 반대로 금융시장의 변화가 저축·투자 등 실물경제에 어떤 영향을 미치는지를 알 수 있다.

자금순환표는 1952년 미국 코플랜드 교수가 발표한 논문을 토대로 1955년 미국 연방준비제도이사회가 처음 작성했다. 우리나라는

1965년부터 한국은행에서 분기 및 연간으로 자금순환표를 발표하고 있다. 분기별 잠정치는 분기가 끝난 뒤 75일께, 연간 잠정치는 다음해 3월 15일께, 확정치는 그 다음해 2~3월께 공개된다. '한국은행 경제통계 시스템'(http://ecos.bok.or.kr)에 들어가 '자금순환' 항목을 선택하면 과거 통계를 볼 수 있다.

우리나라 금융자산 1경 원 넘어   우리나라의 자금순환표는 경제주체를 '금융법인', '일반정부', '비금융법인기업', '개인', '국외' 등 5개로 구분한다. 그리고 이들 경제주체들이 일정 시점에 보유하고 있는 금융자산·부채 잔액을 표시한 '금융자산부채잔액표', 일정기간 자금의 흐름을 나타내는 '금융거래표', 거래 요인 이외의 금융자산·부채 잔액 변동을 나타내는 '거래외증감표' 등으로 나누어 구성한다.

2010년 2분기 자금순환표의 금융자산부채잔액표를 보면, 우선 각 경제주체의 금융자산을 모두 더한 총 금융자산의 규모를 알 수 있다. 2010년 2분기 말 기준 우리나라의 총 금융자산은 1분기 말보다 255조2000억 원(2.6%) 증가한 1경3조6000억 원을 기록해, 사상 처음 1경 원을 돌파했다(1경 원은 1조 원의 만 배이다!).

금융자산 가운데 개인 금융자산(상거래 신용 등 제외)은 3개월 전보다 47조6000억 원 늘어난 2045조5000억 원으로 사상 처음 2000조 원을 넘어섰다. 개인 부채는 877조7000억 원으로 같은 기간 14조1000억 원 증가하는 데 그쳐 금융자산에서 부채를 뺀 순금융자산 규모는 1167조

8000억 원으로 나타났다. 개인 금융자산 규모는 개인 부채의 2.33배로 2007년 3분기 말 2.35배 이후 가장 높았다.

이러한 지표상의 수치를 통해, 경기회복에 따른 소득 증가로 개인 금융자산이 개인 부채보다 빨리 늘어 개인의 재무 건전성이 개선되었음을 추론해 볼 수 있다.

**자산 - 부채 비율을
거시적으로 가늠하기** | 금융회사를 제외한 기업(비금융법인기업)의 금융자산은 2010년 2분기 말 기준 1030조4000억 원으로 3개월 전에 비해 29조9000억 원이 늘었다. 부채는 1283조4000억 원으로 같은 기간보다 28조3000억 원 증가했다. 자산이 부채보다 더 늘어난 것은 원-달러 환율 상승(달러 가치 상승)으로 달러화로 표시된 자산 가치가 높아졌기 때문이다.

자금순환표의 금융거래표를 보면, 경제주체간 자금의 흐름을 파악할 수 있다. 2010년 2분기의 경우 개인(25조6000억 원)과 금융법인(3조7000억 원)에서 29조3000억 원의 자금이 흘러나와 비금융법인기업(16조6000억 원)과 일반정부(7000억 원), 국외(12조 원)로 들어갔다. 일반정부는 주로 국채 발행, 비금융법인기업은 회사채 발행과 금융기관 대출 등을 통해 개인이나 금융법인으로부터 자금을 조달했다.

참고로 자금순환표의 개인 부채는 가계신용 통계의 가계 부채와 차이가 있다. 가계신용 통계는 가계만을 대상으로 하는데 비해 자금순환표의 개인에는 가계뿐만 아니라 소규모 개인 기업과 민간 비영리단체가 포함돼 있다.

따라서 개인 부채 잔액을 국민 총인구로 나눠 1인당 개인 빚을 계산할 경우 실제보다 과대 계상이 된다. 또 개인 부채에는 증권회사, 연금기금, 대부사업자 등으로부터 빌린 자금이 포함돼 있는 반면 가계신용 통계는 이들 기관으로부터 조달한 자금은 제외된다.

자금순환표

└ 실물거래와 금융거래의 연결 지표. 국민경제 내에서 발생한 다양한 금융활동이 정부·기업·개인 등 경제주체 상호간에 어떤 관계를 맺고 있고, 생산·소비·투자 등 실물활동과는 어떻게 연관되는지 알려 준다.

돈에도 속도가 있다?

통화유통속도란

국내총생산을 통화량으로 나눈 지표

연합뉴스 　　　　　　　　　　　　　　　　　　2010년 6월 8일

올해 1분기에 우리나라의 통화유통속도가 금융위기 이전 수준으로 회복했다. 8일 한국은행에 따르면 통화유통속도는 올해 1분기 0.713을 기록해 2008년 3분기(0.748) 이후 1년 6개월 만에 가장 높았다. 통화유통속도가 상승한 것은 실물경제가 빠른 성장세를 보이고 있음을 의미한다. …〈중략〉… 그러나 통화유통속도가 빨라지면 물가상승 압력으로 작용할 수 있다.

화폐, 즉 돈을 한 나라 경제의 혈액에 비유하는 건 매우 진부하지만 그만큼 적절하기도 하다. 몸에서 피가 잘 돌아야 온몸 구석까지 따뜻해지고, 체내의 노폐물이 잘 배출되듯이 돈이 잘 돌아야 경제도 순탄하게 굴러간다.

2008년 금융위기 이후 국내외 할 것 없이 돈을 많이 풀었는데, 시중

에 돈이 잘 돌지 않아 자금경색 현상이 이어진다는 목소리가 끊이지 않았다. 돈이 잘 돌아가는지 안 돌아가는지는 어떻게 알 수 있을까? 시장 상인들이 돈이 안 돈다고 하소연하는 목소리가 높으면 돈이 안 돈다고 봐야 할까?

나라경제의 자금경색은 인체의 심근경색과 같다

시중 자금 사정이 원활한지 여부는 장단기 금리를 보면 어느 정도 파악할 수 있지만, 경제 전반에 돈이 잘 흐르는지 어떤지를 보여주는 대표적인 지표로는 '통화유통속도'를 들 수 있다. 이는 한 해의 생산물을 화폐량으로 나눠 산출한다.

예컨대 컴퓨터만 생산하는 어떤 나라가 있다고 하자. 2009년 한 해 1대 100만 원짜리 컴퓨터를 100대 생산했다고 하면, 이 나라의 총생산액은 1억 원이다. 이 나라에 존재하는 화폐량이 1억2000만 원이라고 하면, 통화유통속도는 대략 0.8이 된다.

통화유통속도의 개념 정의를 엄밀히 따른다면 생산물의 거래 규모를 파악해 이를 화폐량으로 나눠 산출해야 하지만, 국민경제 전체로 넓혀보면 이는 사실상 불가능한 일이다. 컴퓨터 한 항목만 하더라도 한 해 생산량은 집계할 수 있어도 복잡한 유통 과정을 거쳐 생산자에서 최종 소비자까지, 다시 다른 소비자의 손으로 넘어가는 거래 과정까지 잡아낼 수는 없는 노릇이다. 이 때문에 통화유통속도를 계산하는 데 있어서는 거래 규모 대신 한 해의 생산물(국민경제 전체에서는 GDP)을 사용하는 것이다.

돈의 적정한 순환 속도 측정하기

우리나라의 실제 통화유통속도는 얼마일까? 앞에서 든 예에서 총생산액은 국내총생산(GDP)이 된다. 화폐량을 나타내는 잣대로는 여러 가지가 있는데, 통화유통속도를 계산할 때는 '광의통화(M2)'를 쓴다. 통화유통속도는 따로 발표되지 않으며, 한국은행에서 주기적으로 발표하는 자료를 통해 GDP와 M2를 뽑아 계산해볼 수 있다.

M2는 한 나라 경제에 유통되는 화폐의 양을 표시하는 통화지표의 대표격으로 꼽힌다. 협의통화(M1, 현금통화 + 요구불예금 + 수시입출식 저축성예금)에 정기 예·적금 및 부금, 시장형 상품, 금융채 등을 포함한 개념이다.

2010년 1분기 통화유통속도를 실제로 산출해보자. 여기서 국내총생산은 '계절조정된' '명목' 수치를 쓴다. 1분기 명목 GDP는 283조 5198억 원이었다. 이는 6월 4일 한국은행에서 발표한 '1분기 국민소득(잠정)' 보도자료 뒷부분에 붙어 있는 통계표 중 '국내총생산(당해년 가격, 계절조정)'을 보면 된다.

그럼 1분기 M2는? 이 또한 한국은행 홈페이지 보도자료 코너에서 찾아볼 수 있다. 1분기 수치를 볼 수 있는 '3월중 통화 및 유동성 동향' 자료이며 5월에 발표됐다. 이 자료에서 1분기(평잔) M2는 1607조 9000억 원으로 나타난다. 여기서 평잔은 '평균잔액'의 줄인 말로, 1~3월 중 통화량의 평균치를 뜻한다. 상대어는 말잔(기말 잔액)으로 3월말 수치를 가리킨다.

위에서 보았듯 1분기 명목 GDP는 283조5198억 원이니, 1분기 M2평잔 1607조9000억 원으로 나눈 값 0.176이 통화유통속도일까? 아니다! 통화유통속도의 분자를 차지하는 GDP는 한 분기가 아닌 한 해 수치를 말한다. 따라서 1분기 GDP에 4를 곱해 계산한 0.705가 1분기 통화유통속도가 된다.

5월에 발표된 보도자료 중의 M2는 잠정치였고, 한국은행 홈페이지 '경제통계시스템'에서는 계절조정 과정을 거친 좀 더 정확한 수치(1592조5052억 원)가 실려 있다. 이를 집어넣어 계산해도 통화유통속도는 대략 0.7(0.713)로 계산되기 때문에 큰 차이는 없다.

2010년 1분기 통화유통속도는 2008년 3분기(0.748) 이후 1년 6개월 만에 가장 높은 수준이었다. 분기별 통화유통속도는 2000년대 들어 0.7~0.8대를 유지해오다가 금융위기가 실물경제에 본격적으로 영향을 미치기 시작한 2009년 1분기에는 0.696까지 추락했다. 이후 2009년 2분기 0.707, 3분기 0.712로 오름세를 타다가 4분기에는 0.702로 하락했으나 2010년 1분기 때 다시 상승세로 돌아섰다. 적정 수준의 통화유통속도는 대략 0.8이라고 한다.

**너무 늦게 돌면 실물경제 죽고
너무 빨리 돌면 물가 불안 초래** 통화유통속도와 비슷하게 시중 자금의 순환이 얼마나 잘 되고 있는지를 보여주는 지표로 '통화승수'가 있다. 이는 통화량을 본원통화로 나눈 수치이다. 여기서 말하는 통화량은 보통 M2이다. 한국은행 보도자료나 홈페이지 경제통계시스템에서 어렵지 않게 찾아볼 수 있다.

본원통화는 중앙은행의 창구를 통해 발행한 돈을 말한다. 현금통화와 지급준비금의 합계로 구성되며, 한국은행 경제통계시스템에서 찾아볼 수 있다.

2010년 3월의 M2(평잔)는 앞에서 봤듯이 1592조5052억 원, 한국은행 경제통계시스템에 들어있는 본원통화는 65조6436억 원 수준이다. M2를 본원통화로 나누면 24.26으로 나타난다.

통화승수는 2009년 12월 25.07, 2010년 1월 24.20, 2월 23.97로 가파르게 하락했다가 다시 올랐다. 통화승수는 은행들의 신용창출 과정을 통해 얼마만큼의 통화를 창출했는지를 보여주는 것이어서, 수치가 상승했다는 것은 그만큼 돈이 잘 돌고 있다는 뜻이다. 통화유통속도가 상승한 것은 실물경제가 빠른 성장세를 보이는 것으로 풀이된다.

통화유통속도나 통화승수가 빠르고 높다고 무조건 좋은 게 아님은 물론이다. 인체의 혈액도 적정한 수준에서 공급돼 순환을 해야지, 일정 범위를 벗어나면 고혈압이 되거나 거꾸로 저혈압이 되는 것처럼 경제 전반에 흐르는 돈의 양과 순환 속도도 적절해야 한다. 너무 돌지 않으면 실물경제가 죽어버리고 그렇다고 너무 빠르게 회전하면 물가 불안을 초래한다.

통화유통속도

↳ 시중 돈의 흐름이 원활한지를 보여주는 대표적인 지표로, 국내총생산(GDP)을 통화량으로 나눠 계산. 통화유통속도가 지나치게 빠르면 물가가 불안해지고, 반대로 느리면 실물경제가 죽는다.

여전히 수출만이 살길일까?

무역의존도란

한 나라 경제가 무역에 기대는 정도 ▾

매일경제   2010년 6월 16일

최근 글로벌 금융위기를 전후해 무역의존도가 크게 높아지면서 대외 여건에 대한 한국 경제 취약성도 더욱 커지고 있는 것으로 나타났다. 16일 기획재정부에 따르면 2009년 국민총생산(GDP) 대비 수출입 비중(통관 기준)을 나타내는 무역의존도는 82.4%로 2년 연속 80%를 넘은 것으로 나타났다. 국제유가가 급등하면서 무역의존도가 92.3%로 급격히 높아진 2008년보다는 다소 완화됐지만 여전히 무역에 대한 의존도는 높았던 것으로 나타났다.

지금은 덜하지만, '수출만이 살길'이란 말이 지고지선至高至善으로 받아들여지는 때가 있었다. 꼭 박정희 정권 시절만의 이야기도 아니다. 1990년대 후반 외환위기 당시에도 위기를 극복해 나라꼴을 정상으로 돌려놓는 길은 수출을 통해 달러를 벌어들이는 길 뿐이라는 인식이 강했다.

수출을 많이 해 달러를 버는 게 나쁠 거야 없지만, 나라경제 전체로 보면 국외 변수에 취약해지는 부작용을 초래한다. 2008년 10월경 절정에 치달았던 때의 국내 사정이 이를 잘 보여준다. 미국에서 비롯된 문제였고, 한국의 기본적인 경제 여건으로는 별 문제를 발견할 수 없었음에도 국내 금융시장은 심하게 요동쳤고, 실물경제도 상당한 어려움을 겪었다.

이를 보더라도 수출과 동시에 내수부문(가계의 소비와 기업의 투자)이 고르게 성장하는 게 나라경제의 체질을 강하게 한다는 건 상식이다. 이처럼 한 나라 경제가 나라 밖 사정에 기대는 정도가 얼마나 큰지를 알려주는 지표가 바로 '무역의존도'다.

**무역의존도가
100%를 넘는다고?** 무역의존도는 수출과 수입을 합한 액수를 국민소득으로 나눠 계산한다. 간혹, 수출입 액수를 국내총생산(GDP)으로 나눈 게 무역의존도라고 설명하는 기사를 볼 수 있는데, 한국은행에서 공식적으로 산출해 발표하고 있는 무역의존도의 개념은 '명목 수출입 총액'을 '명목 국민총소득'으로 나눈 값이다.

한국은행 홈페이지에 실려 있는 '경제통계시스템' 중 '국민소득' 항목에서 '주요지표-연간지표'를 보면, '수출입의 대(對)GNI(국민총소득) 비율'이 있다. 이게 우리가 흔히 얘기하는 무역의존도다. 1970년 수치부터 실려 있고, 자료 확보가 가능한 가장 최근 수치인 2009년의 비율은 98.6%로 돼 있다.

한국은행 통계에서 2009년 이전 시점의 무역의존도 자료를 보면 눈길을 끄는 대목이 있다. 바로 2008년의 수치다. 수출입의 대국민총소득이 110.7%로 나와 있다. 아니, 무역의존도가 100%를 넘는다고? 그럴 수 있다! 무역의존도의 개념상 얼마든지 100%를 넘을 수 있다. 국민소득은 부가가치를 합친 것인데 견줘 수출과 수입은 매출 개념이기 때문이다.

예컨대 어떤 농민이 생산한 쌀을 떡집에 100만 원에 팔고, 그 떡집은 떡을 만들어 150만 원에 팔았다고 하자. 이 경우 국민소득은 250만 원(100만 원 + 150만 원)이 아니고, 150만 원(농민의 부가가치 100만 원 + 떡집의 부가가치 50만 원)이다.

수출입은 이와 달리 전체 액수를 일컫는다. 무역의존도를 계산할 때 국민소득을 분모로 하고 있을 뿐 수출입은 국민소득의 부분집합이 아니다. 따라서 수출입 총 규모는 국민소득 수치를 넘어설 수 있다.

자료 : 기획재정부 등

　무역의존도 통계치에서 또 하나 눈길을 끄는

대목이 있다. 통상 언론에서 거론됐던 수치와 한국은행의 통계치가 적

지않게 차이를 보인다는 점이다. 앞에서 본 것처럼 한국은행의 공식

통계상 2008년의 무역의존도는 110.7%였는데, 2009년 11월 여러 언

론매체에 보도된 수치는 92.3%였다.

당시 기사에서는 한국 경제의 무역의존도가 사상 처음으로 90%대

를 넘어섰다고 풀이한 바 있다. 여기서 인용된 수치의 출처는 기획재

정부와 통계청이었다. 한국은행 수치와, 기획재정부·통계청의 수치에

는 왜 이런 차이가 생긴 것일까?

둘 간의 차이는 우선 미 달러를 기준으로 산출했느냐, 한화를 기준

으로 삼았느냐에서 비롯됐다. 환율을 적용하는 과정에서도 차이가 생

긴다.

여기에, 차이를 벌어지게 한 요인으로 한 가지가 더 있다. 한국은행의

공식적인 무역의존도 개념에는 단순한 수출입액 이외에 추가로 포함되

는 게 있다. 무역의존도의 분자를 이루는 '명목 총수출입'에는 재화와

서비스의 수출입 이외에 '국외수취요소소득'과 '국외지급요소소득'이

아울러 포함돼 있다. 한국은행에서 발간한『우리나라의 국민계정』에 이

런 설명이 있고, 이는 한국은행 홈페이지에서도 찾아볼 수 있다.

발음조차 어려운 국외수취요소소득이나 국외지급요소소득은 사실

그리 어려운 개념이 아니다. 국외수취요소소득은 '한 나라의 국민이

나라 밖에서 노동, 자본 등 생산요소를 제공한 대가로 받은 것'을 말한

다. 국외지급요소소득은 거꾸로, '국내의 외국인이 노동, 자본 등 생산요소를 들여 생산활동에 참여한 대신 받은 돈'을 말한다.

요소소득은 '피용자 보수'와 '기업 및 재산소득'으로 나뉜다. 국외'수취'요소소득에서 국외'지급'요소소득을 뺀 게 '국외순수취요소소득'이다. 국내총생산(GDP)에 이를 더하면, 국민총소득(GNI)이 된다. 무역의존도의 분모가 GNI임을 감안할 때 분자에서도 이를 감안한 것이 한국은행의 산출 방식인 것이다.

$$\text{무역의존도} = \frac{\text{총수출입(수출 + 수입 + 국외수취요소소득 - 국외지급요소소득)}}{\text{GNI(GDP + 국외수취요소소득 - 국외지급요소소득)}}$$

수출 비중 크다고 좋다고만 할 수 있을까   앞서 얘기했듯 우리나라의 무역의존도가 높아진 것은 외환위기 이후였다. 위기 전인 1996년만 해도 60.1%였던 것이 1998년 80.8%에 이르렀다. 2002년 67.1%로 떨어지기도 했으나, 다시 높아져 90% 안팎으로 치솟고 심지어 100%를 웃도는 수준까지 높아지기도 했다. 국내 소비와 투자 위축으로 내수는 부진한 반면, 국외 경기는 호조를 보였기 때문이었다. 외환 확보를 명분으로 수출을 촉진한 것도 무역의존도를 높인 요인이었다.

우리나라의 무역의존도는 다른 나라와 견줘 높은 편이다. 기획재정부·통계청 자료를 기준으로 할 때 2009년 미국 무역의존도는 22.97%, 일본 30.15%, 영국 38.11%, 프랑스 45.47%, 중국 67.07%, 독일 71.91%, 대만 121.56% 등이다. 넓은 땅과 많은 인구를 가진 나라일수록 무역의존도가 낮고, 좁은 땅과 적은 인구를 가진 나라일수록 높다. 넓은 땅과 많은 인구를 가진 중국은 1990년대 후반만 해도 40%대였으나 이후 급격하게 높아졌다. 독일은 세계 최대의 수출국으로 무역의존도가 높은 편이다.

국내 금융시장이 미국과 중국 같은 주요 수출 대상국의 경기부양책이나 기업실적, 주가 등에 울고 웃는 것도 결국 무역의존도가 높은데서 비롯되는 셈이다.

무역의존도

└ 한 나라의 경제가 수출과 수입에 기대는 정도. 수출을 많이 해 달러를 버는 게 나쁠거야 없지만, 무역의존도가 지나치게 높으면 나라 밖 사정에 따라 내수 경제가 크게 흔들릴 수도 있다.

나라경제의 종합성적표

국내총생산(GDP)이란

일정 기간 생산된 재화와 서비스의 총계

한겨레 · 2010년 6월 5일

한국은행이 4일 발표한 '1분기 국민소득(잠정치)'을 보면, 1분기 실질 국내총생산(GDP)은 지난해 같은 기간보다 8.1% 증가했다. 이는 불과 한 달여 전에 한국은행이 상향 조정한 속보치(7.8%)를 0.3%포인트 웃도는 수치다. 분기 성장률이 8%를 넘긴 것은 2002년 4분기(8.1%) 이후 7년 3개월 만이다. 전기 대비 성장률도 2.1%로 속보치보다 0.3%포인트 높아졌다.

한 나라의 경제활동 결과를 종합적으로 보여주는 대표적인 경제 지표로 예전에는 국민총생산GNP, Gross National Product 이 널리 쓰이다가 요즘에는 위의 인용 기사에 포함된 국내총생산GDP, Gross Domestic Product 이 활용되고 있다.

GDP는 일정 기간동안 한 나라에서 생산된 부가가치의 총계를,

GNP는 영토에 관계없이 한 나라의 인력이나 자본 등 생산 요소들이 일정 기간에 생산해 낸 부가가치의 합계를 가리킨다. 요즘처럼 나라와 나라 사이 자본 이동이 활발히 이루어지고 있는 때에는 GDP의 개념이 더 중요하다. 이 때문에 우리나라도 1994년부터 경제성장률 지표로 GNP 대신 GDP를 쓰고 있다.

'속보치'와 '잠정치'와 '확정치' 구분하기

한국은행 홈페이지 '보도자료' 코너에 실려 있는 '국민소득' 관련 보도자료 뒷부분에 덧붙어 있는 '통계표'를 보면 좀 더 상세한 국내총생산 실태를 알 수 있다.

2010년 1분기의 예를 보자. '경제활동별'로 구분했을 때 가장 큰 비중을 차지하는 광공업부문의 총생산은 68조9389억 원으로 표시돼 있다. 여기에 농림·어업, 건설업 등을 모두 포괄한 국내총생산은 256조240억 원이다. 바로 앞 분기인 2009년 4분기의 GDP는 250조7069억 원, 1년 전인 2008년의 같은 분기(1분기)에는 236조9063억 원이었다. 이에 따라 2010년 1분기 성장률이 전기대비로는 2.1%, 전년 동기 대비로는 8.1% 높아진 것으로 계산된다.

한국은행 통계표에서 눈길을 끄는 대목이 있다. 2009년, 2010년 부분에는 조그맣게 'p'자가 붙어 있다. 이는 최종치가 아닌 잠정적인 Provisional 수치임을 나타낸다. 한국은행 보도자료 제목에도 '2010년 1/4분기 국민소득(잠정)'으로 돼 있었다. 한국은행은 이 잠정치를 발표하기 한 달여 전인 4월 27일 '속보치'를 발표했다.

경제활동별 국내총생산
(2005년 연쇄가격 기준, 계절조정계열)

(지수기준년 : 2005년)　　　　　　　　　　　　　　　　　　(전기대비, %)

	2008				2009[P]				2010[P]	
	1/4	2/4	3/4	4/4	1/4	2/4	3/4	4/4	1/4	
국내총생산(GDP)	1.2	0.3	-0.1	-4.5	0.2	2.4	3.2	0.2	2.1	(8.1)
농 림 어 업	5.2	1.9	-0.6	0.5	-0.1	-0.4	2.9	0.4	-4.9	(-1.)
비 농 림 어 업	1.1	0.2	-0.1	-4.6	0.3	2.4	3.2	0.2	2.3	
(제　조　업)	1.4	1.0	-0.6	-11.2	-2.5	8.0	9.4	-1.7	4.2	(2.)
(건　설　업)	-2.4	-2.2	1.5	-3.8	4.4	1.2	-1.0	-0.6	1.9	
(서 비 스 업)	1.0	0.2	0.3	-1.2	0.3	1.0	0.9	0.9	1.6	(4.)
I T 산 업	2.4	2.2	-2.3	-11.4	7.3	8.7	2.2	2.3	5.6	(20.1)
비 I T 산 업	0.8	0.1	0.4	-3.3	-1.0	2.2	3.2	-0.2	1.9	(7.3)

주 : (　)내는 원계열 전년동기대비 증감률

한국은행의 경제활동별 국내총생산 및 국민총소득 보도자료 가운데 2009년과 2010년 부분에 잠정치(Provisional)를 나타내는 'P'자가 위첨자로 표시돼 있다.

　　한국은행에서는 이처럼 해당 분기가 끝나면 한 달 뒤(정확히는 28일 이내) 경제성장률 속보치를, 두 달 뒤(70일 이내) 시점에서 잠정치를 공표한다. 최종적인 확정치는 연간 단위로 그 다음해 3월에 발표한다. 2010년 1분기를 포함한 2010년 국내총생산을 확인하려면 2012년 3월까지 기다려야 하는 셈이다.

'실질'과 '명목'의 차이

　　국내총생산 통계에서 하나 더 유의해볼 대목은 신문기사에서 활용하는 수치는 '2005년 연쇄가격, 계절조정계열'이라는 사실이다. 이는 한국은행 통계표에 명시돼 있으며, 쉽게 말해 '명목 GDP'가 아니라, 2005년을 기준으로 한 '실질 GDP'라는 뜻이다. 연쇄가격의 상대어는 '당해년 가격'이며, 계절조정계열의 상대어는 '원계열'(계절변동조정전 통계)이다.

말이 좀 어렵긴 한데 쉽게 풀어 설명하면, 그해 가격으로 산출했고 기후나 명절 등의 사회적 관습과 제도 때문에 주기적으로 출렁거리는 계절적 요인▪389쪽▪들을 제거하지 않았다는 뜻이다.

신문을 비롯한 언론에서 다뤄지는 성장률 지표는 모두 이 실질 GDP다. 명목 가치보다는 실질 가치가 중요하다. 구매력과 관련돼 있기 때문이다. 예컨대 월급이 10% 올랐는데 물가도 10% 올랐다면, 명목상으로는 10% 올랐어도 실질적으로는 제 자리 걸음을 한 것이다.

실질 GDP를 산출하려면 우선 명목 GDP를 계산해야 한다. 실제 계산 방법은 매우 복잡하지만 명목 GDP는 국내에서 생산된 최종생산물의 수량에 그 때의 가격을 곱해 산출한다. 따라서 여기에는 수량 및 가격 변동분이 섞여있다.

실질 GDP는 가격 변동분을 제거한 순수한 생산수량의 변동분만을 나타낸다. 5년마다 바뀌는 기준년도 가격을 바탕으로, 계절적 요인을 제거해 순수 경제활동만을 온전히 보기 위한 게 실질 GDP인 셈이다.

명목 GDP에서 절대가격 변화에 따른 변동분을 제거해 실질 GDP를 구하면, 차례로 실질 국내총소득GDI, Gross Domestic Income이 산출되고, 여기서 다시 실질 국민총소득GNI, Gross National Income이 계산된다. 실질 GDP에서 교환되는 상품 사이의 상대가격 변화에 따른 구매력의 변동분(실질거래 손익)을 조정해 실질 GDI(구매력 측정치)를 구한다.

실질거래 손익은 거주자와 비거주자 사이의 거래, 즉 무역에서만 발생한다. 거주자간 거래에서는 거래손실과 거래이익이 서로 상쇄되기 때문이다. 2010년 1분기의 실질 GDI는 247조9471억 원이었다.

GDP가 높은 데도
국민의 삶의 질이 낮은 이유는?

실질 GDI에서 외국인이 국내에서 벌어간 실질소득은 빼고 우리 국민이 국외에서 벌어들인 실질소득을 더하면 실질 GNI가 된다. 이게 바로 흔히 말하는 '국민소득'이다. 2010년 1분기의 실질 GNI는 248조3002억 원이었다. 실질 GDP · GDI · GNI 모두 250조 원 안팎이었던 셈이다. 여기에 4를 곱한 게 한 해 한국 경제의 규모이다. 한국 돈으로 표시하면 1000조 원 안팎, 미 달러화로 환산하면 약 1조 달러인 셈이다.

이런 총량적인 수치를 그 해 연앙(7월 1일)인구로 나누면 1인당 GDP 또는 1인당 GNI를 산출할 수 있다. 1인당 총생산이나 총소득은 국제 비교를 하기 위해서 쓰이는데, 통상 '명목' 수치를 기준으로 삼고, 미 달러화(연평균환율)로 표시한다. 1인당 소득 2만 달러를 달성했느니, 3만 달러 달성을 목표로 한다는 식으로 표현한다.

GDP는 적지않은 한계를 안고 있기도 하다. 시장에 내다팔지 않고 자가 소비를 하기 위한 생산이나 지하경제 활동은 반영되지 않아 국민 경제의 생산 수준을 정확히 나타내지 못한다.

국민의 '삶의 질'을 제대로 보여줄 수 없다는 문제도 있다. 환경 오염으로 이를 정화하기 위한 관련 산업이 번창할 경우 GDP는 올라가더라도 국민들의 후생 수준은 오히려 떨어지는 것이다. 환경에 대한 경제활동의 영향을 감안한 '그린 GDP' 개념이 등장하고, GDP · GNI 의 절대 수준에 너무 집착하지 말아야 한다는 권고가 나오는 것은 이런 배경에서다.

나라경제 짚어주는 지표 '지포'(G4)

GDP(국내총생산)

일정 기간 한 나라에서 생산된 부가가치의 총계.

GDI(국내총소득)

환율이나 수출입 가격 변화로 인해 국내외로 유출입된 소득에 국내총생산을 합친 것.

노동과 자본의 국가 간 이동이 늘어나면서 GNP가 국내 경기 상황을 제대로 반영하지 못하게 됨에 따라 우리나라도 1995년부터는 GNP 대신 GDP를 생산의 중심 지표로 삼고 있음.

GNI(국민총소득)

우리 국민이 해외에서 번 소득에서 외국인이 우리나라에서 번 소득을 뺀 것에 다시 국내총소득을 합친 것.

GNP(국민총생산)

한 나라의 국민이 생산한 것을 모두 합친 것.

국내총생산(GDP)

↳ 일정 기간 생산된 부가가치(재화와 서비스)의 총계. 한국은행에서 분기별로 발표하는 GDP는 한 나라 경제의 종합성적표의 의미를 지니며, 이를 통해 경제성장률을 파악할 수 있고 나라별 경제 규모도 비교할 수 있다.

실물경제의 오늘과 내일 짚어보기

경기종합지수란

현재 경기 동향 파악과 미래 경기 예측 지표

한겨레	2010년 9월 30일

8월 산업 생산과 소비가 전달보다 감소하면서 주요 경기종합지수 중 하나인 동행지수가 8개월 만에 하락세로 돌아섰다. 정부는 이를 휴가철, 나쁜 날씨 등 지난달 특수성으로 인한 일시적 현상으로 해석하고 있지만, 일각에서는 경기 상승세가 둔화하는 신호로 보고 있다.

위 인용기사는 경기변동을 나타내는 동행지수 하락을 두고 정부와 전문가들 사이에 엇갈린 분석을 다룬 것이다. 여기서 '경기'란 무엇이고, 경기의 흐름을 판단할 수 있는 '지수'에는 어떤 것들이 있을까?

경기는 국민의 총체적인 경제활동 상태를 가리킨다. 여기서 '총체적인 경제활동'이란 경제성장률, 생산과 고용 등 실물경제와 금융부문, 수출입 등을 망라한 거시 경제지표의 종합적인 움직임을 말한다. 경기가 좋다는 것은 생산·소비·투자 등의 경제활동이 평균 이상으로 활발한 경우를, 경기가 나쁘다는 것은 그 반대의 경우를 뜻한다.

이처럼 경기는 항상 일정한 수준을 유지할 수는 없다. 경기는 '확장 → 후퇴 → 수축 → 회복'의 과정을 반복하면서 끊임없이 변동한다. 이런 경기의 흐름을 판단하고 전망하기 위해서 개별 경제지표들을 종합해 만든 것이 바로 '경기종합지수'CI, Composite Index다. 통계청은 1981년 3월부터 매달 경기종합지수를 작성해 발표한다.

경기는 끊임없이 변한다 | 경기종합지수는 크게 선행지수, 동행지수, 후행지수로 구분한다. 경기종합지수의 전달 비교 증감률이 양(+)인 경우에는 경기 상승을, 음(-)인 경우에는 경기 하강을 나타낸다.

먼저 선행지수는 비교적 가까운 미래의 경기 동향을 예측하는 데 쓰인다. 선행지수는 주로 한해 전 같은 달과 비교한 '전년동월비'를 사용해 경기를 예측한다.

다음으로 현재의 경기 상황을 보여주는 동행지수가 있다. 현재의 경기가 어느 국면에 있는지를 비교적 정확하게 반영한 것이 동행지수 순환변동치다. 하지만 동행지수 순환변동치로 경기동향을 파악하려면 그 해석에 신중을 기할 필요가 있다. 추세변동을 추정하는 방법이나 시기 등에 따라 순환변동치의 수준이나 등락폭이 달라질 수 있기 때문이다.

마지막으로 후행지수는 말 그대로 경기변동을 사후에 확인하는 데

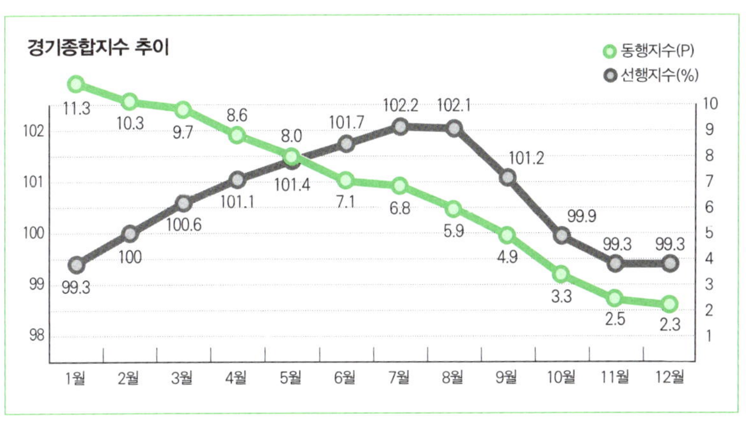

활용된다. 후행지수는 선행지수와 동행지수에 견줘 그리 많이 활용되지는 않는다.

기업과 소비자 등 경제주체들에 대한 설문조사를 통해 작성되는 경제심리지표도 경기를 판단하는 유용한 기준으로 활용된다. 기업가를 대상으로 하는 기업경기실사지수(BSI)와 소비자를 대상으로 하는 소비자동향지수(CSI)가 대표적이다. 기업경기실사지수는 현재 한국은행을 비롯해 전국경제인연합회와 대한상공회의소, 중소기업중앙회 등 경제단체들이 매달 또는 분기마다 작성하고 있다. 소비자동향지수는 한국은행과 삼성경제연구소 등에서 맡고 있다.

경기종합지수

└, 현재의 경기동향을 파악하고 미래의 경기를 예측하는 지표. 경기전환점에 대한 시차 정도에 따라 선행, 동행, 후행 지수로 구분된다. 선행지수는 앞으로의 경기 동향을, 동행지수는 현재의 경기 상태를, 후행지수는 경기 변동을 사후에 확인하는 지표다.

ㄱ

ㅎ

기타